JAVA PRONTO PARA USAR E AMPLIAR
PRIMEIRO VOLUME

NILSON440@GMAIL.COM

https://youtu.be/elybykBzLek

SUMÁRIO

JAVA PRONTO PARA USAR E AMPLIAR

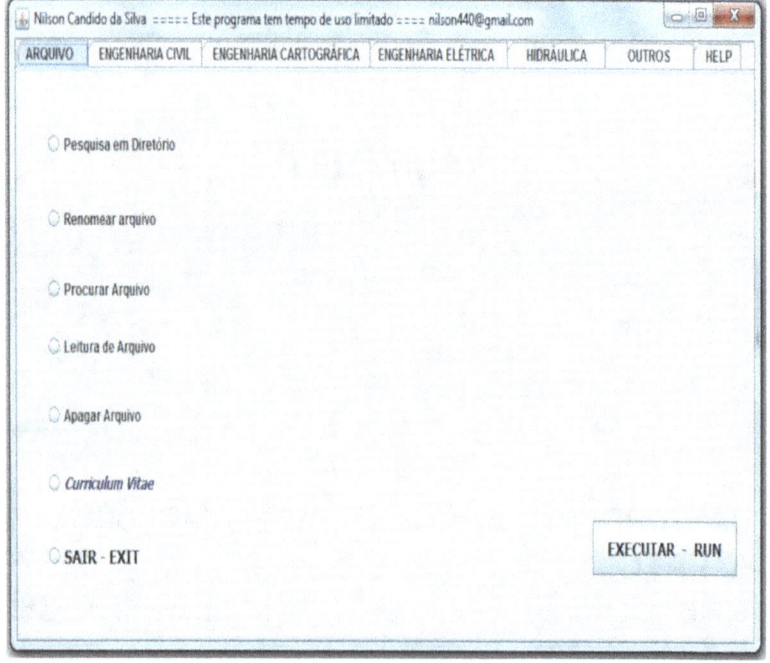

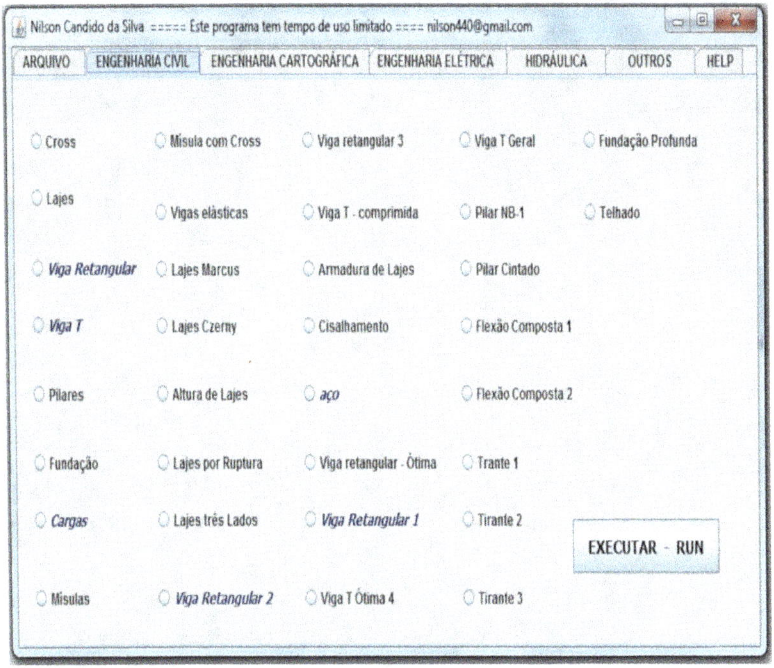
Nilson Candido da Silva ===== Este programa tem tempo de uso limitado ==== nilson440@gmail.com
ARQUIVO
ENGENHARIA CIVIL
ENGENHARIA CARTOGRÁFICA
ENGENHARIA ELÉTRICA
HIDRÁULICA
OUTROS
HELP
Cross
Mísula com Cross
Viga retangular 3
Viga T Geral
Fundação Profunda
Lajes
Vigas elásticas
Viga T - comprimida
Pilar NB-1
Telhado
Viga Retangular
Lajes Marcus
Armadura de Lajes
Pilar Cintado
Viga T
Lajes Czerny
Cisalhamento
Flexão Composta 1
Pilares
Altura de Lajes
aço
Flexão Composta 2
Fundação
Lajes por Ruptura
Viga retangular - Ótima
Trante 1
Cargas
Lajes três Lados
Viga Retangular 1
Tirante 2
EXECUTAR - RUN
Misulas
Viga Retangular 2
Viga T Ótima 4
Tirante 3

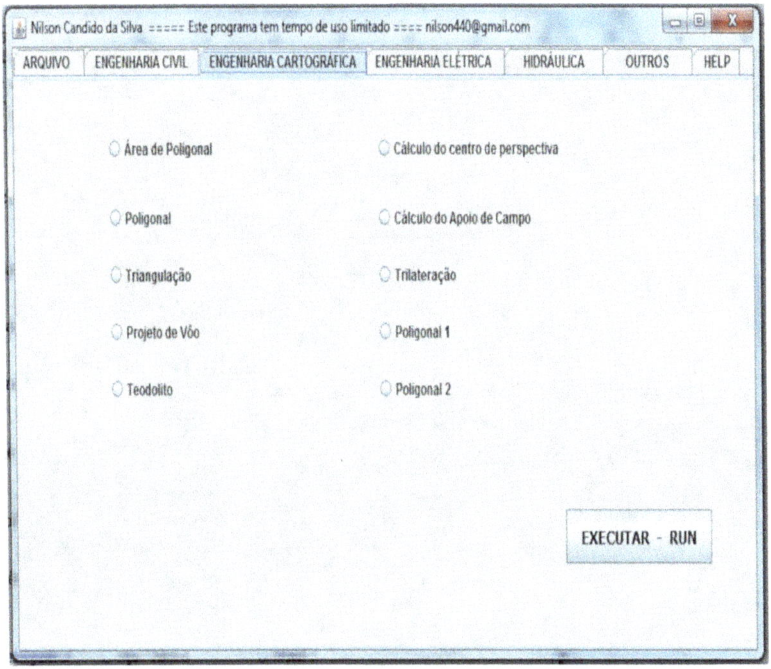
Nilson Candido da Silva ===== Este programa tem tempo de uso limitado ==== nilson440@gmail.com
ARQUIVO
ENGENHARIA CIVIL
ENGENHARIA CARTOGRÁFICA
ENGENHARIA ELÉTRICA
HIDRÁULICA
OUTROS
HELP
Área de Poligonal
Cálculo do centro de perspectiva
Poligonal
Cálculo do Apoio de Campo
Triangulação
Trilateração
Projeto de Vôo
Poligonal 1
Teodolito
Poligonal 2
EXECUTAR - RUN

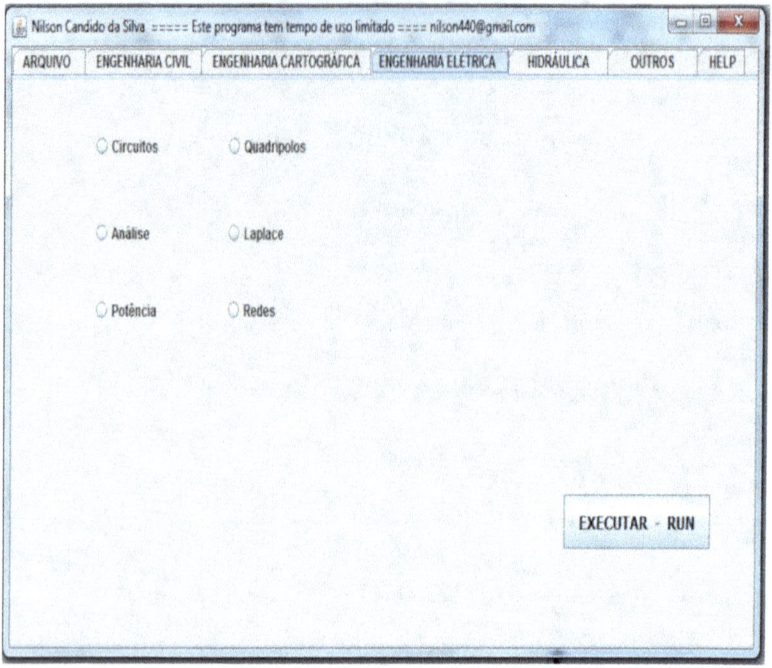
Nilson Candido da Silva ===== Este programa tem tempo de uso limitado ==== nilson440@gmail.com
ARQUIVO
ENGENHARIA CIVIL
ENGENHARIA CARTOGRÁFICA
ENGENHARIA ELÉTRICA
HIDRÁULICA
OUTROS
HELP
Circuitos
Quadripolos
Análise
Laplace
Potência
Redes
EXECUTAR - RUN

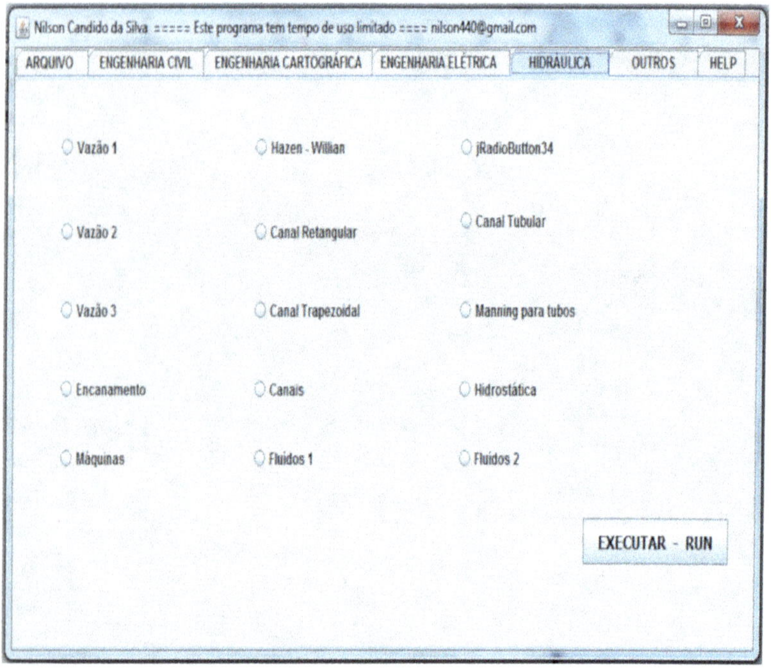
Nilson Candido da Silva ===== Este programa tem tempo de uso limitado ==== nilson440@gmail.com
ARQUIVO
ENGENHARIA CIVIL
ENGENHARIA CARTOGRÁFICA
ENGENHARIA ELÉTRICA
HIDRÁULICA
OUTROS
HELP
Vazão 1
Hazen - Willian
jRadioButton34
Vazão 2
Canal Retangular
Canal Tubular
Vazão 3
Canal Trapezoidal
Manning para tubos
Encanamento
Canais
Hidrostática
Máquinas
Fluidos 1
Fluidos 2
EXECUTAR - RUN

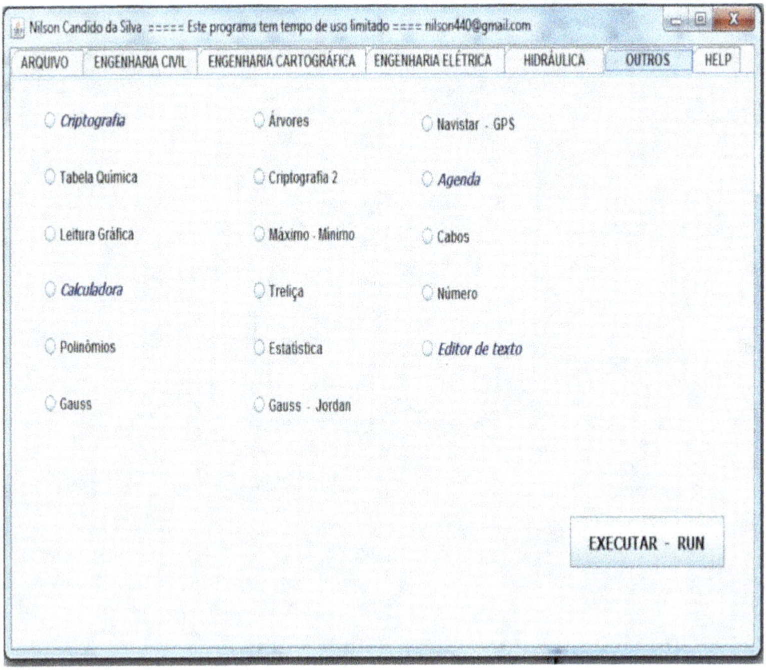
Nilson Candido da Silva ===== Este programa tem tempo de uso limitado ==== nilson440@gmail.com
ARQUIVO
ENGENHARIA CIVIL
ENGENHARIA CARTOGRÁFICA
ENGENHARIA ELÉTRICA
HIDRÁULICA
OUTROS
HELP
Criptografia
Árvores
Navistar - GPS
Tabela Química
Criptografia 2
Agenda
Leitura Gráfica
Máximo - Mínimo
Cabos
Calculadora
Treliça
Número
Polinômios
Estatística
Editor de texto
Gauss
Gauss - Jordan
EXECUTAR - RUN

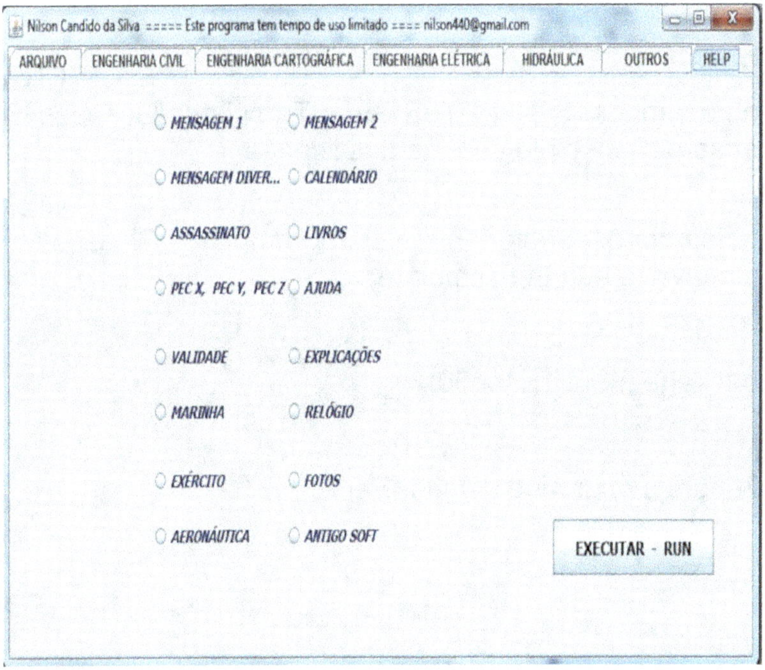
Nilson Candido da Silva ===== Este programa tem tempo de uso limitado ==== nilson440@gmail.com
ARQUIVO
ENGENHARIA CIVIL
ENGENHARIA CARTOGRÁFICA
ENGENHARIA ELÉTRICA
HIDRÁULICA
OUTROS
HELP
MENSAGEM 1
MENSAGEM 2
MENSAGEM DIVER...
CALENDÁRIO
ASSASSINATO
LIVROS
PEC X, PEC Y, PEC Z
AJUDA
VALIDADE
EXPLICAÇÕES
MARINHA
RELÓGIO
EXÉRCITO
FOTOS
AERONÁUTICA
ANTIGO SOFT
EXECUTAR - RUN

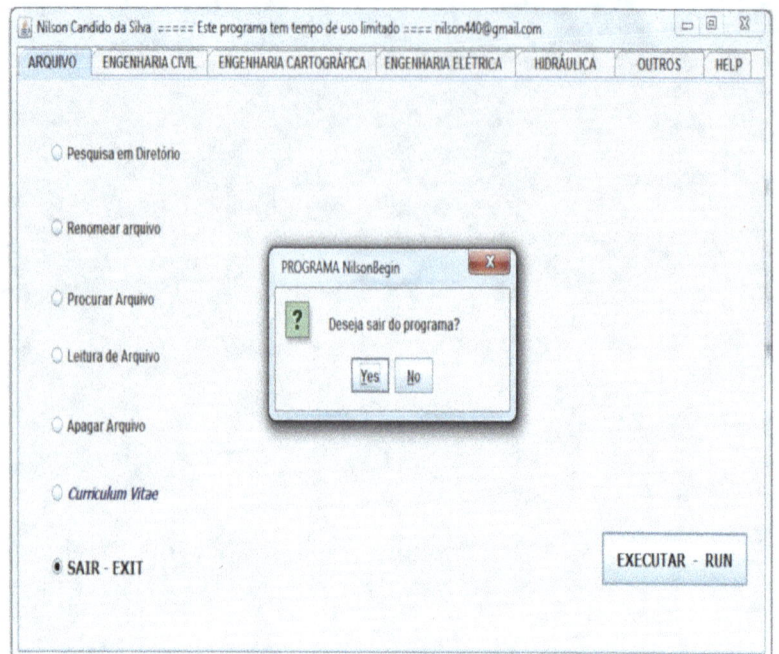

```
/*

*                                                        Click
nbfs://nbhost/SystemFileSystem/Templates/Licenses/lic
ense-default.txt to change this license

*                                                        Click
nbfs://nbhost/SystemFileSystem/Templates/Classes/M
ain.java to edit this template

*/

package main_nilson00;


import javax.swing.JOptionPane;


/**

*

* @author pc nilson440@gmail.com
```

```java
*/
import javax.swing.JOptionPane;
import static main_nilson00.imageLista.livros;
public class Main_Nilson00 {

    /**
     * @param args the command line arguments
     */


    public static void main(String[] args) {

        String st,so = "";
        for(int i = 0; i < args.length; i++) {
            so = so + args[i];   }   st = so.trim();
        if (!(st.equals ("Tecla1996")))
        {      JOptionPane.showInternalMessageDialog(null,"
Contate nilson440@gmail.com"); System.exit(0);}

        new imageLista(livros);
    }

}

package main_nilson00;

import java.awt.BorderLayout;
```

```java
import javax.swing.ImageIcon;

import javax.swing.JFrame;

import javax.swing.JLabel;

import javax.swing.JList;

import javax.swing.JScrollPane;


public class imageLista extends JFrame{
    public static final  String[] livros =
{"aaaAF38","aaaAF47","aaaAF71","aaaAF79","aaaAL1"
,"aaaAL22","aaaAL26","aaaAL30","aaaAL33","aaaAR4
2","aaaAR48","aaaAR88","aaaAR89","aaaBA54","aaaC
H50","aaaCH94","aaaCH95","aaaDI39","aaaDI56","aaa
DI69",

"aaaDI79","aaaEE15","aaaEE20","aaaEE23","aaaEE28
","aaaEE32","aaaEE33","aaaFF14","aaaFF21","aaaFF2
5","aaaFF29","aaaFI73","aaaFI76","aaaFI77","aaaFI78"
,"aaaFI90","aaaGU62","aaaGU63","aaaGU96","aaaGU
97",

"aaaHI43","aaaHI56","aaaHI86","aaaHI87","aaaHO55",
"aaaHO70","aaaHO80","aaaIN3","aaaIN10","aaaIN11","
aaaIN12","aaaIN13","aaaIN17","aaaIN19","aaaIN24","a
aaIN27","aaaIS59","aaaIS60","aaaIS68",

"aaaIS93","aaaIT34","aaaIT52","aaaIT74","aaaIT75","a
aaJA42","aaaJA49","aaaJA82","aaaJA83","aaaMA61","
aaaMA64","aaaMA84","aaaMA85","aaaMA91","aaaMA
92","aaaMA93","aaaNO36","aaaNO51","aaaNO67",

"aaaNO81","aaaPP2","aaaPP4","aaaPP5","aaaPP6","a
aaPP7","aaaPP8","aaaPP9","aaaPP16","aaaPP31","aa
aRU45","aaaRU46","aaaRU72","aaaRU92","aaaSU35",
"aaaSU53","aaaSU66","aaaSU82","aaaTA44","aaaTA5
8","aaaTA90"};
```

```java
    public JList lista ;
    public imageLista(String[]strarray){
      lista = new JList(strarray);
      JLabel bandeira = new JLabel();
      JScrollPane scroll = new JScrollPane(bandeira);
      JScrollPane scro = new JScrollPane(lista);
      add(BorderLayout.WEST,scro);
      add(BorderLayout.CENTER,scroll);


      setTitle("Nilson          e          Marcel(assassinado
covardemente)    LIVROS ====    USE  AS  SETAS
=====Trechos de boa leitura.");
      lista.addListSelectionListener(e ->{
      int index = lista.getSelectedIndex();
      String tela = strarray[index];
      bandeira.setIcon(new
ImageIcon(getClass().getResource(tela+".png")));});
      lista.setSelectedIndex(0);
      setSize(950,600);
      setLocationRelativeTo(null);

setDefaultCloseOperation(DISPOSE_ON_CLOSE);

      setVisible(true);

   }
}
```

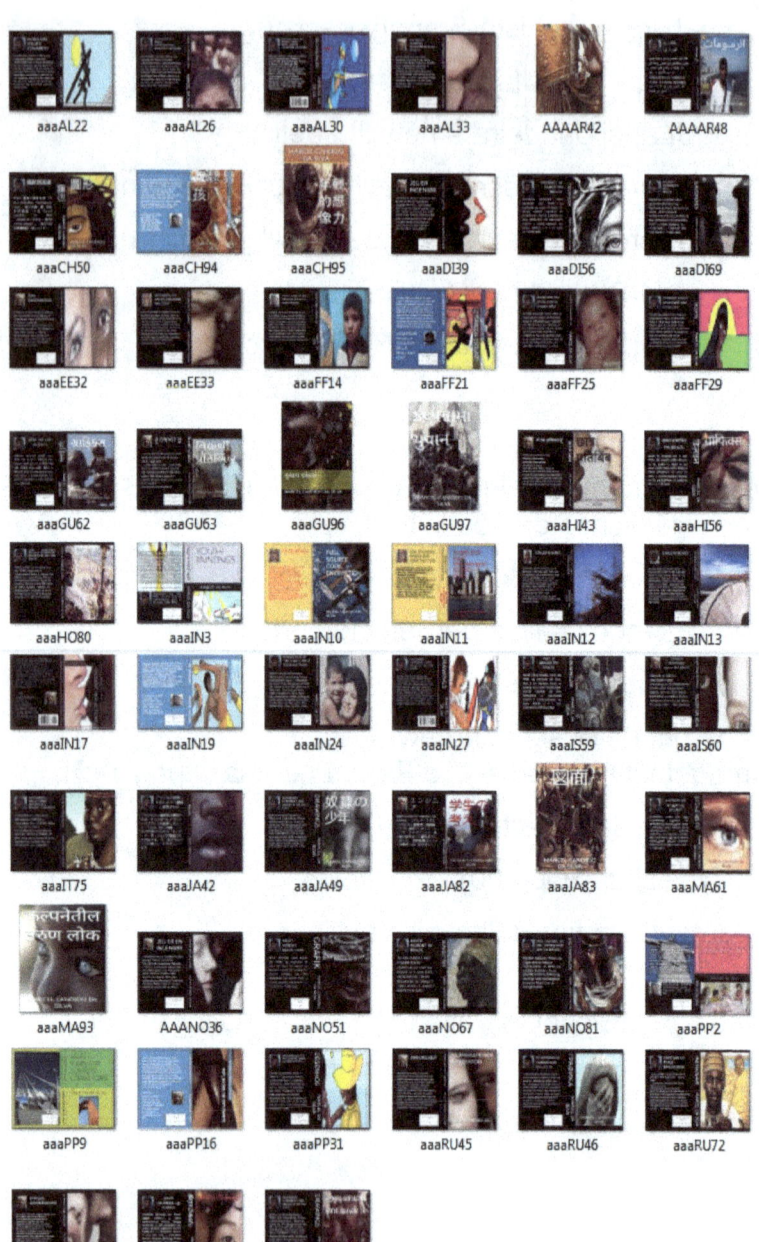

aaaAL22   aaaAL26   aaaAL30   aaaAL33   AAAAR42   AAAAR48

aaaCH50   aaaCH94   aaaCH95   aaaDI39   aaaDI56   aaaDI69

aaaEE32   aaaEE33   aaaFF14   aaaFF21   aaaFF25   aaaFF29

aaaGU62   aaaGU63   aaaGU96   aaaGU97   aaaHI43   aaaHI56

aaaHO80   aaaIN3   aaaIN10   aaaIN11   aaaIN12   aaaIN13

aaaIN17   aaaIN19   aaaIN24   aaaIN27   aaaIS59   aaaIS60

aaaIT75   aaaJA42   aaaJA49   aaaJA82   aaaJA83   aaaMA61

aaaMA93   AAANO36   aaaNO51   aaaNO67   aaaNO81   aaaPP2

aaaPP9   aaaPP16   aaaPP31   aaaRU45   aaaRU46   aaaRU72

aaaTA44   aaaTA58   aaaTA90

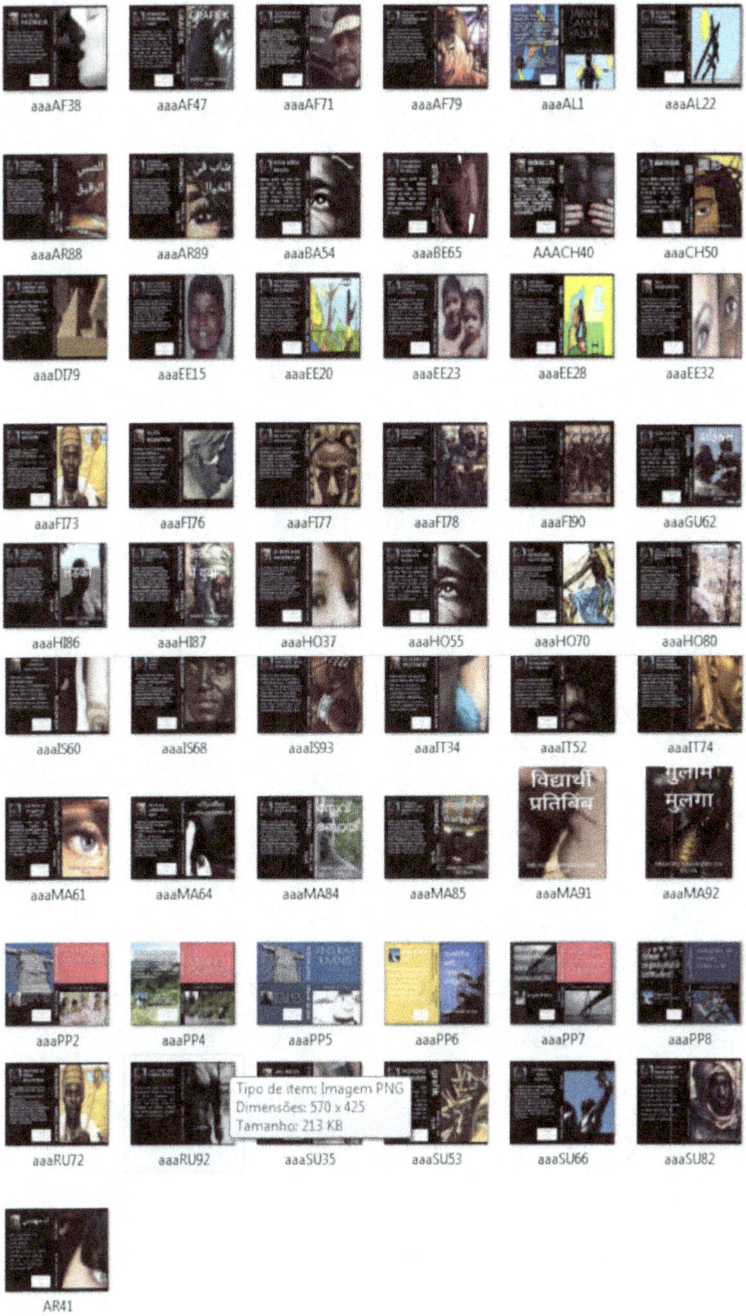

aaaAF38 aaaAF47 aaaAF71 aaaAF79 aaaAL1 aaaAL22

aaaAR88 aaaAR89 aaaBA54 aaaBE65 AAACH40 aaaCH50

aaaDI79 aaaEE15 aaaEE20 aaaEE23 aaaEE28 aaaEE32

aaaFI73 aaaFI76 aaaFI77 aaaFI78 aaaFI90 aaaGU62

aaaHI86 aaaHI87 aaaHO37 aaaHO55 aaaHO70 aaaHO80

aaaIS60 aaaIS68 aaaIS93 aaaIT34 aaaIT52 aaaIT74

aaaMA61 aaaMA64 aaaMA84 aaaMA85 aaaMA91 aaaMA92

aaaPP2 aaaPP4 aaaPP5 aaaPP6 aaaPP7 aaaPP8

Tipo de item: Imagem PNG
Dimensões: 570 x 425
Tamanho: 213 KB

aaaRU72 aaaRU92 aaaSU35 aaaSU53 aaaSU66 aaaSU82

AR41

```java
/*
 *                                                          Click
 * nbfs://nbhost/SystemFileSystem/Templates/Licenses/lic
 * ense-default.txt to change this license
 *                                                          Click
 * nbfs://nbhost/SystemFileSystem/Templates/Classes/M
 * ain.java to edit this template
 */
package main;
import javax.swing.JOptionPane;
import static main.scrolLista.array1;


/**
 * leitura array lista em nilsonCS_GUI textos.array1
 * @author pc        nilson440@gmail.com
 */
public class Main {

    /**
     * @param args the command line arguments
     */
    public static void main(String[] args) {
        // TODO code application logic here
        String st,so = "";
        for(int i = 0; i < args.length; i++) {
        so = so + args[i];   }   st = so.trim();
        if (!(st.equals ("Tecla1996")))
```

```java
    {    JOptionPane.showInternalMessageDialog(null,"
Contate     nilson440@gmail.com");      System.exit(0);
}


 new scrolLista(array1);


   }


}
```
/*
 *   Click
nbfs://nbhost/SystemFileSystem/Templates/Licenses/lic
ense-default.txt to change this license
 *   Click
nbfs://nbhost/SystemFileSystem/Templates/Classes/Cl
ass.java to edit this template
 */

package main;

import java.awt.BorderLayout;

import java.awt.Color;

import java.awt.Font;

import javax.swing.JFrame;

import javax.swing.JList;

import javax.swing.JScrollPane;

/** leitura array lista em nilsonCS_GUI textos.array1
 *leitura array lista em nilsonCS_GUI textos.array1

```java
 * @author pc
 */
public class scrolLista extends JFrame{

    public static final  String[] array1 =


{"                              O    AUTOR
",
"
                                 =======
",
"          Sou ex-aluno da Universidade do Estado do
Rio de Janei-      ",
"                         ro   matrícula   C912182xx.
",
"          Sou brasileiro e o avô de meu avô também é
brasilei-       ",
"          ro.  Sou negro.  Tenho um metro e oitenta de
altura.       ",
"          tenho  excelente  saúde  e  compleição
atlética.  Sou       ",
"          formado por duas universidades e apesar
disso...       ",
"                              EXÉRCITO
",
"
                                 ========
",
"          Certificado de isenção do serviço militar
expedido       ",
```

"   pelo Regimento Floriano (1o. RO-105),
assinado   ",

"   com inabilitação para o serviço militar pelo
então   ",

"   coronel NEWTON CRUZ com no. 1281xx.
",

"   Em julho/93 pedi a reabilitação amparado
no artigo   ",

"   110, Atos do Poder Executivo da legislação
do serviço   ",

"   militar, pedido registrado na 16° Del Sm 1°
CSM   ",

"   pelo 2° TEN. IELDO TONASSI.
",

"   Em setembro/93 fui chamado a VILA
MILITAR setor   ",

"   JISGu/VM - (PGuVM). Atendido pelo
TEN. MODICO   ",

"   DOMENICO DE LUCA FILHO, que me
enviou com o   ",

"   pedido de exame no. 817 para o
HOSPITAL CENTRAL   ",

"   DO EXÉRCITO, onde foi lavrado o
protocolo de no.   ",

"   893x e fui então examinado pelo TEN.
CEL. ALVARO   ",

"   MOREIRA BELIAGO cujo diagnóstico foi:
",

"   ERRO MILITAR.
",

"   Recebi então um outro certificado de DISPENSA   ",

"   de incorporação de no. 4194xx - série D.",

"   AERONÁUTICA",

"   ===========",

"   O CENTRO DE INSTRUÇÃO E ADAPTAÇÃO DE OFICIAIS Av. ",

"   Santa Rosa, 10 - Pampulha - Caixa Postal 2274 - tel. ",

"   491 22 11 - Belo Horizonte - MG CEP 31270-750. ",

"   Ficha de Inscrição n. 3321xx.",

"   Carta de 24/jun/93 .",

"   Informamos a V .Sa. que a sua inscrição foi ",

"   indeferida em virtude de: SUA INABILITAÇÃO PARA O ",

"   SERVIÇO MILITAR, conforme o exército anotou no seu ",

"   documento.",

"   MARINHA",

"   =======",

"   Conforme o edital nº 001/93 e jornais de out/93.   ",

"   Mais carta ao candidato assinado pela capitão-tenen-   ",

"   te (CAF) Rosemar Gardel de Carvalho .
",

"   Fui um dos oito primeiros colocados. As provas foram   ",

"   em duas etapas : 1- Centro de instrução almirante A-   ",

"   alexandrino - Secretaria do Comando - Av. Brasil 10946   ",

"   2- Setor DPCvM - Rua primeiro de Março   ",

"   118 - 9º andar.
",

"   Acontece porém, que a marinha nem mesmo se dignou   ",

"   a informar qualquer coisa e continuo a esperar...   ",

"   Sr. Comandante observe a lei 7716 de 05/jan/89,   ",

"   e também a lei 9459 de 13/mai/97.
",

"   PRESIDÊNCIA DA REPÚBLICA BRASILEIRA   ",

"
======================================
",

"   No primeiro semestre de 1997 enviei ao presidente da   ",

17

"   República estas linhas que você está lendo, conforme   ",

"   recomendações do art.119, capítulo XIX das leis do   ",

"   serviço militar.   ",

"   O mesmo foi também enviado ao ministro do Exército e   ",

"   ao ministro da Marinha, o único a mandar resposta foi   ",

"   a Presidência da República e que dizia: ",

"   PRES REP 28711 100945P/TBO   ",

"   S/N GP BRASILIA.31 DE JULHO DE 1997 - INCUMBIU-ME   ",

"   EXCELENTISSIMO SEHOR PRESIDENTE DA REPUBLICA REGISTRAR   ",

"   RECEBIMENTO E AGRADECER GENTILEZA ENVIO DISQUETE.ATEN-   ",

"   CIOSAMENTE. CINARA RIBEIRO SILVEIRA SECRETARIA DE DO-   ",

"   CUMENTACAO HISTORICA GABINETE PESSOAL DO PRESIDENTE DA   ",

"   REPUBLICA.   ",

"   TR:101700P/TRO   ",

"   Juris et facto, a fortiori. . .   ",

"

===
=========================   ",

"   Bíblia   (Miquéias   6:8)
",

"   Ele te declarou ó homem, o que é bom e que o
Senhor pede de ti: ",

"   que pratiques a justiça, e ames a misericórdia, e
andes humilde-   ",

"   mente   com   o   teu   Deus.
",

"

===
=========================   ",

"   Bíblia   (João   7:24)
",

"   Não julgueis segundo a aparência, e sim pela reta
justiça.   ",

"

===
=========================   ",

"   Discurso de Rui Barbosa em 22 de
novembro de 1910   ",

"   ",

"   ... No Brasil não se organiza exército contra o
estrangeiro;   ",

"   desenvolvem-se as instituições militares contra a
ordem civil. Que   ",

"   vale neste país diante de qualquer impulso de
oficiais, a vida de   ",

"   um   de   nós?   ...
",

==

> A vós, homens de ciência, a vós, técnicos, o dever de lembrar; a ética tem sempre primazia sobre a técnica e o homem sobre as coisas.
>
> S.S. Papa JOÃO PAULO II
>
> (Salvador, Bahia, 07/07/80)

==

> The object of all science, whether natural science or psychology, is co-ordinate our experiences and bring them into a logical system.
>
> ALBERT EINSTEIN
>
> (Institute for Advanced Study at the Princeton University)

==

"   O país que comete um êrro e não o corrige estará   ",

"   cometendo outro êrro, daí para frente ninguém o   ",

"   tomará por sério.
",

"   CONFÚCIO, 551 a 479 A.C.
",

"

===
=====================   ",

"   Existe um povo que a bandeira empresta
",

"   Pra cobrir tanta infâmia e covardia ! ...
",

"   E deixa-a transformar-se nessa festa
",

"   Em manto impuro de bacante fria! ...
",

"   Meu Deus! meu Deus! mas que bandeira é esta,   ",

"   Que impudente na gávea tripudia? ...
",

"   Silêncio ... Musa! chora, e chora tanto,
",

"   Que o pavilhão se lave no teu pranto! ...
",

"   ",

"   Auriverde pendão de minha terra,
",

21

"
",
                    Que a brisa do Brasil beija e balança,

"
",
                    Estandarte que a luz do sol encerra

"
",
                    E as promessas divinas da esperança...

"
",
                    Tu, que da liberdade após a guerra

"
",
                    Fôste hasteado dos heróis na lança,

"
",
                    Antes te houvessem rôto em batalha,

"
                    Que servires a um povo de mortalha! ...
(Castro Alves)   ",

"

===
=======================   ",

"
                          == EU NÃO PEQUEI==
"
",
"
                          Nilson Candido da Silva
"
",
"
                                            "
                                            ,
"
                    Eu não pequei, meus pais não pecaram.
"
",
"
                    Seria assim em algum outro país ?
"
",
"
                    Um astrólogo diria que já estava escrito .
Mas,   ",

"
          quero responder apenas para o seu coração,
caro usuário,   ",

"   não critique o soldado, pois, êle segue o manual, segue   ",

"   o que seus superiores ordenaram e seus superiores foram   ",

"   moldados pelo sistema. Você, que agora estáis a ler,   ",

"   é uma parte elementar do sistema, e eu peço a você: pra-   ",

"   tique a justiça, jogue fora seus preconceitos e viva   ",

"   com retidão e amor, e peça a Deus que a sua vibração se   ",

"   propague para outros, para seu benefício, para a salvação   ",

"   de seus filhos, para a felicidade de seu próximo, para a   ",

"   grandeza de sua pátria, para o benefício de toda a Terra.   ",

"   Deus saberá que você fez o que tinha a fazer, do restante   ",

"   Ele se encarregará, que a mão verdadeiramente amiga e o   ",

"   braço verdadeiramente forte do Senhor seja seu escudo.   ",

"

==
===================   ",

"   == A ARTE DA GUERRA ==
",
",

"   Maquiavel (1469 -1527)
",
",

"   ",

"   Espero também que não se considere que um homem de   ",

"   condição humilde e obscura procure estudar e orientar o gover-   ",

"   no dos príncipes; da mesma forma como os pintores paisagistas   ",

"   se colocam nos vales para poder pintar montanhas e terrenos   ",

"   elevados, e sobem para ganhar uma boa visão das planícies,   ",

"   assim também é necessário ser príncipe para conhecer perfeita-   ",

"   mente a natureza do povo, e pertencer ao povo para conhecer a   ",

"   natureza dos príncipes. E se baixar os olhos da sua posição   ",

"   altaneira para a situação modesta em que me encontro, reconhe-   ",

"   cerás os grandes e imerecidos sofrimentos que me foram impostos   ",

"   por   um   fado   cruel.
",

"

" ==
=========================   ",

"   5 Bíblia (isaías)   === AIS CONTRA OS PERVERSOS ===   ",

"   8 Ai dos que ajuntam casa a casa, reúnem campo a campo, até que não   ",

24

"   haja mais lugar, e ficam como únicos moradores
no meio da terra!   ",

"   9 A meus ouvidos disse o Senhor dos Exércitos:
Em verdade, muitas   ",

"   casas ficarão desertas, até as grandes e belas,
sem moradores.   ",

"   20 Ai dos que ao mal chamam bem e ao bem, mal;
que fazem da escuridade   ",

"   luz e da luz, escuridade; põem o amargo por doce
e o doce, por amargo! ",

"   23 os quais por suborno justificam o perverso e ao
justo negam justiça!   ",

"

===
============================== ",

"   == MAL SECRETO ==
",

"   Raimundo Correa
",

"   Se a cólera que espuma, a dor que mora
",

"   Nalma, e destrói cada ilusão que nasce,
",

"   Tudo o que punge, tudo o que devora
",

"   O coração, no rosto se estampasse;
",

"   "
,

"   Se se pudesse, o espírito que chora,
",

Ver através da máscara da face,

Quanta gente, talvez, que inveja agora
Nos causa, então piedade nos causasse!

Quanta gente que ri, talvez, consigo
Guarda um atroz, recôndito inimigo,
Como invisível chaga cancerosa!

Quanta gente que ri, talvez existe,
Cuja ventura única consiste
Em parecer venturosa!

===

AS POMBAS

Raimundo correia

Vai-se a primeira pomba despertada..
vai-se outra mais... mais outra... enfim dezenas

De pombas vão-se dos pombais, apenas

Raia sanguínea e fresca a madrugada...

E à tarde, quando a rígida nortada

Sopra, aos pombais de nôvo elas, serenas,

Ruflando as asas, sacudindo as penas,

Voltam tôdas em bando e em revoada...

Também dos corações onde abotoam,

Os sonhos, um por um, céleres voam,

Como voam as pombas dos pombais;

No azul da adolescência as asas soltam,

Fogem... Mas aos pombais as pombas voltam,

E êles aos corações não voltam mais...

TRIUNFO SUPREMO

Cruz e Souza

Quem anda pelas lágrimas perdido,

Sonâmbulo dos trágicos flagelos,

☐ quem deixou para sempre esquecido

O mundo e os fúteis ouropéis mais belos!

☐ quem ficou do mundo redimido,

Expurgado dos vícios mais singelos

E disse a tudo o adeus indefinido

E desprendeu-se dos carnais anelos!

☐ quem entrou por tôdas as batalhas

As mãos e os pés e o flanco ensanguentando,

Amortalhado em tôdas as mortalhas.

Quem florestas e mares foi rasgando

e entre raios pedradas e metralhas,

Ficou gemendo, mas ficou sonhando!

===
====================

A LEOA

Raimundo Corrêa

Não há quem a emoção não dobre e vença,

Lendo o episódio da leoa brava,

que, sedenta e famélica, bramava,

Vagando pelas ruas de Florença.

Foge a população espavorida,

E na cidade deplorável e erma,

Topa a leoa, só, quase sem vida,

Uma infeliz mulher débil e enferma.

Em frente à fera, no estupor do assombro,

29

Não J por si tremia ela, a mesquinha,

Porém, porque era mãe, e o pêso tinha,

Sempre caro pras mães, de um filho ao ombro,

Cegava-a o pranto, enrouquecia-a o chôro,

Desvairava-a o pavor!... e entanto, o lindo,

O tenro infante, pequenino e louro,

Plácido estava nos seus braços rindo.

E o olhar desfeito em pérolas celestes

Crava a mãe no animal, que pára e hesita,

Aquele olhar de súplica infinita,

que é só próprio das mães em transes dêstes.

Mas a leoa, como se entendesse

O amor de mãe, incólume deixou-a...

☐ que êsse amor até nas feras vê-se!

E é que era mãe talvez essa leoa!

==
=================

FÁBULA

João Ribeiro

No outro tempo em Bagdá, Almançor, o califa,

Um palácio construiu todo de ouro; a alcatifa

De jaspe; a colunata em pórfiro, e o frontal,

De toda a pedraria asiática, oriental;

E em frente dêsse asilo, em piscinas de luxo

Choviam áurea poeira as fontes em repuxo.

Ora ali perto havia em frente ao monumento,

Uma choça mesquinha, esfarrapada ao vento,

Quase a cair, humilde e tristonha mansão

De um velho pobre, velho e simples tecelão.

Essa mísera casa, ao certo, transtornava

A suntuosa impressão do palácio. Causava

Não sei que dor, talvez asco. Desagradável,

Tanta riqueza ao pé de choça miserável!

Convinha, pois, destrui-la. E ao velho tecelão

Ofereceram dinheiro. E o velho disse: -Não!

Guardai vosso ouro todo, essa casa que habito

Nunca será vendida, antes seja eu maldito;

Arrasai-a, porquanto é-vos fácil poder.

Nela morreu meu pai, e nela hei de eu morrer.

E à resposta do velho o califa Almançor

Estêve a meditar. Um dos servos:- Senhor,

Sois poderoso e rei, vós podeis sem vexame

Essa casa arrasar, já e já, sem exame.

"   Pois vós! retroceder diante de um tecelão!
",

"   Almançor, o califa, ergueu-se e disse:- Não!
",

"   ",

"   Eu não quero destruir a mesquinha
choupana,   ",

"   Quero-a de pé, bem junto a mim essa
cabana,   ",

"   Porquanto a geração dos meus filhos se
expande,   ",

"   E quero que cada um a refletir, sem custo,
",

"   Vendo o palácio, diga: - ave! Almançor foi
grande!   ",

"   E vendo a pobre choça: - Ele foi mais. Foi
justo!   ",

"

===
======================   ",

"   MEU NOME
",

"   Nilson Candido da Silva
",

"   Não sei se és capaz
",

"   Imaginar meu nome
",

"   Lindo!? creio que assaz...
",

"
",
"
",
"
",
"
",
"
",
"
",
"
",
"
",
"
",
"
",
"
",
"
",
"
",
"
",

Só que não o se come

Orgulho aos meus pais faz

Não o deixo que assome

",

Cada um nome tem sim

Ainda digo o meu

Não o aluso aqui assim

Deixo porém, pro fim

Intenso no ôlho teu

Dou uma fama de mim

Ouça e guarda o que leu

",

Descobriste-o? Não?

Agora digo então

",

Se reparar nos traços

Intróitos desses versos

34

Letras de dedos lassos

Verás ali submersos

Aí em estilhaços

==
===============   ",

MINHA   MÃE

Nilson Candido da Silva

",

Quando vejo uma tarde enegrecida,

Uma solidão acende-me senhora!

Lembro-me de minha mãe querida.

Ah! Tão longe! Se estivesse aqui agora...

",

Amor de mãe é muito formoso eu sinto.

Jamais uma palavra eu lhe levante.

Deus me guie com o bom instinto,

Que não ma tire, logo neste instante!

Amor coisa que todo mundo sente,

Mas, amor materno, esse amor clemente,

Ainda há gente que os ousa ferir!

Ah! Quero que volte logo mãezinha,

Quando você chegar aqui mãe minha,

No aprêço a natureza irá florir.

===

PERIGO

Nilson Candido da Silva

Brincava sossegada a garotinha,

Com uma linda e peralta gatinha,

De repente, muito estática estaca.

Espreitando o alvo enruga a jararaca.

36

Parte da infante um grito magoante.

a porta abrindo range num instante...

A mãe apressada agride de vassoura

Pintada e horrível cobra matadoura.

Sem tocar a presa a cobra fenece,

E a aventura a pequena logo esquece.

H muita gente que são iguais a cobra.

Pensam às vêzes, que estamos absortos.

Atacam-nos. A honra é boa e são mortos,

tarde demais depois que se dobra.

A MORTE

Nilson Candido da Silva

O infante atirou-se às águas transbordantes,

Tinha a alma triste e leso o coração.

Tôda a orla sentiu esses últimos instantes,

Que teve naquela tétrica ação.

H tristezas que a mente não imagina,

Como a do infante que vivera bruno

Em casa de gente muito ranzinza.

Sofrendo como um reles e gatuno.

Gente há que ri, quando um fala em tristeza,

Talvez, porque em sua vida nada pensa,

Ou que viverá sempre na riqueza.

Tem que latejar a piedade às mentes,

☐ esta a nossa grande recompensa,

Porque ninguém viverá eternamente.

38

A VIDA

Nilson Candido da Silva

Sabemos nós que sempre não olharemos

Então, vamos viver fraternalmente.

Vamos com nossa vida, e com bons rumos

A outro ditoso orbe de todos crente.

Vida misteriosa e delicada!

E boa, que se vive neste mundo!

Penso, que seja ela de todo amada.

Que, a ama todo anoso de alento fundo.

Talvez seja este mundo em nós um teste,

Nêle há toda sorte de alegrias e tristezas,

Portanto, em nossas mãos estão as belezas.

Não há nesta idéia minha, alguém que conteste,

Estes singelos pensamentos meus:

Amor... Ser bom, labuta e Deus.

===
===========================

O   MELHOR

Nilson Candido da Silva

é infante, tudo que vês é lindo:

Quando perscrutas o céu ou o sol luzindo,

Quando vês a água a rolar ou lindas flôres,

Ou o hino que, te moves, cheio de dôres.

Quando saberes tudo em tua mente,

Irás dar-me razão, já até contente;

Que, é que há, que achas, sereno e mais bonito?

Saberia o mais pobre pequenito.

40

Talvez, em tua casa tem conforto;

Teu sentimento voa quase morto;

Mas, se voltares com fervor à vida,

A ternura, em casa, acharás garrida,

Mesmo que te faltem os pães

Mas, lá é que se encontram todas as mães.

===
===========================

CONSELHOS AOS MOÇOS

Olavo Bilac

Não vos orgulhes do fulgor da vossa inteligência, mas contentai-vos da satisfação inteira que vos der o cumprimento do dever. A virtude é mais natural e mais bela do que o talento. A bondade é mais espontânea e mais fecunda do que a sabedoria. Nem todos os homens são capazes de ter gênio; mas todos os homens são,

"   capazes de ter honra e misericórdia.
",

"   sêde bons, fortes e justos; e abnegai-vos!
Devemos to-   ",

"   dos fluir e desaparecer, com a nossa abnegação,
como os arroios   ",

"   se perdem nos rios e como os rios se dissipam no
oceano.   ",

"   Quando desaparecermos da terra, nela
ficaremos, não   ",

"   com os nossos nomes passageiros e com as
nossas fisionomias fu-   ",

"   gitivas, mas com o suor, o sangue, as lágrimas que
tivermos dei-   ",

"   xado sôbre o grande seio da pátria, nossa mãe e
nossa filha ao   ",

"   mesmo tempo, mãe pela vida que nos deu e filha
pelo amparo que   ",

"   recebeu do nosso esfôrço carinhoso.
",

"   Praticai e ensinai o desinterêsse! O
desinterêsse é   ",

"   é um maquinador de milagres. Grandes
almas,   ",

"   verdadeiras almas, são as abnegadas, que se
anulam e dissipam em   ",

"   outras. A alma, que em parte se suicida na
vibração de outras,   ",

"   desdobra-se e multiplica-se. Dêsse desdobramento
e dessa multi-   ",

"   plicação de corações altruistas é que nascem as grandes pátrias.   ",

"   Sêde bons e justos! E sêde, também, serenos, para que   ",

"   possais desprezar as injúrias e as calúnias com que os mesquinhos   ",

"   e os maus sempre procurarão deturpar o vosso pensamento, enlamear   ",

"   a vossa nobreza e infamar o vosso desprendimento.   ",

"   Vivei, meus amigos, com o coração cheio de fé, com o   ",

"   cérebro cheio de luz, com o corpo cheio de saúde!
",

"

"
===
==============================   ",

"   QUADRILHA
",

"   Carlos Drummond de Andrade
",

"   ",

"   João amava Tereza que amava Raimundo
",

"   que amava Maria que amava Joaquim que amava Lili   ",

"   que não amava ninguém.
",

"   João foi para os Estados Unidos, Tereza para o convento,   ",

" Raimundo morreu de desastre. Maria ficou
para tia.   ",

"   Joaquim suicidou-se e Lili casou com J.
Pinto Fernandes, ",

"   que não tinha entrado na história.
",

"

===
==============   ",

"   PAI JOÃO
",

"   Gregório de Matos
",

"   ",

"   Quando Iô tava na minha tera
",

"   Iô chamava capitão,
",

"   Chega na tera dim baranco,
",

"   Iô mi chama - Pai João.
",

"   ",

"   Quando Iô tava na minha tera
",

"   Comia minha garinha,
",

"   Chega na tera dim baranco,
",

"   Carne sêca co farinha.
",

",

Quando Iô tava na minha tera

Iô chamava generá ,

Chega na tera dim baranco

Pega o ceto vai ganhá.

",

Dizoforo dim baranco

Nó si póri aturá ,

T   comendo, tá... drumindo,

Manda negro trabaiá .

",

Baranco - dize quando môre

Jezuchrisso que levou,

E o pretinho quando môre

Foi cachaxa que matou.

",

Quando baranco vai na venda

" " Logo dizi tá esquentáro,

" " , Nosso preto vai na venda

" " Acha copo tá viráro.

" " , ",

" Baranco dizi - preto fruta,

" " , Preto fruta corezão;

" " Sinhô baranco também fruta

" " , Quando panha casião.

" ",

" Nosso preto fruta garinha

" " , Fruta saco de feijão;

" " Sinhô baranco quando fruta

" " , Fruta prata e patacão.

" ",

" Nosso preto quando fruta

" " , Vai pará na coreção,

" " Sinhô baranco quando fruta

" " ,

46

Logo sai sinhô barão.

O PRECURSOR

Gibran

Há sete séculos, sete pombas brancas levantaram vôo de um vale profundo rumo aos cumes recobertos de neve. Um dos homens que as viram, disse: Vejo uma mancha preta sôbre a asa da sétima pomba. Hoje, no vale, o povo fala de sete pombas pretas que levantaram vôo certo dia rumo aos cumes recobertos de neve.

CARTA A WASHINGTON

Chefe indígena

... Mesmo o homem branco, a quem Deus acompanha, e com quem conver-

47

"   sa como amigo, não pode fugir a esse destino comum. talvez, apesar   ",

"   de tudo, sejamos todos irmãos. Nós o veremos. De uma coisa sabemos   ",

"   e talvez o homem branco venha a descobrir um dia: nosso Deus é o   ",

"   mesmo Deus. Podeis pensar hoje que somente vós O possuís, como de-   ",

"   sejais possuir a terra, mas não podeis. Êle é o Deus do Homem e   ",

"   Sua compaixão é igual tanto para o homem branco quanto para o ho-   ",

"   mem vermelho. Esta terra é querida Dele, e ofender a terra é in-   ",

"   sultar o seu Criador. Os brancos também passarão; talvez mais   ",

"   cedo do que as outras tribos. Contaminai a vossa cama, e vos   ",

"   sufocareis numa noite no meio de vossos excrementos.   ",

"   Mas no vosso parecer, brilhareis alto, iluminados pela   ",

"   força do Deus que vos trouxe a esta terra e por algum favor espe-   ",

"   cial vos outorgou domínio sobre ela e sobre o homem vermelho. Este   ",

"   destino é um mistério para nós, pois não compreendemos como será o   ",

"   dia em que o último búfalo for dizimado e a visão das brilhantes   ",

" colinas bloqueadas por fios falantes. Onde está a águia? Desapare- ",

" ceu. Onde estão nossas matas? Desapareceu. O fim do viver e o iní- ",

" cio do sobreviver.
",

"

==
============================ ",

" TEMPORAIS
",

" Gibran ",

" ",

" Havia um bosque onde uma linda violeta vivia satisfeita ",

" entre suas companheiras.
",

" Certa manhã viu uma rosa que se balançava bem mais acima ",

" dela radiante e orgulhosa.
",

" Gemeu a violeta, dizendo: Pouca sorte tenho eu, entre as ",

" flores! Humilde é o meu destino! Vivo pegada à terra, e não posso ",

" levantar a face para o sol como fazem as rosas.
",

" A Mãe Natureza então disse a violeta que existe muito in- ",

" fortúnio atrás das aparentes grandezas, mas não conseguiu convencer ",

"   a violeta. Então a Natureza estendeu sua mão mágica, e a violeta   ",

"   tornou-se   uma   rosa   suntuosa.
",

"   Na tarde daquele dia, o céu escureceu-se, e os ventos e a   ",

"   chuva   devastaram   o   bosque.
",

"   Então a rainha das violetas viu a rosa que tinha sido vi-   ",

"   oleta, estendida no chão como morta. E disse:
",

"   - Vejam e meditem, minhas filhas, sôbre a sorte da viole-   ",

"   ta que as ambições iludiram. Que seu infortúnio lhes sirva de exem-   ",

"   plo.   ",

"   Ouvindo essas palavras, a rosa agonizante estremeceu e,   ",

"   apelando para tôdas suas fôrças, disse com voz entrecortada: ",

"   Ouvi vós, ignorantes, satisfeitas, covardes. Ontem eu   ",

"   era como vós, humilde e segura. Mas a satisfação que me   protegia   ",

"   também me limitava. Podia continuar a viver como vós,   pegada é   ",

"   terra, até que o inverno me envolvesse em sua neve e me levasse   ",

"   para o silêncio eterno sem que soubesse dos segredos e glórias da   ",

" vida mais do que as inúmeras gerações de violetas, desde que houve ",

" violetas. ",

" Mas escutei no silêncio da noite e ouvi o Mundo superior ",

" dizer a êste mundo: O alvo da vida é atingir o que há além da vi- ",

" da. ",

" Vivi uma hora como rosa. Vivi uma hora como rainha. Vi ",

" o mundo pelos olhos das rosas. Ouvi a melodia do éter com o ouvido ",

" das rosas. Acariciei a luz com as pétalas das rosas. Pode alguma ",

" de vós reclamar essa honra? ",

" Vou repetir para vocês, tolas violetas, o que ouvi de ",

" Theodore Roosevelt, presidente Norte Americano, êle dizia: O cré- ",

" dito pertence ao homem que está realmente na arena; cujo rosto ",

" está desfigurado pela poeira e pelo suor; que luta corajosamente; ",

" que erra e pode falhar repetidas vezes, pois não há esforço sem ",

" erros ou falhas; mas que realmente luta para realizar proezas, ",

" que demonstra realmente grande entusiasmo, grande devoção. ",

"   Os homens de fé viajam sempre por difíceis oceanos,   ",

"   à busca de novos horizontes. Os submissos limitam-se a navegar pe-   ",

"   la costa ou a fundear suas inquietudes ao abrigo de portos limita-   ",

"   dos, inadequados para navios dos audazes.
",

"   Morro agora, levando na alma o que nenhuma alma de vio-   ",

"   leta jamais exerimentara. Morro, sabendo o que há atrás dos hori-   ",

"   zontes estreitos onde nascera. □ êsse o alvo da vida.   ",

"

===
==========================   ",

"   OS DOIS CAMINHOS
",

"   (Religião do Islam)
",

"   ",

"   Se você estiver viajando só e se encontrar ante uma encruzilhada   ",

" de dois caminhos: um estreito, que sobe a montanha e o outro largo,   ",

" que desce até a planície; o primeiro, com dificuldades, pedras   ",

" soltas, espinhos e buracos que dificultam caminhar por êle. Porém,   ",

" há um anúncio, posto pelas autoridades, onde se lê: ",

"   Este caminho, apesar da sua   dificuldade, no princípio, é o ca-   ",

" minho reto, o que leva é grande cidade e é meta pretendida.   ",

"   O segundo caminho está   asfaltado, sombreado por árvores, com   ",

" flores e frutos, e dos lados há cafés e atrações, que agradam o cora-   ",

" ção, alegram a vista e dão prazer ao ouvido. Porém, há um aviso que   ",

" diz: ",

"   Este é um caminho perigoso e fatal, seu final é um abismo, que   ",

"   conduz   à   morte e   à   fatalidade certa. ",

"   Por qual dos dois caminhos você se conduziria? ",

"   Sem dúvida, o ego do homem se inclina mais para o que é fácil   ",

" do que para o que é difícil, para o gostoso do que para o doloroso,   ",

" deseja a liberdade e odeia a prisão. É uma tendência inata, pois   ",

" Deus nos criou com tal natureza. Se o homem deseja que o seu ego   ",

" e as suas   pretensões atuem   sôbre   ele e o dominem, conduz-se pelo   ",

" segundo caminho. Então   intervém a razão, comparando entre o   ",

" prazer passageiro e presente, ao que se seguirá uma grande dor,   ",

" e uma dor momentânea e provisória, depois da qual virá um prazer   ",

"   permanente; elege o primeiro caminho. ",

"

==
======================= ",

"   BÍBLIA (Daniel 5:13:31) ",

"   Então, Daniel foi introduzido à presença do rei. Falou o rei e disse ",

" a Daniel: □s tu aquele Daniel, dos cativos de Judá, que o rei, meu pai, ",

"   trouxe   de   Judá? ",

"   Tenho ouvido dizer a teu respeito que o espírito dos deuses está em ",

" ti, e que em ti se acham luz, inteligência e excelente sabedoria.   ",

"   Acabam de ser introduzidos à minha presença os sábios e os encanta- ",

" dores, para lerem esta escritura e me fazerem saber a sua interpretação; ",

"   mas não puderam dar a interpretação destas palavras.   ",

"   Eu, porém, tenho ouvido dizer de ti que podes dar interpretações e ",

" solucionar casos difíceis; agora, se puderes ler esta escritura e fazer-me ",

" saber a sua interpretação, serás vestido de púrpura, terás cadeia de ouro ",

" ao pescoço e serás o terceiro no meu reino. ",

" Então, respondeu Daniel e disse na presença do rei: Os teus presen- ",

" tes fiquem contigo, e dá os teus prêmios a outrem; todavia, lerei ao rei ",

" a escritura e lhe farei saber a interpretação. ",

" é rei ! Deus, o Altíssimo, deu a Nabucodonosor, teu pai, o reino e ",

" grandeza, glória e majestade. ",

" Por causa da grandeza que lhe deu, povos, nações e homens de todas ",

" as línguas tremiam e temiam diante dele; matava a quem queria e a quem ",

" queria deixava com vida; a quem queria exaltava e a quem queria abatia. ",

" Quando, porém, o seu coração se elevou, e o seu espírito se tornou ",

" soberbo e arrogante, foi derribado do seu trono real, e passou dele a sua ",

" glória. ",

" Foi expulso dentre os filhos dos homens, o seu coração foi feito se- ",

" melhante ao dos animais, e a sua morada foi com os jumentos monteses; ",

" deram-lhe a comer erva como aos bois, e do orvalho do céu foi molhado o ",

" seu corpo, até que conheceu que Deus, o Altíssimo, tem domínio sobre o ",

" reino dos homens e a quem quer constitui sobre ele. ",

"   Tu, Belsazar, que és seu filho, não humilhaste o coração, ainda que ",

"   sabias   tudo   isto. ",

"   E te levantaste, contra o Senhor do céu, pois foram trazidos os ",

" utensílios da casa dele perante ti, e tu, e os teus grandes, e as tuas mu- ",

" lheres, e as tuas concubinas bebestes vinho neles; além disso, deste lou- ",

" vores aos deuses de prata, de ouro, de bronze, de ferro, de madeira e de ",

" pedra, que não vêem, não ouvem, nem sabem; mas, a Deus, em cuja mão está a ",

" tua vida e todos os teus caminhos, a êle não glorificaste.   ",

"   Então, da parte dele foi enviada aquela mão que traçou esta escritu- ",

" ra.   ",

"   Esta, pois, e a escritura que se traçou: MENE, MENE, TEQUEL, PARSIM. ",

"   Esta é a interpretação daquilo: MENE: Contou Deus o teu reino e deu ",

" cabo dele.   ",

"   TEQUEL: pesado foste na balança e achado em falta.   ",

"   PERES: Divido foi o teu reino e dado aos Medos e aos Persas.   ",

"   Então, mandou Belsazar que vestissem Daniel de púrpura, e lhe puses- ",

" sem cadeia de ouro ao pescoço, e proclamassem que passaria a ser o tercei- ",

"   ro   no   governo   de   seu   reino.
",

"   Naquela mesma noite, foi morto Belsazar, rei dos caldeus.   ",

"   E Dario, o medo, com cerca de sessenta e dois anos, se apoderou do ",

" reino.   ",

"

==
=================================== ",

"   BÍBLIA (SALMO 1)
",

"   ",

" Bem-aventurado o homem que não anda no conselho dos ímpios,   ",

"   não se detém no caminho dos pecadores,
",

"   nem se assenta na roda dos escarnecedores,
",

"   antes o seu prazer está na lei do SENHOR,
",

"   e na sua lei medita de dia e de noite.
",

" ele é como a arvore plantada junto a corrente de águas,   ",

57

"   que, no devido tempo, dá o seu fruto, e cuja folhagem não murcha;   ",

"   e tudo quanto êle faz será   bem sucedido. ",

" os ímpios não são assim; são porém como a palha que o vento dispersa.   ",

"   por isso, os perversos não prevalecerão no juízo, nem os pecadores,   ",

"   na congregação dos justos. Pois o SENHOR conhece o caminho dos justos,   ",

"   mas   os   caminhos   dos   ímpios   perecerá   . ",

"

== ======================   ",

"   BÍBLIA (Mateus,Marcos,João e Lucas) ",

"   ",

"   Bem-aventurados os pobres de espírito, porque deles é o reino dos céus. ",

"   Bem-aventurados os que choram, porque serão consolados.   ",

"   Bem-aventurados os mansos, porque possuirão a terra.   ",

"   Bem-aventurados os que têm fome e sede de justiça, porque serão saciados.",

"   Bem-aventurados os misericordiosos, porque alcançarão misericórdia.   ",

"   Bem-aventurados os limpos de coração, porque verão a Deus.   ",

"   Bem-aventurados os pacíficos, porque serão chamados filhos de Deus.   ",

"   Bem-aventurados os que sofrem perseguição por amor da justiça, porque ",

"   deles   é   o   reino   dos   céus. ",

"   Vocês pensam que merecem elogios só porque amam aqueles por quem   ",

"   são amados? Até os ímpios fazem isso! E se vocês emprestarem   ",

"   dinheiro somente a quem pode pagar de volta,   que tem isso de bom?   ",

"   Até os piores pecadores fazem assim entre si!. ",

"   Amem seus inimigos! Façam-lhes o bem! Emprestem a eles! Não se   ",

"   preocupem com o fato de que eles não pagarão de volta. Assim a ré-   ",

"   compensa que virá do céu para vocês será muito grande, e verdadei-   ",

"   ramente vocês estão agindo como filhos de Deus; porque Ele é   ",

"   bondoso com os mal-agradecidos e com aqueles que são muito maus.   ",

"   Procurem demonstrar tanta compaixão, como o seu Pai faz. Nunca   ",

"   critiquem nem condenem - senão tudo virá de volta sôbre vocês.   ",

"   Demonstrem perdão com os outros; assim êles farão o mesmo com   ",

" vocês. Porque se vocês derem, receberão! Suas dádivas voltarão ",

" a vocês em medida cheia, e transbordante, apertada, sacudida para ",

" dar lugar a mais um pouco, até derramar. A medida que vocês usa- ",

" rem para dar, - grande ou pequena - será usada para medir o que ",

" lhes derem de volta. ",

" Não vos inquieteis, por vossa vida, com o que comereis ou com o que bebe-",

"reis, nem por vosso corpo, com o que vestireis. A vida não vale mais que a co-",

"mida e o corpo mais que a roupa? Olhai as aves no ar: não semeiam, não colhem,",

"nem fazem provisão nos celeiros, contudo vosso pai celeste as sustenta. Não ",

"valeis mais que elas? E quem de vós, por suas inquietudes, pode acrescentar ",

"dois palmos a sua altura? E por que vos inquietais com a roupa? Considerai os ",

"lírios do campo; não trabalham, nem fiam, entretanto digo-vos que nem Salomão ",

"em toda a sua glória se vestiu como um deles. ",

" Pedi e vos será dado; buscai e achareis; batei e abrir-se-vos-á. Porque ",

"todo o que pede, recebe; e o que busca, encontra; e a quem bate, abrir-se-á . E", "qual de vós dará uma pedra a seu filho se êste lhe pedir pão? E se lhe pedir ",

"peixe, dar-lhe- uma serpente? Se, então, maus como sois, sabeis dar boas coi-",

"sas a vossos filhos, quanto mais vosso Pai que está nos céus que bens não dará",

"aos   que   lhe   pedirem? ",

"   Mas vem a hora, e já chegou, em que os verdadeiros adoradores adorarão o ",

"Pai em espírito e verdade; porque é dêsses adoradores que o Pai procura.   ",

"   Deus é espírito e em espírito e verdade é que o devem adorar os que O   ",

"adoram.   ",

"   Orem assim: Pai nosso que estáis nos céus santificado seja o vosso nome. ",

"Venha a nós o vosso reino. Seja feita a vossa vontade assim na terra como no ",

"no céu. Dai-nos hoje o pão nosso de cada dia. Perdoai-nos as nossas dívidas ",

"assim como perdoamos os nossos devedores. E não nos deixeis cair em tentação. ",

"Mas   livra-nos   do   mal.   Amém. ",

"   Amarás o Senhor teu Deus de todo o teu coração, de toda a tua alma e de ",

"todo teu espírito e amarás o teu próximo como a ti mesmo. Toda a lei e os pro-",

"fetas ensinam deste modo para ganhares a vida eterna.   ",

"   Certo homem descia de Jerusalém para Jericó e veio a cair em mãos de sal-",

"teadores, os quais, depois de tudo lhe roubarem e lhe causarem muitos ferimen-",

"tos,   retiraram-se,   deixando-o   semi-morto. Casualmente, descia um sacerdote por",

"aquele caminho e, vendo-o, passou de largo. Semelhantemente, um levita descia ",

"por aquele lugar e, vendo-o, também passou de largo. Certo samaritano, que   ",

"seguia o seu caminho, passou-lhe perto e, vendo-o, compadeceu-se dele. E, che-",

"gando-se, pensou-lhe os ferimentos, aplicando-lhes óleo e vinho; e, colocan   ",

"do-o sôbre o seu próprio animal, levou-o para uma hospedaria e tratou dele. No",

"dia seguinte, tirou dois denários e os entregou ao hospedeiro, dizendo: Cuida ",

"deste homem, e, se alguma cousa gastares a mais, eu to indenizarei quando vol-",

"tar. Viva sempre a proceder na vida como a este samaritano. Pois quem não ama ",

"a uma pessoa que se pode ver, não ama a Deus que não vê.   ",

"   Sêde perfeitos como vosso Pai celeste é perfeito. ",

"   Dai a quem pede e não fugi daquele que deseja pedir-vos emprestado.   ",

"   Tudo o que desejais que os homens vos façam, fazei-o também vós a êles. ",

"   Estes deveres humanos são mais importantes que as práticas religiosas, a ",

"despeito do que ensinam alguns homens da igreja, escribas e fariseus hipócritas,",

"que impõem aos outros cargas difíceis de carregar. ",

"   Disse Jesus Cristo: Eu sou a Luz do mundo quem me segue não andará nas ",

"trevas; pelo contrário, terá a luz da vida. Eu sou a porta. Se alguém entrar "};

```java
   public JList lista ;

   public scrolLista(String[]strarray){

   lista = new JList(strarray);
    JScrollPane scroll = new JScrollPane(this.lista);


    add(BorderLayout.CENTER,scroll);


    setTitle("Nilson      mensagem         ====
nilson440@gmail.com      Trechos   de   interessante
leitura.");
    lista.setBackground(Color.LIGHT_GRAY);
    lista.setFont(new   Font("Consolas",   Font.BOLD,
14));
```

```java
        setSize(900,600);

        setLocationRelativeTo(null);


        for (String strarray1 : strarray)

        lista.setListData(strarray);



setDefaultCloseOperation(DISPOSE_ON_CLOSE);


        setVisible(true);

    }

}

/*

 *                                          Click
nbfs://nbhost/SystemFileSystem/Templates/Licenses/lic
ense-default.txt to change this license

 *                                          Click
nbfs://nbhost/SystemFileSystem/Templates/Classes/M
ain.java to edit this template

 */

package main_03;


import javax.swing.JOptionPane;

import static main_03.scrolLista.array2;



/**

 *
```

```java
 * @author pc  nilson440@gmail.com
 */
public class Main_03 {

    /**
     * @param args the command line arguments
     */
    public static void main(String[] args) {
        // TODO code application logic here
            String st,so = "";
        for(int i = 0; i < args.length; i++) {

            so = so + args[i];   }   st = so.trim();

        if (!(st.equals ("Tecla1996")))

    {      JOptionPane.showInternalMessageDialog(null,"
Contate      nilson440@gmail.com");      System.exit(0);
}


        new scrolLista(array2);

    }


}
/*
 *                                                    Click
nbfs://nbhost/SystemFileSystem/Templates/Licenses/lic
ense-default.txt to change this license
 *                                                    Click
nbfs://nbhost/SystemFileSystem/Templates/Classes/Cl
ass.java to edit this template
```

```java
*/
package main_03;

import java.awt.BorderLayout;
import java.awt.Color;
import java.awt.Font;
import javax.swing.JFrame;
import javax.swing.JList;
import javax.swing.JScrollPane;

/** leitura array lista em nilsonCS_GUI textos.array1
 *leitura array lista em nilsonCS_GUI    textos.array1
nilson03.jar
 * @author pc
 */
public class scrolLista extends JFrame{

    public static final  String[] array2 =

{"                      ====================
",
"                                           ",
"                          BÍBLIA (JEREMIAS 13:13)
",
" Aí daquele que edifica a sua casa com injustiça e os seus aposentos, sem   ",
" direito!  Que se vale do seu próximo, sem paga, e não lhe dá o salário;    ",
```
66

"

==
==========================   ",

"   BÍBLIA (JOÃO 11:25,27)
",

" Disse Jesus: Sou Eu quem levanta os mortos e dá a eles uma nova vida.   ",

" Todo aquele que crê em Mim, mesmo que morra como qualquer outro, vive-   ",

" á novamente. Porque tem a vida eterna por crer em Mim, e nunca morrerá.   ",

"

==
==============================   ",

"   == OS REIS MAGOS ==
",

"   Olavo Bilac (patrono do serviço militar)   ",

"   Diz   a   sagrada   Escritura
",

"   Que,   quando   Jesus   nasceu,
",

"   No   céu,   fulgurante   e   pura,
",

"   Uma   estrêla   apareceu.
",

"   ",

"   Estrêla   nova...   Brilhava
",

"   Mais   do   que   as   outras;   porém
",

67

Caminhava, caminhava

Para os lados de Belém.

Avistando-a, os três reis Magos

Disseram: Nasceu Jesus!

Olhavam-na com afagos,

Seguiram a sua luz.

E foram andando, andando,

Dia e noite a caminhar;

Viam a estrêla brilhando,

Sempre o caminho a indicar.

Ora, dos três caminhantes,

Dois eram brancos; o sol

Não lhes tisnara os semblantes

Tão claros como o arrebol.

Era o terceiro somente

Escuro de fazer dó...

Os outros iam na frente;

Ele ia afastado e só.

Nascera assim negro, e tinha

A cor da noite na tez:

Por isso tão triste vinha...

Era o mais feio dos três!

Andaram. E, um belo dia,

Da jornada o fim chegou;

E, sôbre uma estrebaria,

A estrêla errante parou

E os Magos viram que, ao fundo

Do presepe, vendo-os vir,

O salvador dêste mundo

Estava, lindo, a sorrir.

Ajoelharam-se, rezaram

Humildes, postos no chão;

E ao Deus-Menino beijaram

A alva e pequenina mão.

E Jesus os contemplava

A todos com o mesmo amor,

Porque, olhando-os não olhava

a diferença da cor...

===
================================

AMOR DE ARTISTA

Aluísio de Azevedo

70

Dois amantes tenho, olé!

Um é rico e outro não é! ...

Um é lindo, louro e nobre,

Veste à moda e gasta cobre

Com certo chique ideal,

Muito ideal!
O outro é feio no entretanto;

Seu nariz tem outro tanto

Do nariz.
Do nariz do seu rival.

Dois amantes tenho, pois,

Qual escolherei dos dois? ...

Sobre ser o mais formoso,

O primeiro é carinhoso,

71

□ pacato e é bom rapaz ...

Bem bom rapaz!

O segundo ... Virgem santa!

Pinta o sete! pinta a manta!

Faz de mim ...

Faz de mim ... o que lhe apraz!

",

Dois amantes tenho, pois,

Qual escolherei dos dois? ...

",

O primeiro é todo sério,

Fala pouco e com critério,

Tem ares de confessor!

Que confessor!

Já do outro direi contra:

Nunca vi maior bilontra!

"
",
"
",
"
"
",
"
",
"
",
"
",
"
",
"
"
",
"
",
"
",
"
",
"
"
",
"
",
"
",
"
",
"
",
"
",
"
",

            Que bilontra!

    Que bilontra, meu senhor!

",

Dois amantes tenho, pois,

Qual escolherei dos dois? ...

",

O primeiro dá-me tudo,

é ouro, é seda, é veludo

E o mais que me apetecer,

       Se apetecer!

O segundo não escorrega!

a não ser com alguma esfrega

       Dessas tais,

Dessas tais de embambecer!

",

Dois amantes tenho, pois,

qual escolherei dos dois? ...

O primeiro, francamente,

O que tem gasta com a gente,

E não é pouco o que tem!

Olá se tem!

E todavia o segundo

Não passa de um vagabundo,

Que anda sempre,

Que anda sempre sem vintém!

Dois amantes tenho, pois,

Qual escolherei dos dois? ...

O primeiro, nos seus dias,

Nunca vem com as mãos vazias,

Traz presentes e bem bons!

Oh! se são bons!

O outro o que traz é fome,

E tudo o que pilha - come,

Sem me dar,

Sem me dar ... satisfações!

Dois amantes tenho, pois,

Qual escolherei dos dois? ...

O primeiro, que prudência!

Nunca teve uma exigência,

Nem comigo se agastou!

Qual agastou!

O segundo - que contraste!

Quanto mais dou, mais o traste

Quer que lhe dê!

Quer que lhe dê, e eu lhe dou!

75

Dois amantes tenho, pois,

Qual escolherei dos dois? ...

Mas é tão tolo o primeiro;

E o segundo é tão brejeiro,

Tem tanta graça o ladrão!

Ai! que ladrão!

Que apesar de esbodegado,

Desordeiro e malcriado,

Quero este,

Quero este, e o outro não!

Dois amantes tenho, pois,

Prefiro o pior dos dois!

==

samba

"   Noel Rosa
",

"   A gente não quer peitar ninguém, Ordem e
Progresso,   ",

"   A gente só quer mostrar que tem samba também...
",

"   O   povo   já   pergunta   com   maldade.
",

"   Onde   está   a   Honestidade?
",

"   Onde   está   a   honestidade?
",

"

==
===========================   ",

"   fragmentos
",

"   Castro Alves
",

"   ",

"   O povo é como o sol! Da treva escura
",

"   Rompe um dia com a destra iluminada,
",

"   Como o Lázaro, estala a sepultura!...
",

"   ",

"   Oh! Temei-vos da turba esfarrapada,
",

"   Que salva o berço à geração futura,
",

77

"
"
,
"

Que vinga a campa a geração passada.

==
"
,
"

Publicado na Inglaterra no século   ",
"

VI por poeta anônimo.
"
,
"
                                   ",
"

Homens Afro-americanos, por que arar
"
,
"

Para os senhores que vos mantêm na miséria?
"
,
"

Por que tecer com esforço e cuidado
"
,
"

As ricas roupas que vossos tiranos vestem?
"
,
"
                                   ",
"

Por que alimentar, vestir e abrigar
"
,
"

Do berço até o túmulo,
"
,
"

Esses parasitas ingratos que
"
,
"

Exploram vosso suor - Ah, que bebem vosso sangue?   ",
"
                                   "
,
"

Por que abelhas africanas, forjar
"
,

"   Muitas armas, cadeias e açoites
",

"   Para que esses vagabundos possam
desperdiçar   ",

"   O produto forçado do vosso trabalho?
",

"   ",

"   Tendes acaso ócio, conforto, calma,
",

"   Abrigo, alimento, o bálsamo gentil do amor?
",

"   Ou o que é que comprais a tal preço
",

"   Com vosso sofrimento e com vosso temor?
",

"   ",

"   Acaso tendes insuficiência física?
",

"   Mas, onde? Se ganhais guerras para os
ditadores?   ",

"   Acaso tendes pouca inteligência?
",

"   Mas, como? Se generais não fazem o que
fazeis?   ",

"   ",

"   Os filhos dos tiranos vivem pendurados
",

"   Nas têtas do govêrno, o melhor da instrução
",

"   e equipamentos, ótimo soldo, aposentadoria
integral   ",

"
",

Para seus filhos, abelhas, à favela Naval

"

Nos concursos que sobressais,

Tendo que saber muita barafunda,

☐ certo que levarão um pé na Bu...

No lugar entrarão os filhos dos generais.

"

A semente que semeais, outro colhe

A riqueza que descobris, fica com outro.

As roupas que teceis, outro veste.

As armas que forjais, outro usa.

"

Semeai - mas que o tirano não colha.

Produzi riqueza - mas que o impostor não a guarde.
",

Tecei roupas - mas que o ocioso não as vista.

Forjai armas - que usareis em vossa defesa.

SONHO INÚTIL

psicografia de Chico Xavier

Em minha juventude estive à espera

De um malogrado sonho superior.

Esperança divina que eu quisera

Ver aureolada por um grande amor!

Mas não pude esperar quanto devera

Nos carreiros aspérrimos da dor

Sem fé, que era aos meus olhos a quimera

Do pensamento mistificador.

Meu erro foi descrer, porque, deserto

O coração, somente acreditei

Na Morte, o grande abismo, o nada incerto!...

Oh! o maior dos enganos perpetrados !

Pois no meu sonho altíssimo de rei

Achei a dor dos grandes condenados!

===
==========================

O MONSTRO

Antero de Quental -em 1935-

Vi um monstro pairando sobre a Terra

Como um corvo de garras infinitas

Cobrindo multidões, tristes e aflitas

Visão de luto e lágrimas que aterra!

Vi-o de vale em vale, serra em serra

E disse: - Quem és tu que abres e excitas

Os pavores e as cóleras malditas?

E o monstro respondeu:-Eu sou a guerra!

Não há forças no mundo que me domem

Sou o retrato fiel do próprio homem,

Que destrói e luta e mata e vocifera!

Venho das trevas densas, da voragem,

dos abismos de dor e da sacanagem,

Para mostrar ao homem que êle é fera!...

==

Os Egípcios

Cheikh Anta Diop(do Senegal)

Os egípcios antigos foram negros. O fruto moral da sua civilização está para ser contado entre os bens do mundo negro. Ao invés de se apresentar à história

"   como um devedor insolvente, este mundo negro
",

"   é o próprio iniciador da civilização ocidental
",

"   ostentada diante dos nossos olhos. Matem tica
pitagórica   ",

"   a teoria dos quatro elementos de Thales de
Mileto,   ",

"   materialismo de Epicureano, idealismo platônico,
",

"   judaísmo, islamismo, e a ciência moderna, estão
",

"   enraizados nos preceitos e ciência egípcia.
",

"

===
===============   ",

"   Jornal Pasquim set/79
",

"   Quanto foi roubado dos negros! Conheço cinco
famílias   ",

"   que perderam todas suas terras para o Governo
",

"   em Salvador na Bahia.
",

"   Temos aqui uma pequena amostra do cerco de
destituições levantado   ",

"   pela sociedade dominante em torno do
descendente africano.   ",

" ·   destituição das terras dos negros, seguem-se o
desemprego, a fome,   ",

"   o genocídio. No Brasil atual o negro vive à margem do sistema   ",

"   empregatício ou degradado no camelódromo e subemprego. Recusado   ",

"   pelo governo, nas três forças armadas, conheço um.   ",

"

===
======================   ",

"   REFLEXÃO (Recolhido em uma igreja na rua Santana) ",

"   ",

"   Vinde de novo, Senhor, nascer nesta pobre terra, ",

"   Neste chão de miséria, onde a verdade não chove.   ",

"   ",

"   Vinde acender as estrelas que o egoísmo apagou,   ",

"   Vinde semear a esperança nos campos onde secou.   ",

"   ",

"   Vinde vencer os soberbos em seus tronos instalados   ",

"   e devolver aos que sofrem o valor de seu trabalho.   ",

"   ",

"   Vinde como luz de aurora depois da noite tão longa   ",

"   Iluminar as estrêlas onde os homens se ignoram. ",

"   ",

"   Vinde juntar os irmãos em torno à mesma
fogueira.   ",

"   Vinde rasgar novas veredas ao sangue das
nossas veias.   ",

"   ",

"   Vinde de novo, Senhor, nascer nesta pobre terra,
",

"   neste chão de miséria, onde a verdade não
chove.   ",

"   ",

"

==
==================   ",

"   HISTÓRIA DA RIQUEZA DO HOMEM
",

"   Leo Huberman
",

"   O primeiro inglês a imaginar a ideia de que podia
ganhar   ",

"   muito dinheiro apoderando-se, pelo rapto,   de
negros a-   ",

"   fricanos e os vendendo para as plantações do
Novo Mundo   ",

"   foi John Hawkins. Contou a   ideia   na alta
sociedade lo-   ",

"   cal e todos gostaram   muito e se   tornaram
contribuintes   ",

"   e liberais participantes da ação. Para tal objetivo
ar-   ",

"   ranjaram três navios abastecidos... ...Dirigiu-se então   ",

"   a Serra Leoa, pela força e rapto, acorrentou 300 e pegou   ",

"   pelo saque mais mercadorias; a venda deu um lucro fabu-   ",

"   loso e os contribuintes da alta sociedade inglesa foram   ",

"   muito bem remunerados. A rainha Elisabete impressio-   ",

"   nou-se com aqueles lucros e participou de todas as expe-   ",

"   dições macabras posteriores, e na segunda expedição Deu   ",

"   a Hawkins o título de Cavalheiro e um navio e o brasão   ",

"   de Sir Hawkins era um negro acorrentado. Neste mesmo na-   ",

"   vio, enquanto as mulheres negras eram estupradas em alto   ",

"   mar sob a luz das estrelas, e negros insubmissos eram a-   ",

"   çoitados no tombadilho, de suas costas e pulsos acorren-   ",

"   tados deixavam um rastro de sangue no mar. Cada negro ao   ",

"   procurar apoio nas divindades do céu, viam o nome dado   ",

"   ao navio pelos ingleses JESUS. Não é por acaso que   ",

"   S.S. PAPA pediu perdão aos negros publicamente. General   ",

"   por que não faz o mesmo? Você teria a coragem de regis-   ",

"   trar seu filho com o nome: HITLER?   Corre o mesmo risco   ",

"   com   o   seu   nome   general.
",

"

==
====================   ",

"   IDEM   ",

"   ",

"   Em 1840 O professor H. Merivale pronunciou uma série de   ",

"   conferências em Oxford sobre   Colonização e Colônias.   ",

"   No curso de uma dessas conferências, formulou duas per-   ",

"   guntas importantes,   e deu-lhes uma resposta igualmente   ",

"   importante: O que transformou Liverpool e Manchester de   ",

"   cidades provincianas em cidades gigantescas? O que man-   ",

"   tem sua indústria sempre ativa, e sua rápida acumulação   ",

"   de   riqueza? ... ... A   opulência se deve ao trabalho e   ",

"   sofrimento do negro, como se suas mãos tivessem constru-   ",

"   ído as docas e fabricado as m quinas a vapor. Em 1998   ",

"   continua a exploração: salários de fome, a polícia a es-   ",

"   pancar pelo tom da pele, a exclusão institucionalizada.   ",

"   Exagero?
",
",

"

==
==============   ",

"   Ana   em   Veneza
",
",

"   João Silvério Trevisan
",
",

"   ...Nem se compara com a insana tarefa desses negros que   ",

"   enriqueceram o Brasil por séculos, fazendo todo tipo de   ",

"   trabalho. E qual a herança que receberam?   A gloriosa   ",

"   liberdade, sem sequer um pedaço de terra como indeniza-   ",

"   cão, nem qualquer plano de instrução que os preparasse   ",

"   melhor para ganhar a vida.   Ao contrário foram jogados   ",

"   num imoral estado de abandono, por uma nação que sim-   ",

"   plesmente lavou as mãos ante o destino desses milhões   ",

"   de desgraçados, de quem ela quisera ter se desvencilha-   ",

"   do. Enquanto os imigrantes europeus têm recebido todo o   ",

"   apoio para trabalhar a terra, os negros libertos preci-   ",

"   saram refugiar-se nas cidades, abandonados que foram à   ",

"   própria sorte. Quanta crueldade contra uma raça inteira   ",

"   de dedicados trabalhadores! Pensa que é coisa do pas-   ",

"   sado?   ",

"

===
=============   ",

"   Idem   ",

"   ... Este Brasil não é nossa P tria, nem nossa M tria menos   ",

"   ainda Fátria, mas a má   Madrasta, o nosso castigo, os   ",

"   negros que o digam, nós sabemos e fazemos de conta que não   ",

"   foi brutal a carga de maldição que o Brasil fez cair em   ",

"   suas costas, dos negros, e eu me pergunto se eles se liber-   ",

"   taram, ah, eu sei, a minúscula liberdade que os pretos do   ",

"   Brasil conseguiram foi às custas deles próprios e não da   ",

"   princesa Isabel,   ah graças sejam dadas, os pretos se li-   ",

"   bertaram precisamente através da sua música e espiritua-   ",

"   lidade, que é celebração e redenção, os negros cantam e   ",

"   dançam até mesmo pra rezar como se fazia nas suas tribos   ",

"   e nos tempos antigos quando o sagrado ainda permeava o   ",

"   quotidiano dos povos, então os negros deram de graça para   ",

"   o Brasil uma estirpe musical de extraordinária variedade   ",

"   que vai do Anacleto de Medeiros a Jorge Ben, de Chiquinha   ",

"   Gonzaga a Ângela Maria, de Pixinguinha a Gilberto Gil, de   ",

"   Cartola a Milton Nascimento, de Elizeth Cardoso a Clementi-   ",

"   na de Jesus, de Jamelão a Sandra de S , de Agostinho dos   ",

"   Santos a Noite Ilustrada, do Trio Esperança a Luís Melodia,   ",

"   de Tim Maia aos Golden Boys e a Nilo Amaro e seus cantores   ",

"   de ébano, ah! os Cantores de ébano eu pergunto como podem   ",

"   ter sumido, para qual recanto da memória brasileira a sau-   ",

"   dade os levou. Porque nós jamais poderemos agradecer sufi-   ",

"   cientemente aos antigos escravos e seus filhos netos bis-   ",

"   netos a maneira generosa com que brindam a este país em   ",

"   contrapartida as desgraças que a história do Brasil impin-   ",

"   giu e ainda continua impingindo ao seu povo jogado nos   ",

"   guetos das favelas tratado como bicho, eu até me pergunto   ",

"   se não existiria uma cultura negra uma organização psíqui-   ",

"   ca especial, muito mais ancestral que talvez funcione me-   ",

"   lhor que o nosso padrão ocidental e foi ela que permitiu   ",

"   aos africanos sobreviver à longa escravidão de ontem e à   ",

"   miséria de hoje criando música comendo poesia, então os   ",

"   pretos estão ajudando o Brasil a voltar para si mesmo, ou   ",

"   seria o ocidente inteiro? Na verdade eu não sei o que seria   ",

"   do mundo sem a luminosa energia dos negros sua grandeza de   ",

"   alma e a alegria de viver com que redimem tudo e ensinam ao   ",

"   ocidente essa arte de resgatar, basta ver o rockn´roll   ",

"   preto pretíssimo de origem e a salsa e blues o jazz o me-   ",

"   rengue a lambada, então que seria da música moderna se não   ",

"   fossem as raízes africanas?. E mesmo assim as instituições   ",

"   do Brasil ainda excluem os negros. Surpreso? ",
"
",
"
==
========================   ",

"   A LEI DO TRIUNFO
"
",
"   Napoleon Hill
"
",

"   Quando a aurora da inteligência tiver espalhado as suas asas   ",

"   sobre o horizonte do progresso, e a ignorância e a supersti-   ",

"   cão tiverem deixado as suas últimas pegadas nas areias do   ",

"   Tempo, será registrado no livro dos crimes e erros do homem   ",

"   que o pecado mais grave foi a intolerância.
",

"   A intolerância mais acerbada nasce dos preconceitos religi-   ",

"   osos e das diferenças de opinião, como resultado da educa-   ",

"   cão. Por quanto tempo, ó Senhor dos destinos humanos, nós,   ",

"   os pobres mortais, viveremos ainda sem compreender que é   ",

"   loucura procurar destruir um ao outro, por divergências de   ",

"   dogmas e credos e outras questões superficiais?   ",

"   A nossa vida é apenas um breve momento! ",

"   Como uma vela, ardemos, brilhamos por um instante e logo nos   ",

"   extinguimos. Por que não podemos fazer esta breve jornada   ",

"   terrestre de tal maneira que, quando a grande caravana da   ",

"   morte anunciar que está terminada a nossa visita, estejamos   ",

"   prontos para dobrar as nossas tendas e silenciosamente, como   ",

"   os   árabes do deserto, seguir a grande caravana para as tre-   ",

"   vas do desconhecido, sem medo e sem tremor! ",

"   Espero não encontrar judeus nem gentios, católicos nem pro-   ",

"   testantes, alemães nem ingleses, franceses ou russos, bran-   ",

"   cos ou pretos, vermelhos ou amarelos, quando tiver cruzado a   ",

```
"                    fronteira    para    o    além.
",

"           Então, espero encontrar apenas almas
humanas, todos irmãos,        ",

"        sem distinção de raça, credo ou cor; desejo que
não haja en-        ",

"           tão intolerância, pois quero repousar em paz,
livre da igno-        ",

"           rância, da superstição e das incompreensões
mesquinhas que        ",

"           tornam a nossa  vida  terrestre um caos de
tristeza e sofri-        ",

"          mento.                                    "};


   public JList lista ;

   public scrolLista(String[]strarray){


     lista = new JList(strarray);
       JScrollPane scroll = new JScrollPane(this.lista);


       add(BorderLayout.CENTER,scroll);


       setTitle("Nilson        mensagem        ====
nilson440@gmail.com       Trechos  de  interessante
leitura.");
       lista.setBackground(Color.LIGHT_GRAY);
       lista.setFont(new  Font("Consolas",  Font.BOLD,
14));
```

```java
        setSize(900,600);

        setLocationRelativeTo(null);


        for (String strarray1 : strarray)

        lista.setListData(strarray);



    setDefaultCloseOperation(DISPOSE_ON_CLOSE);


        setVisible(true);

    }

}

/*

*                                          Click
nbfs://nbhost/SystemFileSystem/Templates/Licenses/lic
ense-default.txt to change this license

*                                          Click
nbfs://nbhost/SystemFileSystem/Templates/Classes/M
ain.java to edit this template

*/
```

Nilson mensagem ==== nilson440@gmail.com Trechos de interessante leitura.

O AUTOR

Sou ex-aluno da Universidade do Estado do Rio de Janeiro matrícula C912182xx.

Sou brasileiro e o avô de meu avô também é brasileiro. Sou negro. Tenho um metro e oitenta de altura. tenho excelente saúde e compleição atlética. Sou formado por duas universidades e apesar disso...

EXÉRCITO

Certificado de isenção do serviço militar expedido pelo Regimento Floriano (1o. RO-105), assinado com inabilitação para o serviço militar pelo então coronel NEWTON CRUZ com no. 1281xx.

Em julho/93 pedi a reabilitação amparado no artigo 110, Atos do Poder Executivo da legislação do serviço militar, pedido registrado na 16ª Del Sm 1º CSM pelo 2º TEN. IELDO TONASSI.

Em setembro/93 fui chamado a VILA MILITAR setor JISGu/VM - (PGuVM). Atendido pelo TEN. MÉDICO DOMENICO DE LUCA FILHO, que me enviou com o pedido de exame no. 817 para o HOSPITAL CENTRAL DO EXÉRCITO, onde foi lavrado o protocolo de no. 893x e fui então examinado pelo TEN. CEL. ALVARO MOREIRA BELIAGO cujo diagnóstico foi:

ERRO MILITAR.

Recebi então um outro certificado de DISPENSA de incorporação de no. 4194xx - série D.

AERONÁUTICA

O CENTRO DE INSTRUÇÃO E ADAPTAÇÃO DE OFICIAIS Av. Santa Rosa, 10 - Pampulha - Caixa Postal 2274 - tel. 491 22 11 - Belo Horizonte - MG CEP 31270-750.

Ficha de Inscrição n. 3321xx.

Carta de 24/jun/93 .

Informamos a V .Sa. que a sua inscrição foi indeferida em virtude de: SUA INABILITAÇÃO PARA O SERVIÇO MILITAR, conforme o exército anotou no seu documento.

MARINHA

Conforme o edital nº 001/93 e jornais de out/93. Mais carta ao candidato assinado pela capitão-tenente (CAF) Rosemar Gardel de Carvalho .

Fui um dos oito primeiros colocados. As provas foram em duas etapas : 1- Centro de instrução almirante A-alexandrino - Secretaria do Comando - Av. Brasil 10946
2- Setor DPCvM - Rua primeiro de Março 118 - 9º andar.

Acontece porém, que a marinha nem mesmo se dignou a informar qualquer coisa e continuo a esperar...

Sr. Comandante observe a lei 7716 de 05/jan/89, e também a lei 9459 de 13/mai/97.

PRESIDÊNCIA DA REPÚBLICA BRASILEIRA

No primeiro semestre de 1997 enviei ao presidente da República estas linhas que você está lendo, conforme recomendações do art.110, capítulo XIX, das leis do

97

República estas linhas que você está lendo, conforme
recomendações do art.119, capítulo XIX das leis do
serviço militar.
O mesmo foi também enviado ao ministro do Exército e
ao ministro da Marinha, o único a mandar resposta foi
a Presidência da República e que dizia:

    PRES REP 28711 100945P/TBO

S/N GP BRASILIA.31 DE JULHO DE 1997 - INCUMBIU-ME
EXCELENTISSIMO SEHOR PRESIDENTE DA REPUBLICA REGISTRAR
RECEBIMENTO E AGRADECER GENTILEZA ENVIO DISQUETE.ATEN-
CIOSAMENTE. CINARA RIBEIRO SILVEIRA SECRETARIA DE DO-
CUMENTACAO HISTORICA GABINETE PESSOAL DO PRESIDENTE DA
REPUBLICA.
TR:101700P/TRO
Juris et facto, a fortiori. . .

Bíblia (Miquéias 6:8)
Ele te declarou ó homem, o que é bom e que o Senhor pede de ti:
que pratiques a justiça, e ames a misericórdia, e andes humilde-
mente com o teu Deus.

Bíblia (João 7:24)
Não julgueis segundo a aparência, e sim pela reta justiça.

    Discurso de Rui Barbosa em 22 de novembro de 1910

    ... No Brasil não se organiza exército contra o estrangeiro;
desenvolvem-se as instituições militares contra a ordem civil. Que
vale neste país diante de qualquer impulso de oficiais, a vida de
um de nós? ...

    A vós, homens de ciência, a vós, técnicos, tenho
    o dever de lembrar; a ética tem sempre primazia
    sobre a técnica e o homem sobre as coisas.
                S.S. Papa JOÃO PAULO II
                (Salvador, Bahia, 07/07/80)

    The object of all science, whether natural science
    or psychology, is co-ordinate our experiences and
    bring them into a logical system.
                ALBERT EINSTEIN
                (Institute for Advanced Study at the
                Princeton University)

    O país que comete um êrro e não o corrige estará
    cometendo outro êrro, daí para frente ninguém o
    tomará por sério.
                CONFÚCIO, 551 a 479 A.C.

    Existe um povo que a bandeira empresta
    Pra cobrir tanta infâmia e covardia ! ...
    E deixa-a transformar-se nessa festa
    Em manto impuro de bacante fria! ...
    Meu Deus! meu Deus! mas que bandeira é esta,
    Que impudente na gávea tripudia? ...
    Silêncio ... Musa! chora, e chora tanto,
    Que o pavilhão se lave no teu pranto! ...

98

Que o pavilhão se lave no teu pranto! ...

Auriverde pendão de minha terra,
Que a brisa do Brasil beija e balança,
Estandarte que a luz do sol encerra
E as promessas divinas da esperança...
Tu, que da liberdade após a guerra
Fôste hasteado dos heróis na lança,
Antes te houvessem rôto em batalha,
Que servires a um povo de mortalha! ... (Castro Alves)

===

== EU NÃO PEQUEI ==
Nilson Candido da Silva

Eu não pequei, meus pais não pecaram.
Seria assim em algum outro país ?
Um astrólogo diria que já estava escrito .   Mas,
quero responder apenas para o seu coração, caro usuário,
não critique o soldado, pois, êle segue o manual, segue
o que seus superiores ordenaram e seus superiores foram
moldados pelo sistema. Você, que agora estáis a ler,
é uma parte elementar do sistema, e eu peço a você: pra-
tique a justiça, jogue fora seus preconceitos e viva
com retidão e amor, e peça a Deus que a sua vibração se
propague para outros, para seu benefício, para a salvação
de seus filhos, para a felicidade de seu próximo, para a
grandeza de sua pátria, para o benefício de toda a Terra.
Deus saberá que você fez o que tinha a fazer, do restante
Ele se encarregará, que a mão verdadeiramente amiga e o

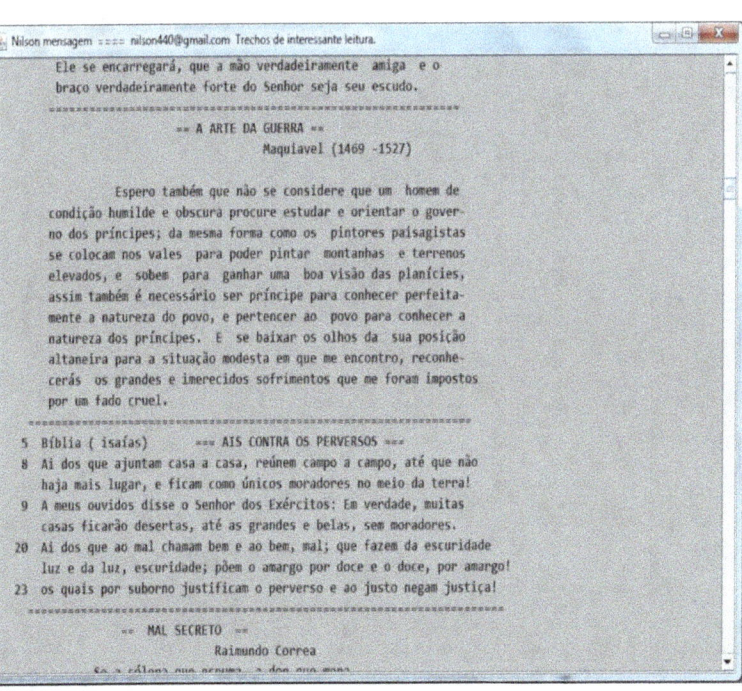

Ele se encarregará, que a mão verdadeiramente amiga e o
braço verdadeiramente forte do Senhor seja seu escudo.
===

== A ARTE DA GUERRA ==
Maquiavel (1469 -1527)

Espero também que não se considere que um homem de
condição humilde e obscura procure estudar e orientar o governo dos príncipes; da mesma forma como os pintores paisagistas
se colocam nos vales para poder pintar montanhas e terrenos
elevados, e sobem para ganhar uma boa visão das planícies,
assim também é necessário ser príncipe para conhecer perfeitamente a natureza do povo, e pertencer ao povo para conhecer a
natureza dos príncipes. E se baixar os olhos da sua posição
altaneira para a situação modesta em que me encontro, reconhe-
cerás os grandes e imerecidos sofrimentos que me foram impostos
por um fado cruel.

===

5 Bíblia (isaías)   === AIS CONTRA OS PERVERSOS ===
8 Ai dos que ajuntam casa a casa, reúnem campo a campo, até que não
   haja mais lugar, e ficam como únicos moradores no meio da terra!
9 A meus ouvidos disse o Senhor dos Exércitos: Em verdade, muitas
   casas ficarão desertas, até as grandes e belas, sem moradores.
20 Ai dos que ao mal chamam bem e ao bem, mal; que fazem da escuridão
   luz e da luz, escuridão; põem o amargo por doce e o doce, por amargo!
23 os quais por suborno justificam o perverso e ao justo negam justiça!
===

== MAL SECRETO ==
Raimundo Correa

Raimundo Correa

Se a cólera que espuma, a dor que mora
Nalma, e destrói cada ilusão que nasce,
Tudo o que punge, tudo o que devora
O coração, no rosto se estampasse;

Se se pudesse, o espírito que chora,
Ver através da máscara da face,
Quanta gente, talvez, que inveja agora
Nos causa, então piedade nos causasse!

Quanta gente que ri, talvez, consigo
Guarda um atroz, recôndito inimigo,
Como invisível chaga cancerosa!

Quanta gente que ri, talvez existe,
Cuja ventura única consiste
Em parecer venturosa!

===

AS POMBAS

Raimundo correia

Vai-se a primeira pomba despertada..
vai-se outra mais... mais outra... enfim dezenas
De pombas vão-se dos pombais, apenas
Raia sanguínea e fresca a madrugada...

E à tarde, quando a rígida nortada
Sopra, aos pombais de nôvo elas, serenas,
Ruflando as asas, sacudindo as penas,
Voltam tôdas em bando e em revoada...

Ruflando as asas, sacudindo as penas,
Voltam tôdas em bando e em revoada...

Também dos corações onde abotoam,
Os sonhos, um por um, céleres voam,
Como voam as pombas dos pombais;

No azul da adolescência as asas soltam,
Fogem... Mas aos pombais as pombas voltam,
E êles aos corações não voltam mais...

===

TRIUNFO SUPREMO

Cruz e Souza

Quem anda pelas lágrimas perdido,
Sonâmbulo dos trágicos flagelos,
E quem deixou para sempre esquecido
O mundo e os fúteis ouropéis mais belos!

E quem ficou do mundo redimido,
Expurgado dos vícios mais singelos
E disse a tudo o adeus indefinido
E desprendeu-se dos carnais anelos!

E quem entrou por tôdas as batalhas
As mãos e os pés e o flanco ensanguentando,
Amortalhado em tôdas as mortalhas.

Quem florestas e mares foi rasgando
e entre raios pedradas e metralhas,
Ficou gemendo, mas ficou cantando!

e entre raios pedradas e metralhas,
Ficou gemendo, mas ficou sonhando!

~~~~~~

A LEOA
Raimundo Corrêa

Não há quem a emoção não dobre e vença,
Lendo o episódio da leoa brava,
que, sedenta e famélica, bramava,
Vagando pelas ruas de Florença.

Foge a população espavorida,
E na cidade deplorável e erma,
Topa a leoa, só, quase sem vida,
Uma infeliz mulher débil e enferma.

Em frente à fera, no estupor do assombro,
Não] por si tremia ela, a mesquinha,
Porém, porque era mãe, e o pêso tinha,
Sempre caro pras mães, de um filho ao ombro,

Cegava-a o pranto, enrouquecia-a o chôro,
Desvairava-a o pavor!... e entanto, o lindo,
O tenro infante, pequenino e louro,
Plácido estava nos seus braços rindo.

E o olhar desfeito em pérolas celestes
Crava a mãe no animal, que pára e hesita,
Aquele olhar de súplica infinita,
que é só prônaio das mães em tenuras dêstes

Nilson mensagem ==== nilson440@gmail.com Trechos de interessante leitura.

e entre raios pedradas e metralhas,
Ficou gemendo, mas ficou sonhando!

~~~~~~

A LEOA
Raimundo Corrêa

Não há quem a emoção não dobre e vença,
Lendo o episódio da leoa brava,
que, sedenta e famélica, bramava,
Vagando pelas ruas de Florença.

Foge a população espavorida,
E na cidade deplorável e erma,
Topa a leoa, só, quase sem vida,
Uma infeliz mulher débil e enferma.

Em frente à fera, no estupor do assombro,
Não] por si tremia ela, a mesquinha,
Porém, porque era mãe, e o pêso tinha,
Sempre caro pras mães, de um filho ao ombro,

Cegava-a o pranto, enrouquecia-a o chôro,
Desvairava-a o pavor!... e entanto, o lindo,
O tenro infante, pequenino e louro,
Plácido estava nos seus braços rindo.

E o olhar desfeito em pérolas celestes
Crava a mãe no animal, que pára e hesita,
Aquele olhar de súplica infinita,
que é só prônaio das mães em tenuras dêstes

Aquele olhar de súplica infinita,
que é só próprio das mães em transes dêstes.

Mas a leoa, como se entendesse
O amor de mãe, incólume deixou-a...
B que êsse amor até nas feras vê-se!
E é que era mãe talvez essa leoa!

===

FÁBULA

João Ribeiro

No outro tempo em Bagdá, Almançor, o califa,
Um palácio construiu todo de ouro; a alcatifa
De jaspe; a colunata em pórfiro, e o frontal,
De toda a pedraria asiática, oriental;
E em frente dêsse asilo, em piscinas de luxo
Chóviam áurea poeira as fontes em repuxo.

Ora alí perto havia em frente ao monumento,
Uma choça mesquinha, esfarrapada ao vento,
Quase a cair, humilde e tristonha mansão
De um velho pobre, velho e simples tecelão.

Essa mísera casa, ao certo, transtornava
A suntuosa impressão do palácio. Causava
Não sei que dor, talvez asco. Desagradável,
Tanta riqueza ao pé de choça miserável!
Convinha, pois, destruí-la. E ao velho tecelão
Ofereceram dinheiro. E o velho disse: -Não!

Guardai vosso ouro todo, essa casa que habito
Nunca será vendida, antes seja eu maldito;
Arrasai-a, porquanto é-vos fácil poder,
Nela morreu meu pai, e nela hei de eu morrer.

E à resposta do velho o califa Almançor
Estêve a meditar. Um dos servos:- Senhor,
Sois poderoso e rei, vós podeis sem vexame
Essa casa arrasar, já e já, sem exame.
Pois vós! retroceder diante de um tecelão!
Almançor, o califa, ergueu-se e disse:- Não!

Eu não quero destruir a mesquinha choupana,
Quero-a de pé, bem junto a mim essa cabana,
Porquanto a geração dos meus filhos se expande,
E quero que cada um a refletir, sem custo,
Vendo o palácio, diga: - ave! Almançor foi grande!
E vendo a pobre choça: - Ele foi mais. foi justo!

===

MEU NOME

Nilson Candido da Silva

Não sei se és capaz
Imaginar meu nome
Lindo!? creio que assaz...
Só que não o se come
Orgulho aos meus pais faz
Não o deixo que assome

Não o deixo que assome

Cada um nome tem sim
Ainda digo o meu
Não o aluso aqui assim
Deixo porém, pro fim
Intenso no ôlho teu
Dou uma fama de mim
Ouça e guarda o que leu

Descobriste-o? Não?
Agora digo então

Se reparar nos traços
Intróitos desses versos
Letras de dedos lassos
Verás ali submersos
Aí em estilhaços

MINHA MÃE
Nilson Candido da Silva

Quando vejo uma tarde enegrecida,
Uma solidão acende-me senhora!
Lembro-me de minha mãe querida.
Ah! Tão longe! Se estivesse aqui agora...

Amor de mãe é muito formoso eu sinto.
Jamais uma palavra eu lhe levante.
Deus me guie com o bom instinto,
Que não ma tire, logo neste instante!

Amor coisa que todo mundo sente,
Mas, amor materno, esse amor clemente,
Ainda há gente que os ousa ferir!

Ah! Quero que volte logo mãezinha,
Quando você chegar aqui mãe minha,
No aprêço a natureza irá florir.

PERIGO
Nilson Candido da Silva

Brincava sossegada a garotinha,
Com uma linda e peralta gatinha,
De repente, muito estática estaca.
Espreitando o alvo enruga a jararaca.

Parte da infante um grito magoante.
a porta abrindo range num instante...
A mãe apressada agride de vassoura
Pintada e horrível cobra matadoura.

Sem tocar a presa a cobra fenece,
E a suavetuna a pequena logo esquece

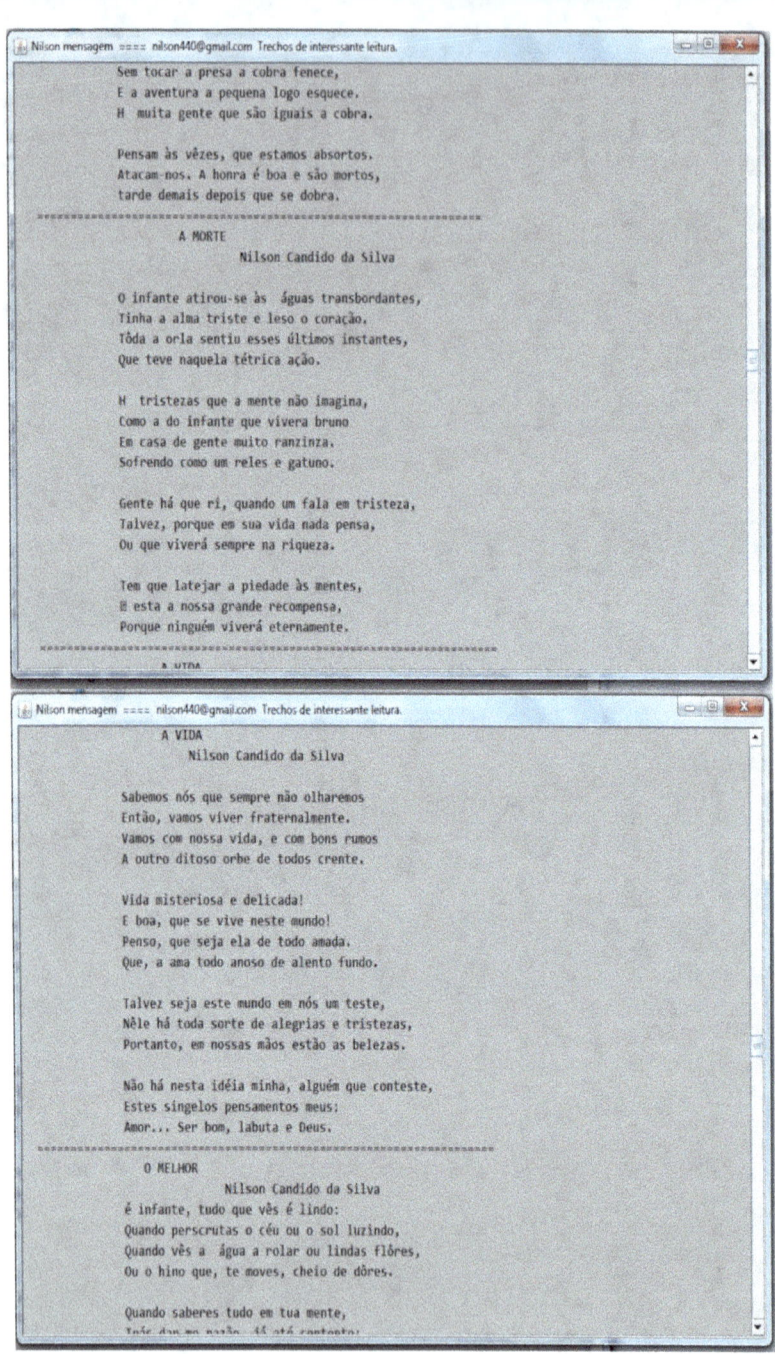

Sem tocar a presa a cobra fenece,
E a aventura a pequena logo esquece.
H muita gente que são iguais a cobra.

Pensam às vêzes, que estamos absortos.
Atacam-nos. A honra é boa e são mortos,
tarde demais depois que se dobra.

===

A MORTE
Nilson Candido da Silva

O infante atirou-se às águas transbordantes,
Tinha a alma triste e leso o coração.
Tôda a orla sentiu esses últimos instantes,
Que teve naquela tétrica ação.

H tristezas que a mente não imagina,
Como a do infante que vivera bruno
Em casa de gente muito ranzinza.
Sofrendo como um reles e gatuno.

Gente há que ri, quando um fala em tristeza,
Talvez, porque em sua vida nada pensa,
Ou que viverá sempre na riqueza.

Tem que latejar a piedade às mentes,
E esta a nossa grande recompensa,
Porque ninguém viverá eternamente.

===

A VIDA

A VIDA
Nilson Candido da Silva

Sabemos nós que sempre não olharemos
Então, vamos viver fraternalmente.
Vamos com nossa vida, e com bons rumos
A outro ditoso orbe de todos crente.

Vida misteriosa e delicada!
E boa, que se vive neste mundo!
Penso, que seja ela de todo amada.
Que, a ama todo anoso de alento fundo.

Talvez seja este mundo em nós um teste,
Nêle há toda sorte de alegrias e tristezas,
Portanto, em nossas mãos estão as belezas.

Não há nesta idéia minha, alguém que conteste,
Estes singelos pensamentos meus:
Amor... Ser bom, labuta e Deus.

===

O MELHOR
Nilson Candido da Silva
é infante, tudo que vês é lindo:
Quando perscrutas o céu ou o sol luzindo,
Quando vês a água a rolar ou lindas flôres,
Ou o hino que, te moves, cheio de dôres.

Quando saberes tudo em tua mente,
Inês dou-me razão, dá até contente:

Irás dar-me razão, já até contente;
Que, é que há, que achas, sereno e mais bonito?
Saberia o mais pobre pequenito.

Talvez, em tua casa tem conforto;
Teu sentimento voa quase morto;
Mas, se voltares com fervor à vida,

A ternura, em casa, acharás garrida,
Mesmo que te faltem os pães
Mas, lá é que se encontram todas as mães.

CONSELHOS AOS MOÇOS
Olavo Bilac

Não vos orgulhes do fulgor da vossa inteligência, mas
contentai-vos da satisfação inteira que vos der o cumprimento do
dever. A virtude é mais natural e mais bela do que o talento. A
bondade é mais espontânea e mais fecunda do que a sabedoria. Nem
todos os homens são capazes de ter gênio; mas todos os homens são,
capazes de ter honra e misericórdia.

Sêde bons, fortes e justos; e abnegai-vos! Devemos todos fluir e desaparecer, com a nossa abnegação, como os arroios
se perdem nos rios e como os rios se dissipam no oceano.

Quando desaparecermos da terra, nela ficaremos, não
com os nossos nomes passageiros e com as nossas fisionomias fu-
gitivas, mas com o suor, o sangue, as lágrimas que tivermos deixado sôbre o grande seio da pátria, nossa mãe e nossa filha ao
mesmo tempo, mãe pela vida que nos deu e filha pelo amparo que
recebeu do nosso esfôrço carinhoso.

Praticai e ensinai o desinterêsse! O desinterêsse é
é um maquinador de milagres. Grandes almas,
verdadeiras almas, são as abnegadas, que se anulam e dissipam em
outras. A alma, que em parte se suicida na vibração de outras,
desdobra-se e multiplica-se. Dêsse desdobramento e dessa multi-
plicação de corações altruístas é que nascem as grandes pátrias.

Sêde bons e justos! E sêde, também, serenos, para que
possais desprezar as injúrias e as calúnias com que os mesquinhos
e os maus sempre procurarão deturpar o vosso pensamento, enlamear
a vossa nobreza e infamar o vosso desprendimento.

Vivei, meus amigos, com o coração cheio de fé, com o
cérebro cheio de luz, com o corpo cheio de saúde!

QUADRILHA
Carlos Drummond de Andrade

João amava Tereza que amava Raimundo
que amava Maria que amava Joaquim que amava Lili
que não amava ninguém.
João foi para os Estados Unidos, Tereza para o convento,
Raimundo morreu de desastre. Maria ficou para tia.
Joaquim suicidou-se e Lili casou com J. Pinto Fernandes,
que não tinha entrado na história.

PAI JOÃO
Gregório de Matos

Quando Iô tava na minha tera
Iô chamava capitão,
Chora na tera dim branca.

Chega na tera dim baranco,
Iô mi chama - Pai João.

Quando Iô tava na minha tera
Comia minha garinha,
Chega na tera dim baranco,
Carne sêca co farinha.

Quando Iô tava na minha tera
Iô chamava generá ,
Chega na tera dim baranco
Pega o ceto vai ganhá.

Dizoforo dim baranco
Nó si pôri aturá ,
T comendo, tá... drumindo,
Manda negro trabaiá .

Baranco - dize quando môre
Jezuchrisso que levou,
E o pretinho quando môre
Foi cachaxa que matou.

Quando baranco vai na venda
Logo dizi tá esquentáro,
Nosso preto vai na venda
Acha copo tá viráro.

Baranco dizi - preto fruta,
Preto fruta corezão;

Preto fruta corezão;
Sinhô baranco também fruta
Quando panha casião.

Nosso preto fruta garinha
Fruta saco de feijão;
Sinhô baranco quando fruta
Fruta prata e patacão.

Nosso preto quando fruta
Vai pará na coreção,
Sinhô baranco quando fruta
Logo sai sinhô barão.

==

O PRECURSOR

Gibran

Há sete séculos, sete pombas brancas levantaram vôo
de um vale profundo rumo aos cumes recobertos de neve. Um
dos homens que as viram, disse: Vejo uma mancha preta
sôbre a asa da sétima pomba. Hoje, no vale, o povo fala
de sete pombas pretas que levantaram vôo certo dia rumo
aos cumes recobertos de neve.

==

CARTA A WASHINGTON

Chefe indígena

... Mesmo o homem branco, a quem Deus acompanha, e com quem conversa como amigo, não pode fugir a esse destino comum. talvez, apesar
de tudo, sejamos todos irmãos. Nós o veremos. De uma coisa sabemos
e talvez o homem branco venha a descobrir um dia: nosso Deus é o

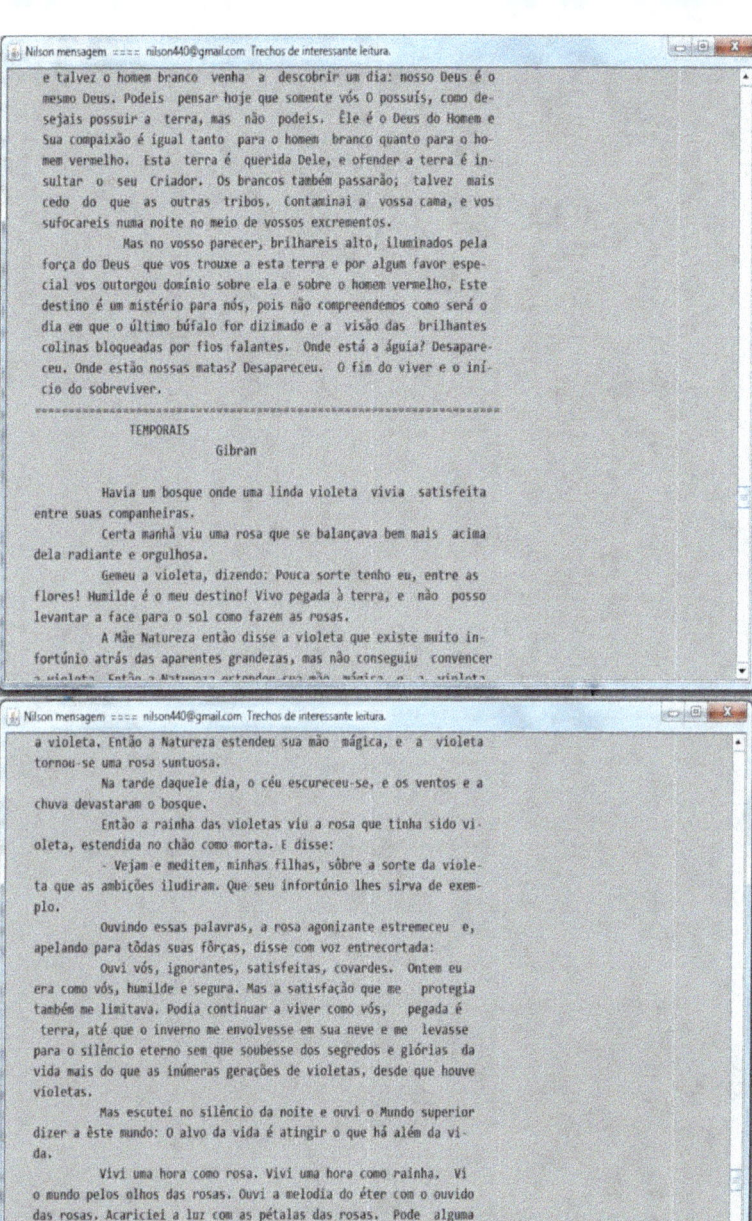

e talvez o homem branco venha a descobrir um dia: nosso Deus é o
mesmo Deus. Podeis pensar hoje que somente vós O possuís, como desejais possuir a terra, mas não podeis. Êle é o Deus do Homem e
Sua compaixão é igual tanto para o homem branco quanto para o homem vermelho. Esta terra é querida Dele, e ofender a terra é in-
sultar o seu Criador. Os brancos também passarão; talvez mais
cedo do que as outras tribos. Contaminai a vossa cama, e vos
sufocareis numa noite no meio de vossos excrementos.

Mas no vosso parecer, brilhareis alto, iluminados pela
força do Deus que vos trouxe a esta terra e por algum favor especial vos outorgou domínio sobre ela e sobre o homem vermelho. Este
destino é um mistério para nós, pois não compreendemos como será o
dia em que o último búfalo for dizimado e a visão das brilhantes
colinas bloqueadas por fios falantes. Onde está a águia? Desapareceu. Onde estão nossas matas? Desapareceu. O fim do viver e o início do sobreviver.

==

TEMPORAIS

Gibran

Havia um bosque onde uma linda violeta vivia satisfeita
entre suas companheiras.

Certa manhã viu uma rosa que se balançava bem mais acima
dela radiante e orgulhosa.

Gemeu a violeta, dizendo: Pouca sorte tenho eu, entre as
flores! Humilde é o meu destino! Vivo pegada à terra, e não posso
levantar a face para o sol como fazem as rosas.

A Mãe Natureza então disse a violeta que existe muito infortúnio atrás das aparentes grandezas, mas não conseguiu convencer
a violeta. Então a Natureza estendeu sua mão mágica, e a violeta
tornou-se uma rosa suntuosa.

Na tarde daquele dia, o céu escureceu-se, e os ventos e a
chuva devastaram o bosque.

Então a rainha das violetas viu a rosa que tinha sido violeta, estendida no chão como morta. E disse:

- Vejam e meditem, minhas filhas, sôbre a sorte da violeta que as ambições iludiram. Que seu infortúnio lhes sirva de exemplo.

Ouvindo essas palavras, a rosa agonizante estremeceu e,
apelando para tôdas suas fôrças, disse com voz entrecortada:

Ouvi vós, ignorantes, satisfeitas, covardes. Ontem eu
era como vós, humilde e segura. Mas a satisfação que me protegia
também me limitava. Podia continuar a viver como vós, pegada é
terra, até que o inverno me envolvesse em sua neve e me levasse
para o silêncio eterno sem que soubesse dos segredos e glórias da
vida mais do que as inúmeras gerações de violetas, desde que houve
violetas.

Mas escutei no silêncio da noite e ouvi o Mundo superior
dizer a êste mundo: O alvo da vida é atingir o que há além da vida.

Vivi uma hora como rosa. Vivi uma hora como rainha. Vi
o mundo pelos olhos das rosas. Ouvi a melodia do éter com o ouvido
das rosas. Acariciei a luz com as pétalas das rosas. Pode alguma
de vós reclamar essa honra?

Vou repetir para vocês, tolas violetas, o que ouvi de
Theodore Roosevelt, presidente Norte Americano, êle dizia: O cré-
dito pertence ao homem que está realmente na arena; cujo rosto
está desfigurado pela poeira e pelo suor; que luta corajosamente;

que erra e pode falhar repetidas vezes, pois não há esforço sem erros ou falhas; mas que realmente luta para realizar proezas, que demonstra realmente grande entusiasmo, grande devoção.

Os homens de fé viajam sempre por difíceis oceanos, à busca de novos horizontes. Os submissos limitam-se a navegar pela costa ou a fundear suas inquietudes ao abrigo de portos limitados, inadequados para navios dos audazes.

Morro agora, levando na alma o que nenhuma alma de violeta jamais exerimentara. Morro, sabendo o que há atrás dos horizontes estreitos onde nascera. E êsse o alvo da vida.

===

OS DOIS CAMINHOS

(Religião do Islam)

Se você estiver viajando só e se encontrar ante uma encruzilhada de dois caminhos: um estreito, que sobe a montanha e o outro largo, que desce até a planície; o primeiro, com dificuldades, pedras soltas, espinhos e buracos que dificultam caminhar por êle. Porém, há um anúncio, posto pelas autoridades, onde se lê:

Este caminho, apesar da sua dificuldade, no princípio, é o caminho reto, o que leva é grande cidade e é meta pretendida.

O segundo caminho está asfaltado, sombreado por árvores, com flores e frutos, e dos lados há cafés e atrações, que agradam o coração, alegram a vista e dão prazer ao ouvido. Porém, há um aviso que diz:

Este é um caminho perigoso e fatal, seu final é um abismo, que conduz à morte e à fatalidade certa.

Por qual dos dois caminhos você se conduziria?

Sem dúvida, o ego do homem se inclina mais para o que é fácil do que para o que é difícil, para o gostoso do que para o doloroso, deseja a liberdade e odeia a prisão. É uma tendência inata, pois Deus nos criou com tal natureza. Se o homem deseja que o seu ego e as suas pretensões atuem sôbre ele e o dominem, conduz-se pelo segundo caminho. Então intervém a razão, comparando entre o prazer passageiro e presente, ao que se seguirá uma grande dor, e uma dor momentânea e provisória, depois da qual virá um prazer permanente; elege o primeiro caminho.

===

BÍBLIA (Daniel 5:13:31)

Então, Daniel foi introduzido à presença do rei. Falou o rei e disse a Daniel: És tu aquele Daniel, dos cativos de Judá, que o rei, meu pai, trouxe de Judá?

Tenho ouvido dizer a teu respeito que o espírito dos deuses está em ti, e que em ti se acham luz, inteligência e excelente sabedoria.

Acabam de ser introduzidos à minha presença os sábios e os encantadores, para lerem esta escritura e me fazerem saber a sua interpretação; mas não puderam dar a interpretação destas palavras.

Eu, porém, tenho ouvido dizer de ti que podes dar interpretações e solucionar casos difíceis; agora, se puderes ler esta escritura e fazer-me saber a sua interpretação, serás vestido de púrpura, terás cadeia de ouro ao pescoço e serás o terceiro no meu reino.

Então, respondeu Daniel e disse na presença do rei: Os teus presentes fiquem contigo, e dá os teus prêmios a outrem; todavia, lerei ao rei a escritura e lhe farei saber a interpretação.

é rei ! Deus, o Altíssimo, deu a Nabucodonosor, teu pai, o reino e grandeza, glória e majestade.

Por causa da grandeza que lhe deu, povos, nações e homens de todas as línguas tremiam e temiam diante dele; matava a quem queria e a quem

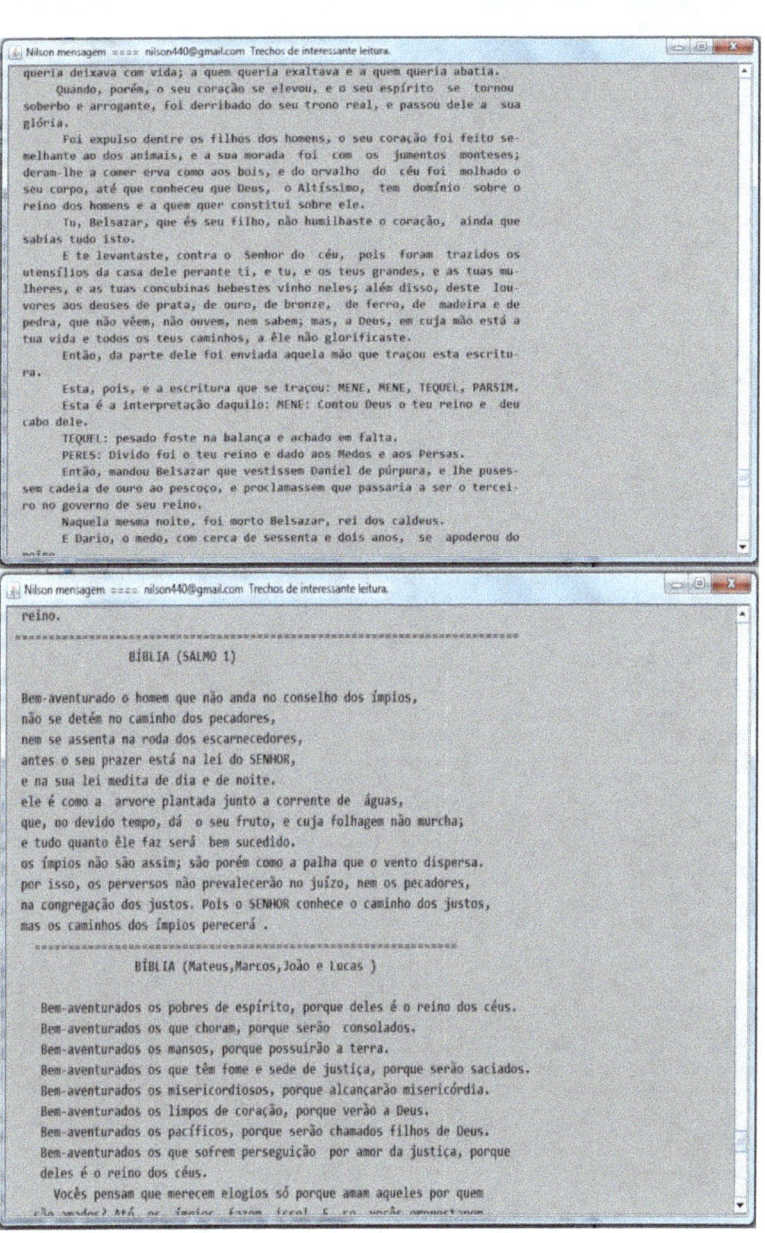

queria deixava com vida; a quem queria exaltava e a quem queria abatia.

Quando, porém, o seu coração se elevou, e o seu espírito se tornou soberbo e arrogante, foi derribado do seu trono real, e passou dele a sua glória.

Foi expulso dentre os filhos dos homens, o seu coração foi feito semelhante ao dos animais, e a sua morada foi com os jumentos monteses; deram-lhe a comer erva como aos bois, e do orvalho do céu foi molhado o seu corpo, até que conheceu que Deus, o Altíssimo, tem domínio sobre o reino dos homens e a quem quer constitui sobre ele.

Tu, Belsazar, que és seu filho, não humilhaste o coração, ainda que sabias tudo isto.

E te levantaste, contra o Senhor do céu, pois foram trazidos os utensílios da casa dele perante ti, e tu, e os teus grandes, e as tuas mulheres, e as tuas concubinas bebestes vinho neles; além disso, deste louvores aos deuses de prata, de ouro, de bronze, de ferro, de madeira e de pedra, que não vêem, não ouvem, nem sabem; mas, a Deus, em cuja mão está a tua vida e todos os teus caminhos, a ele não glorificaste.

Então, da parte dele foi enviada aquela mão que traçou esta escritura.

Esta, pois, é a escritura que se traçou: MENE, MENE, TEQUEL, PARSIM.

Esta é a interpretação daquilo: MENE: Contou Deus o teu reino e deu cabo dele.

TEQUEL: pesado foste na balança e achado em falta.

PERES: Divido foi o teu reino e dado aos Medos e aos Persas.

Então, mandou Belsazar que vestissem Daniel de púrpura, e lhe pusessem cadeia de ouro ao pescoço, e proclamassem que passaria a ser o terceiro no governo de seu reino.

Naquela mesma noite, foi morto Belsazar, rei dos caldeus.

E Dario, o medo, com cerca de sessenta e dois anos, se apoderou do

reino.

===

BÍBLIA (SALMO 1)

Bem-aventurado o homem que não anda no conselho dos ímpios,
não se detém no caminho dos pecadores,
nem se assenta na roda dos escarnecedores,
antes o seu prazer está na lei do SENHOR,
e na sua lei medita de dia e de noite.
ele é como a árvore plantada junto a corrente de águas,
que, no devido tempo, dá o seu fruto, e cuja folhagem não murcha;
e tudo quanto êle faz será bem sucedido.
os ímpios não são assim; são porém como a palha que o vento dispersa.
por isso, os perversos não prevalecerão no juízo, nem os pecadores,
na congregação dos justos. Pois o SENHOR conhece o caminho dos justos,
mas os caminhos dos ímpios perecerá .

===

BÍBLIA (Mateus,Marcos,João e Lucas)

Bem-aventurados os pobres de espírito, porque deles é o reino dos céus.
Bem-aventurados os que choram, porque serão consolados.
Bem-aventurados os mansos, porque possuirão a terra.
Bem-aventurados os que têm fome e sede de justiça, porque serão saciados.
Bem-aventurados os misericordiosos, porque alcançarão misericórdia.
Bem-aventurados os limpos de coração, porque verão a Deus.
Bem-aventurados os pacíficos, porque serão chamados filhos de Deus.
Bem-aventurados os que sofrem perseguição por amor da justiça, porque
deles é o reino dos céus.

Vocês pensam que merecem elogios só porque amam aqueles por quem são amados? Até os ímpios fazem isso! E se vocês emprestarem dinheiro somente a quem pode pagar de volta, que tem isso de bom? Até os piores pecadores fazem assim entre si!

Amem seus inimigos! Façam-lhes o bem! Emprestem a eles! Não se preocupem com o fato de que eles não pagarão de volta. Assim a recompensa que virá do céu para vocês será muito grande, e verdadeiramente vocês estão agindo como filhos de Deus; porque Ele é bondoso com os mal-agradecidos e com aqueles que são muito maus.

Procurem demonstrar tanta compaixão, como o seu Pai faz. Nunca critiquem nem condenem - senão tudo virá de volta sôbre vocês. Demonstrem perdão com os outros; assim êles farão o mesmo com vocês. Porque se vocês derem, receberão! Suas dádivas voltarão a vocês em medida cheia, e transbordante, apertada, sacudida para dar lugar a mais um pouco, até derramar. A medida que vocês usarem para dar, - grande ou pequena - será usada para medir o que lhes derem de volta.

Não vos inquieteis, por vossa vida, com o que comereis ou com o que bebereis, nem por vosso corpo, com o que vestireis. A vida não vale mais que a comida e o corpo mais que a roupa? Olhai as aves no ar: não semeiam, não colhem, nem fazem provisão nos celeiros, contudo vosso pai celeste as sustenta. Não valeis mais que elas? E quem de vós, por suas inquietudes, pode acrescentar dois palmos a sua altura? E por que vos inquietais com a roupa? Considerai os lírios do campo; não trabalham, nem fiam, entretanto digo-vos que nem Salomão em toda a sua glória se vestiu como um deles.

Pedi e vos será dado; buscai e achareis; batei e abrir-se-vos-á. Porque todo o que pede, recebe; e o que busca, encontra; e a quem bate, abrir-se-á . E qual de vós dará uma pedra a seu filho se êste lhe pedir pão? E se lhe pedir peixe, dar-lhe- uma serpente? Se, então, maus como sois, sabeis dar boas coisas a vossos filhos, quanto mais vosso Pai que está nos céus que bens não dará aos que lhe pedirem?

---

qual de vós dará uma pedra a seu filho se êste lhe pedir pão? E se lhe pedir peixe, dar-lhe- uma serpente? Se, então, maus como sois, sabeis dar boas coisas a vossos filhos, quanto mais vosso Pai que está nos céus que bens não dará aos que lhe pedirem?

Mas vem a hora, e já chegou, em que os verdadeiros adoradores adorarão o Pai em espírito e verdade; porque é dêsses adoradores que o Pai procura.

Deus é espírito e em espírito e verdade é que o devem adorar os que O adoram.

Orem assim: Pai nosso que estáis nos céus santificado seja o vosso nome. Venha a nós o vosso reino. Seja feita a vossa vontade assim na terra como no no céu. Dai-nos hoje o pão nosso de cada dia. Perdoai-nos as nossas dívidas assim como perdoamos os nossos devedores. E não nos deixeis cair em tentação. Mas livra-nos do mal. Amém.

Amarás o Senhor teu Deus de todo o teu coração, de toda a tua alma e de todo teu espírito e amarás o teu próximo como a ti mesmo. Toda a lei e os profetas ensinam deste modo para ganhares a vida eterna.

Certo homem descia de Jerusalém para Jericó e veio a cair em mãos de salteadores, os quais, depois de tudo lhe roubarem e lhe causarem muitos ferimentos, retiraram-se, deixando-o semi-morto. Casualmente, descia um sacerdote por aquele caminho e, vendo-o, passou de largo. Semelhantemente, um levita descia por aquele lugar e, vendo-o, também passou de largo. Certo samaritano, que seguia o seu caminho, passou-lhe perto e, vendo-o, compadeceu-se dele. E, chegando-se, pensou-lhe os ferimentos, aplicando-lhes óleo e vinho; e, colocando-o sôbre o seu próprio animal, levou-o para uma hospedaria e tratou dele. No dia seguinte, tirou dois denários e os entregou ao hospedeiro, dizendo: Cuida deste homem, e, se alguma cousa gastares a mais, eu to indenizarei quando voltar. Viva sempre a proceder na vida como a este samaritano. Pois quem não ama a uma pessoa que se pode ver, não ama a Deus que não vê.

Sêde perfeitos como vosso Pai celeste é perfeito.

Dai a quem pede o pão fuai daquele que deseja pedir vos emprestado.

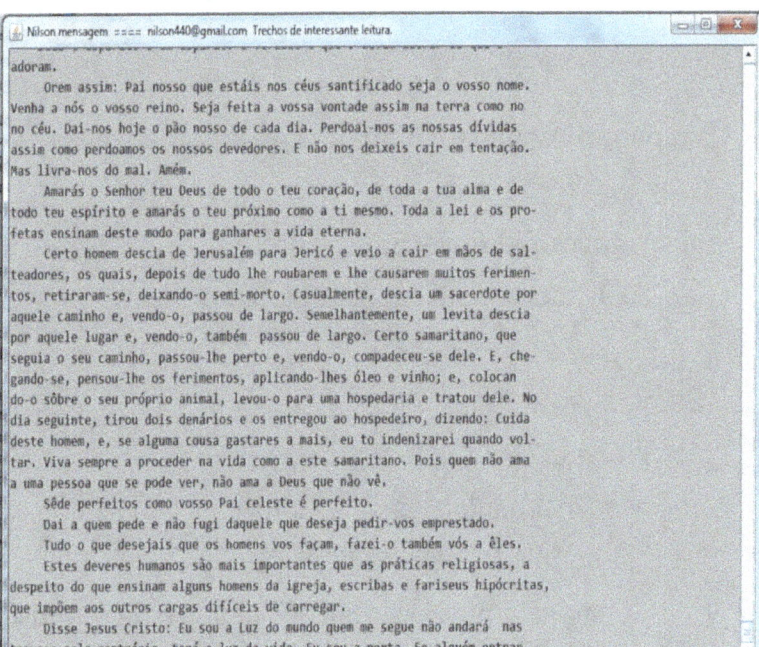

Nilson.mensagem ==== nilson440@gmail.com Trechos de interessante leitura.

adoram.

Orem assim: Pai nosso que estáis nos céus santificado seja o vosso nome. Venha a nós o vosso reino. Seja feita a vossa vontade assim na terra como no no céu. Dai-nos hoje o pão nosso de cada dia. Perdoai-nos as nossas dívidas assim como perdoamos os nossos devedores. E não nos deixeis cair em tentação. Mas livra-nos do mal. Amém.

Amarás o Senhor teu Deus de todo o teu coração, de toda a tua alma e de todo teu espírito e amarás o teu próximo como a ti mesmo. Toda a lei e os profetas ensinam deste modo para ganhares a vida eterna.

Certo homem descia de Jerusalém para Jericó e veio a cair em mãos de salteadores, os quais, depois de tudo lhe roubarem e lhe causarem muitos ferimentos, retiraram-se, deixando-o semi-morto. Casualmente, descia um sacerdote por aquele caminho e, vendo-o, passou de largo. Semelhantemente, um levita descia por aquele lugar e, vendo-o, também passou de largo. Certo samaritano, que seguia o seu caminho, passou-lhe perto e, vendo-o, compadeceu-se dele. E, chegando-se, pensou-lhe os ferimentos, aplicando-lhes óleo e vinho; e, colocando-o sôbre o seu próprio animal, levou-o para uma hospedaria e tratou dele. No dia seguinte, tirou dois denários e os entregou ao hospedeiro, dizendo: Cuida deste homem, e, se alguma cousa gastares a mais, eu to indenizarei quando voltar. Viva sempre a proceder na vida como a este samaritano. Pois quem não ama a uma pessoa que se pode ver, não ama a Deus que não vê.

Sêde perfeitos como vosso Pai celeste é perfeito.

Dai a quem pede e não fugi daquele que deseja pedir-vos emprestado.

Tudo o que desejais que os homens vos façam, fazei-o também vós a êles.

Estes deveres humanos são mais importantes que as práticas religiosas, a despeito do que ensinam alguns homens da igreja, escribas e fariseus hipócritas, que impõem aos outros cargas difíceis de carregar.

Disse Jesus Cristo: Eu sou a Luz do mundo quem me segue não andará nas trevas; pelo contrário, terá a luz da vida. Eu sou a porta. Se alguém entrar

package main_04;

import java.io.File;
import java.text.SimpleDateFormat;
import java.util.Date;
import javax.swing.JOptionPane;
import static main_04.imageLista.favela;

/**
 *
 * @author pc nilson440@gmail.com
 */
public class Main_04 {

111

```java
    /**
     * @param args the command line arguments
     */
    public static void main(String[] args) {
        // TODO code application logic here


        String st,so = "";
        for(int i = 0; i < args.length; i++) {
        so = so + args[i];   }  st = so.trim();
        if (!(st.equals ("Tecla1996")))
    {      JOptionPane.showInternalMessageDialog(null,"
Contate nilson440@gmail.com"); System.exit(0);}




        new imageLista(favela);
    }

}


package view;


import java.io.BufferedReader;
import java.io.FileReader;
import javax.swing.JFrame;
```

```java
import javax.swing.JScrollPane;
import javax.swing.JTextArea;

/**
 *
 * @author pc
 */
public class scroll extends JFrame{
 private JScrollPane jScrollPane;
   private JTextArea jTextArea ;
   private static final String FILE_PATH="nilson13.txt";

   public scroll() {
     try {
       jTextArea = new JTextArea(24, 31);

        jTextArea.read(new              BufferedReader(new
FileReader(FILE_PATH)), null);

     } catch (Exception e){

        e.printStackTrace();
     }
setTitle("Nilson440@gmail.com    se encontrar alguma
divergência documente com cálculos e envia pra ser
corrigido.  NILSON13.TXT");
     jScrollPane = new JScrollPane(this.jTextArea);
```

```java
        this.add(this.jScrollPane);
        this.setSize(800, 400);


setDefaultCloseOperation(DISPOSE_ON_CLOSE);

        this.setVisible(true);

    }


    }

package main_04;

import java.awt.BorderLayout;
import javax.swing.ImageIcon;
import javax.swing.JFrame;
import javax.swing.JLabel;
import javax.swing.JList;
import javax.swing.JScrollPane;

/**
 *
 * @author pc  Nilson440@gmail.com
 */
public class imageLista extends JFrame{
```

```java
    public static final String[] favela =
{"favela01","favela02","favela03","favela04","favela05","
favela06","favela07","favela08",

"favela09","favela10","favela11","favela12","favela13","f
avela14","favela15","favela16","favela17","favela18","fa
vela19",

"favela20","favela21","favela22","favela23","favela24","f
avela25"};

    /**
     *
     */
    public JList lista ;

    /**
     *
     * @param strarray
     */
    public imageLista(String[]strarray){


    lista = new JList(strarray);
    JLabel bandeira = new JLabel();
    JScrollPane scroll = new JScrollPane(bandeira);
    JScrollPane scro = new JScrollPane(lista);
    add(BorderLayout.WEST,scro);
    add(BorderLayout.CENTER,scroll);
```

```java
setTitle("Nilson ANTIGO SOFT em TURBO
PASCAL ANOS 90 ====    USE AS SETAS
=====Trechos de interessante visualização.");


    lista.addListSelectionListener(e ->{

    int index = lista.getSelectedIndex();

    String tela = strarray[index];

    bandeira.setIcon(new
ImageIcon(getClass().getResource(tela+".png")));});

    lista.setSelectedIndex(0);

    setSize(900,600);

    setLocationRelativeTo(null);

setDefaultCloseOperation(DISPOSE_ON_CLOSE);


    setVisible(true);


  }

}
```

favela01

favela02

favela03

favela04

favela05

favela06

favela12

favela13

favela14

favela15

favela16

favela17

favela23

favela24

favela25

favela06 favela07 favela08 favela09 favela10 favela11

favela17 favela18 favela19 favela20 favela21 favela22

```java
/*
 *                                                      Click
 * nbfs://nbhost/SystemFileSystem/Templates/Licenses/lic
 * ense-default.txt to change this license
 *                                                      Click
 * nbfs://nbhost/SystemFileSystem/Templates/Classes/M
 * ain.java to edit this template
 */
package main_05;


import javax.swing.JOptionPane;
import static main_05.scrolLista.mensag;




/**
 *
 * @author pc nilson440@gmail.com
 *
 */
public class Main_05 {

    /**
     * @param args the command line arguments
     * entrada mensag
     */
    public static void main(String[] args) {
        String st,so = "";
```

```java
        for(int i = 0; i < args.length; i++) {
            so = so + args[i];   }   st = so.trim();
        if (!(st.equals ("Tecla1996")))
    {       JOptionPane.showInternalMessageDialog(null,"
Contate nilson440@gmail.com"); System.exit(0);}
        new scrolLista(mensag);
    }


}
/*

 *                                                   Click
nbfs://nbhost/SystemFileSystem/Templates/Licenses/lic
ense-default.txt to change this license
 *                                                   Click
nbfs://nbhost/SystemFileSystem/Templates/Classes/Cl
ass.java to edit this template
 */

package main_05;


import java.awt.BorderLayout;

import java.awt.Color;

import java.awt.Font;

import javax.swing.JFrame;

import javax.swing.JList;

import javax.swing.JScrollPane;


/**

 *leitura array em nilsonJava
```

```java
 * @author        nilson440@gmail.com
 */
public class scrolLista extends JFrame{

    public JList lista ;


    public static final  String[] mensag =


{"
",
```

"Nilson Candido da Silva. Afrodescendente tom de pele Pelé. cel(21) 980 926 xxx.",

"Engenheiro civil - Prefeitura do Rio de Janeiro - estatutário.",

"Formado antes da instituição das cotas.",

"1- Engenheiro Civil Projeto e Construção- UVA",

"2- Engenheiro Operacional Elétrica - CEFET - Centro de educação tecnológica Celso suckow da Fonseca.",

"3- Engenheiro cartógraqfo - UERJ - Universidade do Estado do Rio de Janeiro.",

"As três engenharias estudando e ao mesmo tempo trabalhando de camelô pelas ruas do Rio,",

"pois enquanto os colegas que me chamavam de gênio, logo formados arranjavam emprego eu",

"não conseguia emprego. Logo no início de 1991 começaram os concursos públicos, e eu passei",

"primeiros colocados para a Marinha do Brasil, chamaram me viram, começou a enrolação e nunca", "tomei posse. Será que é por isso que o submarino nuclear nunca sai do papel?   ",

" E o VLS que nunca decola?",

"Anos depois passei no concurso onde estou ainda trabalhando.",

"Escritor com cinco livros publicados pela Amazon:",

"1- Engenharia soft completo código fonte.",

"2- teodolito",

"3- vigas",

"4- criptografia",

"Duas Mulheres uma branca do sul outra preta da Bahia. A branca 130 anos de brasil com casa sítio, fazenda, amplo apartamento,   ",

"carro zero, viagens constantes ao exterior, tem grana, defende a extrema direita e acredita na cloroquina para covid.   ",

"A preta 430 anos de Brasil, nada pra chamar de seu, passou fome, hoje no barraco que pode ser levado pela   ",

"próxima chuva ela vê os bandidos todos brancos com fuzis, e logo aderiu ao BANDIDO BOM É MORTO. Religiosa sem entender a   ",

" bíblia, seu ´pastor´ diz que certo partido é comunista e que ela não deve votar neles e mostra a ela foto de MITO. Coitada   ",

"não sabe que se vivesse no tal ´comunismo´ veria submarino nuclear, estação espacial, teria o que comer, casa digna, trabalho   ",

"pra ela e marido, universidade para os filhos e um pedaço de terra. Quanto aos bandidos, nenhum deles morre, mas os parentes   ", "dela sim às vezes até com a marmita na mão ou sem vacina, morrem por mito ou polícia. E todo dia é bombardeada pela fake do   ",

"´gabinete do ódio´. Ela afunda e contribui para os pretos afundarem junto. A branca não importa a orientação do governo estará   ",

"sempre melhor ainda. A preta está decretando a sua extinção. Um preto é assassinado pelo governo a cada 23 minutos(ONU).   ",

"https://youtu.be/elybykBzLek´,

",

"==
=========================
",

"O vôlei feminino perdeu para a Itália. A mim pareceu 7 X 1 para a Itália. O Brasil como vai assassinando todos os seus pretos   ",

"   ´incentivados´ por ´Altas Autoridades´, logo ficará como Argentina e Chile que assassinaram todos e hoje não ganham nada.   ",

"   Ao contrário da Alemanha ,França e Itália que vão muito bem. ´Na periferia eu matava todo mundo, mãe, filho e bebê diz ",

"   + ´ professor de curso na ´poliça´´. https://youtu.be/elybykBzLek",

"==
============================",

"COMO VC VOTA DETERMINA COMO VC VAI VIVER OU MORRER. VERÁ IRMÃO MORRER SEM VACINA , VERÁ PARENTES TRUCIDADOS POR POLÍCIA RACISTA. VERÁ",

"   O INFERNO NO PAIS SEM DIREITO A MORAR OU COMER. VERÁ CRIANÇAS MORREREM POR

TIROS OU FAMINTAS NO LIXO. SUA DESCENDÊNCIA SEM",

"   OPORTUNIDADES E SEM RUMO. VERÁ O AUMENTO DE ARMAS DO LADO QUE MATARÃO SUA DESCENDÊNCIA.",

"Dificuldade em entender a maioria dos afrodescendentes. Eu vou ao supermercado, compro gás e gasolina e sinto que tá difícil. Vejo",

"   afro morrendo com marmita, guarda chuva, e martelo, furadeira, escapamento de carro, todos pretos trabalhando. Morrendo preto",

"   sem vacina, desorientado na rua, sem capacete de moto, até escritor preto no calçadão de Copacabana, a pauladas na Barra, todos",

"   morrendo com requintes de crueldade. Um músico preto no seu carro assassinado com 80 tiros. A PRF não vê carro com 39 kg de pó,",

"   80 fuzis indo pra endereço conhecido pelos assassinos da Mariele, mas vai em comunidade matar pretos. E os afrodescendentes que",

"   são setenta por cento da população do Rio de Janeiro elegem quem os querem ASSASSINAR. "Na periferia eu matava todo mundo, mãe,",

"   filho, bebê", diz professor de curso da polícia.",

"=== ==============================",

"Muitas maravilhas como essas são incontáveis . Tudo porque os afro puderam viver em relativa paz na América ao norte do",

"Mississipi. Se aqui como lá, o presidente iria querer saber quem barbarizou covardemente em lugar público e notório o escritor",

"Marcel Candido da Silva, ou à público pedir desculpas à população por assassinato de músico com 80 tiros no seu carro. Viva os",

"EUA! Viva! A um povo que mostra seu valor elegendo Barack Obama.",

"O brasil nunca foi PÁTRIA para os negros mas a MADRASTA VIL, trazem medalhas de OURO, lotam os cofres do governo fazendo",

"CARNAVAL, mas são mortos (ONU) um a cada 23 minutos. 7 X 1 negros estão extintos... TREVISAN.",

"NO BRASIL NÃO SE ORGANIZA EXÉRCITO CONTRA O ESTRANGEIRO; DESENVOLVE-SE AS INSTITUIÇÕES MILITARES CONTRA A ORDEM CIVIL, QUE",

"VALE NESTE PAÍS DIANTE DE QUALQUER IMPULSO DE OFICIAIS SEM COGNIÇÃO, A VIDA DE UM DE NÓS?... Rui Barbosa",

"};

```java
public scrolLista(String[]strarray){

    lista = new JList(strarray);
        JScrollPane scroll = new JScrollPane(this.lista);


        add(BorderLayout.CENTER,scroll);
```

```java
        setTitle("Nilson          mensagem          ====
nilson440@gmail.com          Trechos  de  interessante
leitura.");

    lista.setBackground(Color.LIGHT_GRAY);

    lista.setFont(new  Font("Consolas",  Font.BOLD,
14));

    setSize(900,600);

    setLocationRelativeTo(null);


    for (String strarray1 : strarray)

    lista.setListData(strarray);


setDefaultCloseOperation(DISPOSE_ON_CLOSE);


      setVisible(true);

    }

}
```

Nilson mensagem diversa ==== nilson440@gmail.com Trechos de interessante leitura.

Um repórter investigativo(anime-se não tem mais DOI CODI) poderá constatar todas as informações passadas e impedido(enrolaram por 30 anos) de
posse no cargo de engenheiro na Marinha, filhos de almirantes e comandantes estão na minha vaga. Mesmo que t
jornais da época podem ser consultados. Submarino nuclear não sai do papel e VLS não decola? https://youtu.b
==
Dificuldade em entender a maioria dos afrodescendentes. Eu vou ao supermercado, compro gás e gasolina e sint
Vejo afro morrendo com marmita, guarda chuva, e martelo, furadeira, escapamento de carro, todos pretos traba
preto sem vacina, desorientado na rua, sem capacete de moto, até escritor preto no calçadão de copacabana, a
na Barra, todos morrendo com requintes de crueldade. Um músico preto no seu carro assassinado com 80 tiros.
PRF não vê carro com 39 kg de pó, 80 fuzis indo pra endereço conhecido pelos assassinos da Mariele, mas vai
matar pretos. E os afrodescendentes que são setenta por cento da população do Rio de Janeiro elegem quem os
'Na periferia eu matava todo mundo, mãe, filho, bebê', diz professor de curso da polícia.
==
https://www.amazon.com/s?k=Nilson%20Candido%20da%20Silva...
https://www.amazon.com/s?k=Marcel%20Candido%20da%20Silva...
...EXISTE UM POVO CUJA BANDEIRA É UTILIZADA PARA COBRIR A INFÂMIA E A COVARDIA...Castro Alves
. . . O Brasil não é um país sério. . . Charles de Gaulle
Bombeiro do posto 2 sua vida corre risco com os assassinos do escritor Marcel Candido da Silva Vc Marinho é
identifica os assassinos Marinho vá a 12ºDP e conte tudo.
O brasil nunca foi PÁTRIA para os negros mas a MADRASTA VIL, trazem medalhas de OURO, lotam os cofres do g
CARNAVAL, mas são mortos (ONU) um a cada 23 minutos. 7 X 1 negros estão extintos... TREVISAN.
NO BRASIL NÃO SE ORGANIZA EXÉRCITO CONTRA O ESTRANGEIRO; DESENVOLVE-SE AS INSTITUIÇÕES MILITARES CONTRA A OR
VALE NESTE PAÍS DIANTE DE QUALQUER IMPULSO DE OFICIAIS SEM COGNIÇÃO, A VIDA DE UM DE NÓS?... Rui Barbosa
https://youtu.be/elybykBzLek
==
=== ESTES TEXTOS FORAM ESCRITOS NOS ANOS 90 == PARCIMÔNIA AO LER =====
A existência de planos diretores artigo 182 parágrafo 1º.
é obrigatória para cidades com mais de 20.000 habitantes. isto é o

Nilson mensagem diversa ==== nilson440@gmail.com Trechos de interessante leitura.

igativo(anime-se não tem mais DOI CODI) poderá constatar todas as informações passadas e descobrir que
por 30 anos) de
engenheiro na Marinha, filhos de almirantes e comandantes estão na minha vaga. Mesmo que tentem apagar tudo
odem ser consultados. Submarino nuclear não sai do papel e VLS não decola? https://youtu.be/elybykBzLek
==
ender a maioria dos afrodescendentes. Eu vou ao supermercado, compro gás e gasolina e sinto que tá difícil.
com marmita, guarda chuva, e martelo, furadeira, escapamento de carro, todos pretos trabalhando. Morrendo
desorientado na rua, sem capacete de moto, até escritor preto no calçadão de copacabana, a pauladas
rrendo com requintes de crueldade. Um músico preto no seu carro assassinado com 80 tiros. A
om 39 kg de pó, 80 fuzis indo pra endereço conhecido pelos assassinos da Mariele, mas vai em comunidade
afrodescendentes que são setenta por cento da população do Rio de Janeiro elegem quem os querem ASSASSINAR.
atava todo mundo, mãe, filho, bebê', diz professor de curso da polícia.
==
.com/s?k=Nilson%20Candido%20da%20Silva...
.com/s?k=Marcel%20Candido%20da%20Silva...
CUJA BANDEIRA É UTILIZADA PARA COBRIR A INFÂMIA E A COVARDIA...Castro Alves
é um país sério. . . Charles de Gaulle
2 sua vida corre risco com os assassinos do escritor Marcel Candido da Silva Vc Marinho é o arquivo que
ssinos Marinho vá a 12ºDP e conte tudo....
PÁTRIA para os negros mas a MADRASTA VIL, trazem medalhas de OURO, lotam os cofres do governo fazendo
mortos (ONU) um a cada 23 minutos. 7 X 1 negros estão extintos... TREVISAN.
RGANIZA EXÉRCITO CONTRA O ESTRANGEIRO; DESENVOLVE-SE AS INSTITUIÇÕES MILITARES CONTRA A ORDEM CIVIL, QUE
ANTE DE QUALQUER IMPULSO DE OFICIAIS SEM COGNIÇÃO, A VIDA DE UM DE NÓS?... Rui Barbosa
lybykBzLek
==
S FORAM ESCRITOS NOS ANOS 90 == PARCIMÔNIA AO LER =====
stência de planos diretores artigo 182 parágrafo 1º.
ia para cidades com mais de 20.000 habitantes. isto é o

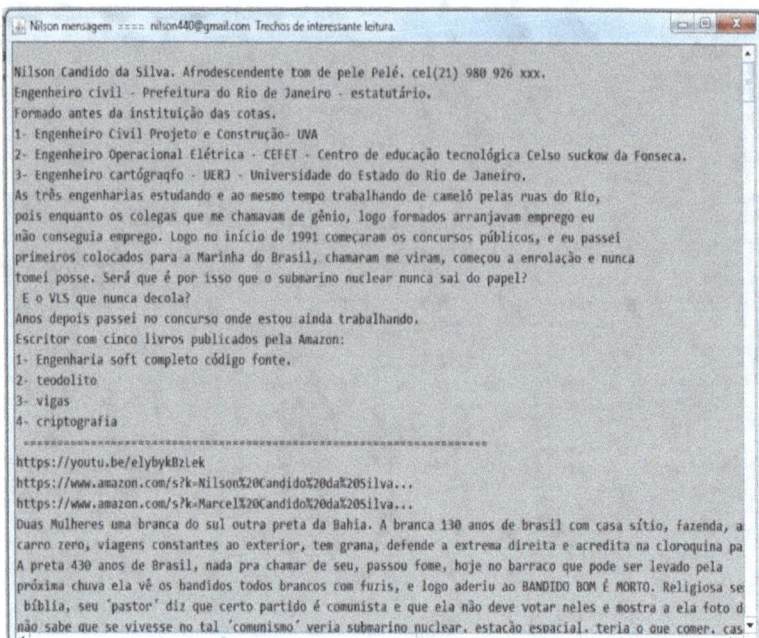

```
/*
 *                                                    Click
nbfs://nbhost/SystemFileSystem/Templates/Licenses/license-default.txt to change this license
 *                                                    Click
nbfs://nbhost/SystemFileSystem/Templates/Classes/Class.java to edit this template
 */
package main_06;


import java.awt.BorderLayout;
import java.awt.Color;
import java.awt.Font;
import javax.swing.JFrame;
import javax.swing.JList;
```

```java
import javax.swing.JScrollPane;
import                                   static
javax.swing.WindowConstants.DISPOSE_ON_CLOSE;


/**

 *

 * @author pc  nilson440@gmail.com
 */
public class kopf extends JFrame{
 public JList lista ;



    public static final  String[] mensa =



{" ",

"Um repórter investigativo(anime-se não tem mais DOI
CODI  ) poderá constatar todas as informações
passadas e descobrir que ",

"impedido(enrolaram por 30 anos)  de  ",

"posse no cargo de engenheiro na Marinha, filhos de
almirantes  e  comandantes  estão  na  minha  vaga.
Mesmo que tentem apagar tudo ",

"jornais da época podem ser consultados. Submarino
nuclear  não  sai  do  papel  e  VLS  não  decola?
https://youtu.be/elybykBzLek ",
```

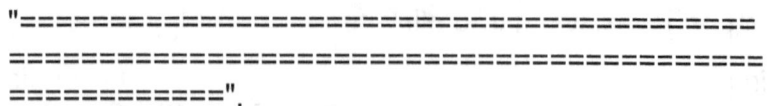

"===
===
============",

"Dificuldade em entender a maioria dos afrodescendentes. Eu vou ao supermercado, compro gás e gasolina e sinto que tá difícil.",

"Vejo afro morrendo com marmita, guarda chuva, e martelo, furadeira, escapamento de carro, todos pretos trabalhando. Morrendo",

"preto sem vacina, desorientado na rua, sem capacete de moto, até escritor preto no calçadão de copacabana, a pauladas ",

"na Barra, todos morrendo com requintes de crueldade. Um músico preto no seu carro assassinado com 80 tiros. A ",

"PRF não vê carro com 39 kg de pó, 80 fuzis indo pra endereço conhecido pelos assassinos da Mariele, mas vai em comunidade",

"matar pretos. E os afrodescendentes que são setenta por cento da população do Rio de Janeiro elegem quem os querem ASSASSINAR.",

"´Na periferia eu matava todo mundo, mãe, filho, bebê´, diz professor de curso da polícia.",

"===
===
===========================",

"https://www.amazon.com/s?k=Nilson%20Candido%20da%20Silva...",

"https://www.amazon.com/s?k=Marcel%20Candido%20da%20Silva...",

"...EXISTE UM POVO CUJA BANDEIRA É UTILIZADA PARA COBRIR A INFÂMIA E A COVARDIA...Castro Alves",

". . . O Brasil não é um país sério. . . Charles de Gaulle",

"Bombeiro do posto 2 sua vida corre risco com os assassinos do escritor Marcel Candido da Silva Vc Marinho é o arquivo que",

"identifica os assassinos Marinho vá a 12ºDP e conte tudo....",

"O brasil nunca foi PÁTRIA para os negros mas a MADRASTA VIL, trazem medalhas de OURO, lotam os cofres do governo fazendo",

"CARNAVAL, mas são mortos (ONU) um a cada 23 minutos. 7 X 1 negros estão extintos... TREVISAN.",

"NO BRASIL NÃO SE ORGANIZA EXÉRCITO CONTRA O ESTRANGEIRO; DESENVOLVE-SE AS INSTITUIÇÕES MILITARES CONTRA A ORDEM CIVIL, QUE",

"VALE NESTE PAÍS DIANTE DE QUALQUER IMPULSO DE OFICIAIS SEM COGNIÇÃO, A VIDA DE UM DE NÓS?... Rui Barbosa",

"https://youtu.be/elybykBzLek",

"==
==
===",

" === ESTES TEXTOS FORAM ESCRITOS NOS ANOS 90 == PARCIMÔNIA AO LER ===== ",

"   A existência de planos diretores artigo 182 parágrafo 1º.   ",

"   é obrigatória para cidades com mais de 20.000 habitantes, isto é o   ",

"   que diz a Constituição federal. Nas constituições estaduais no   ",

" caso a do Estado do Rio de Janeiro pelos artigos 226 e 239 das ",

" disposições transitórias, além da obrigatoriedade da elaboração ",

" do plano, juntamente com a lei de diretrizes gerais para ocupação ",

" do Território, garante a função social da cidade e da propri- ",

" iedade. Constitui-se então uma excelente oportunidade para a car- ",

" tografia, existe uma demanda e alguém deve supri-la. ",

" ",

" A confecção de um plano diretor é a representação dos pla- ",

" nos de modernização das cidades que captando a tendência de ex- ",

" pansão dos centros urbanos pode a partir daí traçar os avanços ",

" necessários em termos de melhorias dos serviços e para qual dire- ",

" ção a administração deva empenhar maiores esforços. ",

" A partir do plano diretor é que a necessidade de investi- ",

" mentos em obras e serviços fica evidenciada e se existe a vontade ",

" política e a disponibilidade em recursos financeiros e se existe ",

" um sistema de representação cartográfica em escala cadastral e ",

"   que tenha a precisão cartográfica exigida então
ganha caráter   ",

"   permanente o avanço   social.
",

"   ",

"   Naturalmente tendo controle sôbre o solo e a
aplicação das   ",

"   verbas municipais em obras que beneficiem a
população, logo   ",

"   virão a otimização em impostos e taxas fonte
principal da arreca-   ",

"   dação municipal, todo o início possível pelo
planejamento que a   ",

"   planta cadastral de posse da prefeitura municipal,
permitiu ao   ",

"   administrador público: a avaliação , o controle e
o dimensiona-   ",

"   mento   do   investimento.
",

"   Não se governa o que não se conhece, não
se administra o   ",

"   que não se tem dados suficientes, não se pode
cobrar dividas so-   ",

"   ciais se não se tem uma base classificatória. A
engenharia car-   ",

"   tográfica representa   esta base, a
descriminalização dos investi-   ",

"   mentos públicos indicada pelo plano diretor, a
economia e racio-   ",

"   nalidade   nestes   investimentos .
",

"   Um projeto cartográfico para qualquer município representa   ",

"   a aquisição de uma obra importantíssima de infraestrutura admi-   ",

"   nistrativa, constituindo conjuntamente com outras fontes de infor-   ",

"   mação um poderoso assessoramento a máquina administrativa muni-   ",

"   cipal. Desta forma um município terá as ferramentas necessárias   ",

"   para aplicar a lei de Diretrizes Gerais de Ocupação do Territó-   ",

"   rio, que garante a função social da cidade e da propriedade.   ",

"   ",

"   Como não existem sistema de projeção que elimine todos os   ",

"   tipos de deformações, adota-se aquela que as minimizem e, na me-   ",

"   dida do possível, atenda integralmente uma das seguintes pro-   ",

"   priedades: ",

"   ",

"   a) conformidade - Não deformação de angulos, mantendo em verda-   ",

"   deira grandeza a forma de pequenas áreas a   ",

"   serem representadas .   ",

"   b) Equivalência - Inalterabilidade das dimensões relativas das   ",

134

"   áreas permitindo a obtenção de uma relação   ",

"   constante entre o valor da área na carta e no   ",

"   terreno.   ",

"   c) Equidistância - Relação constante entre as distâncias dos   ",

"   pontos representados e as distâncias dos seus   ",

"   correspondentes.
",

"   ",

"   Nos sistemas de projeção plana os paralelos e meridianos   ",

"   crescem rapidamente a medida que se afaste do ponto de tangência,   ",

"   ou secância, acarretando grandes deformações, não permitindo uma   ",

"   relação constante na representação de áreas, não apresenta boa   ",

"   utilização para escalas pequenas. Mas, em escalas grandes, de   ",

"   apoio a engenharia civil é a ideal.
",

"   ",

"   Nos sistemas de projeção cônica   pode-se obter conformi-   ",

"   dade, equivalência ou equidistância para áreas que se desenvolvem   ",

"   ao longo de um paralelo. Contudo não é boa norma adotar este   ",

"   sistema pois não haveria como   dar-lhe
referência no sistema de   ",

"   projeção cilíndrica como é o caso do brasileiro.
",

"   ",

"   No brasil utiliza-se como sistema de
representação carto-   ",

"   gráfica a projeção cilíndrica transversa ou
projeção meridiana de   ",

"   Mercator ou cilíndrica conforme de   Lambert-
Gauss . Então neste   ",

"   sistema que devem ser referidas todas as cartas
que venham a ser   ",

"   construídas no Brasil por comodidade   para
contribuir para que se   ",

"   forme o grande mosaico em variadas escalas
para o território Bra-   ",

"   sileiro. Mas existe um limite para isso.
",

"   ",

"   O limite são as obras de   engenharia e
cartas de cunho   ",

"   cadastral utilizadas pelos municípios. Pois uma
carta em escala   ",

"   maior que 1:2000, sempre será utilizada para:
",

"   Cadastramento dos imóveis.
",

"   Planejamento urbano e regional de trânsito.
",

"   Construção do sistema viário (ônibus, trens, metrôs).   ",

"   Planejamento do abastecimento e ampliação de energia e água.   ",

"   Saneamento, qualquer obra civil e etc...
",

"   Então, para resolver o impasse diminui-se o fuso de 6 graus para   ",

"   3, 2 ou 1 grau. Com isto diminui-se também a deformação provocada   ",

"   por uma superfície curvilínea transformada em uma superfície plana.   ",

"   Ou também é comum utilizar-se do coeficiente kapa unitário com   ",

"   isto, estabelece-se um plano no meridiano central do fuso, tornando   ",

"   vantajoso para escalas grandes. Desta forma o município poderá   ",

"   atender   todas   as   utilizações.
",

"   Grandes obras de engenharia civil, como a ponte Rio-Niterói e o   ",

"   aeroporto Internacional do Rio de Janeiro foram implementados com   ",

"   cartas   plano-topográficas.
",

"   ",

"   CONSTRUÇÃO DE CARTAS
",

"
==
",

"   Quando se constrói uma carta o que se espera dela é que   ",

"   atenda a escala que o contratante deseja e que ela obedeça o   ",

"   padrão de especificação cartográfica. Para o construtor da   ",

"   carta além de ter que entregar o produto como especificado   ",

"   procurará por uma questão de concorrência a relação Custo X   ",

"   benefício a qual indicará a   escolha de métodos, processos,   ",

"   equipamentos e materiais . Assim o menor custo é a regra fun-   ",

"   damental para   a execução dos projetos.
",

"   Como demonstrado na parte que coube aos cálculos são   ",

"   vários os fatores que influenciam na obtenção de carta na es-   ",

"   cala que se quer. A escala da foto também é uma relação direta   ",

"   entre distância de projeção do instrumento restituidor e a   ",

"   altura de voo (exemplo é o estereoplanígrafo c-8 onde a preci-   ",

"   são é 0.15 por mil da altura de voo).
",

"   O processo de cálculo é iterativo, pois escalas grandes   ",

"   gera um maior numero de fotos, os erros altimétricos são pre-   ",

"   ponderantes e não podem ser maiores que os indicados no Pa-   ",

"   drão de Especificação cartográfica. o menor custo de constru-   ",

"   ção indica a carta que atenda ao PEC e tenha a menor escala   ",

"   possível.   ",

"   A escala da fotografia aérea para a obtenção de tal car-   ",

"   ta, cujo cálculo passou pelo arrastamento, função do tipo   de   ",

"   Câmera e da velocidade do avião, passou pelo aparelho resti-   ",

"   tuidor , função das limitações para teto de voo e relação de   ",

"   engrenagens, e por fim pelas limitações do somatórios dos erros   ",

"   até obtenção da carta com padrão PEC.   ",

"   Após estes cálculos a escala da fotografia será encon-   ",

"   trada com a qual será construída a carta, verifica-se novamente   ",

"   fazendo o cálculo reverso para conferir se o êrro planimétrico   ",

"   e altimétrico estão dentro da   PEC.   ",

"   As escalas grandes são consideradas as de
1:20000 e maio-   ",

"   res as escalas médias são consideradas as
de 1:25000 até   ",

"   1:50000, e as escalas pequenas 1:100000 e
menores. Nas escalas   ",

"   grandes o êrro planimétrico é muito maior em
presença do   ",

"   altimétrico, isto é,   Ep >> Ea. Acontece o
inverso se as   ",

"   escalas   forem   pequenas.
",

"   Além do êrro planimétrico e altimétrico que a
carta irá   ",

"   apresentar tem-se sempre que levar em conta
o menor detalhe   ",

"   que se poderá retirar ao   examiná-la. Este
menor detalhe não   ",

"   depende sòmente da   escala da   carta, mas
também do conjunto   ",

"   câmera-filme-revelação.
",

"   A câmara fotogramétrica deverá estar
calibrada, conjunto   ",

"   ótico compatível com a escala, com a altura de
voo, com as ca-   ",

"   racterísticas da emulsão fotográfica, e montada
na aeronave em   ",

"   apropriadas   condições   operacionais.
",

"   O filme deverá ser escolhido de modo a ter um arrastamen-   ",

"   to aceitável em função da resolução, deve ser observado o pra-   ",

"   zo de validade, o tempo de exposição, a melhor aplicação com-   ",

"   provada, temperatura, umidade. Como a revelação irá   manusear   ",

"   os negativos esta fase tem que ser seguido o que diz o manual   ",

"   do fabricante, como o papel de reprodução etc...   ",

"   Suponhamos que você tenha uma foto na escala 1:20000 e   ",

"   que tenha utilizado um filme de resolução de 50 linhas por   ",

"   milímetro, e isto quer dizer que em um espaço de 1 milímetro   ",

"   50 definições da cena são reais, mas a ôlho nu só se pode ver   ",

"   0,2 milímetros isto aos 20 anos do ser humano de visão normal,   ",

"   e isto corresponde a 4 metros ou 10 linhas da resolução, o que   ",

"   significa que se você tiver uma lupa de ampliação até 10 vezes   ",

"   você poderá ver 1 linha da resolução ou seja 40 cm.   ",

"   ",

"   Cálculo do erro planimétrico   ",

```
"                              ===============================
",
",
"                                        Epl=      sqrt(
sqr(Eoa)+sqr(Ei)+sqr(Ep)+sqr(Er)+sqr(Eg))            ",
"                     sqrt(a)    é a raiz quadrada de a
",
",
"                     sqr(a)    é a elevação ao quadrado de a
",
",
"               Eoa   êrro devido a orientação absoluta do
modelo        ",
"               Ei  êrro na identificação do ponto na aerotri
",
",
"               Ep  êrro na projeção devido as deformações
da ótica        ",
"               Er  êrro ao retocar as curvas de nível na
restituição        ",
"               Eg  êrro na gravação para retoque final
",
",
"                                                   ",
",
"      Como os erros acima se  referem a escala  das
cartas,  o fator       ",
"          de multiplicação dos institutos de pesquisas
(geralmente mili-       ",
"                  tares)  têm  utilizado  na  média  são:
",
",
"               Eoa =40 microns multiplicado pela escala da
foto, neste        ",
"                  caso para compensação em bloco, se a
compensação for       ",
"                     por faixa então utilizar 60 microns.
",
",
```

142

"   Ei = 30 microns na escala da foto.
",

"   Ep = 20 microns na escala da foto.
",

"   Er = 0.15 milímetros na escala da foto.
",

"   Eg = 0.10 milímetros na escala da carta.
",

"   Cabe uma observação nas escalas grandes, quanto mais cresce a   ",

"   escala da carta o êrro Eg vai crescendo rapidamente a ponto   ",

"   a ponto de se tornar maior que todos os outros êrros juntos,   ",

"   por isso é que no início desta exposição afirmo que em esca-   ",

"   las grandes os êrros planimétricos são preponderantes.   ",

"   Como foi somado todos os possíveis erros tivemos um valor   ",

"   para o êrro planimétrico que é o valor máximo que se poderia   ",

"   achar para a carta que estiver   sendo analizada, entretanto   ",

"   não se erra o tempo todo o mesmo valor do êrro, pasmem, o   ",

"   êrro que alguém comete também vai variar oscilando naqueles   ",

"   números antes apresentados, e surgiu alguém de nome Gauss e   ",

"   diz que se o êrro oscila, a´môsca´, ou tendência de acerto   ",

"   está a 1,645 do Somatório dos êrros. ",

"   Isto significa que depois que achar o Epl você compara   ",

"   com o EP (Rode a opção CALCULO DE APOIO DE CAMPO tem uma   ",

"   tabela para as escalas de 1:1000 e 1:2000), para ser bom tem   ",

"   que ser menor ou no máximo igual. O valor Epl é multiplicado   ",

"   por 1,645 e terá encontrado o êrro planimétrico máximo que   ",

"   terá um ponto medido na sua carta, este valor tem que ser menor   ",

"   ou no máximo igual ao PEC, e isto define o padrão A, B ou C   ",

"   que a sua carta pertencerá. ",

"   ",

"   Cálculo do êrro altimétrico ",

"   ============================ ",

"   ",

"   O êrro altimétrico está definido pela altura de voo,   ",

"   pela paralaxe horizontal, pois o êrro advindo de retoque plani-   ",

144

" métrico influenciará na paralaxe.
",

" Ea=
sqrt((sqt(Eir)+sqt(Eca))+(sqt(Eoa)+sqt(Ei)+sqt(Ep)+
",

" +(sqt(Er)+sqt(Eg)) sqt(tang alfa))
",

" Eir êrro do instrumento restituidor(.0001 a
.00025) ",

" a multiplicacar a altura de voo
",

" Eca devido a compensação na
aerotri(.0002 a .00025) ",

" Eoa este é o mesmo do planimétrico (veja
mais acima ",

" e os abaixo listados também).
",

" Ei êrro na identificação do ponto na aerotri
",

" Ep êrro na projeção devido as
deformações da ótica ",

" Er êrro ao retocar as curvas de nível na
restituição ",

" Eg êrro na gravação para retoque final
",

" tang alfa é a inclinação média da cena
",

" ",

" Estes êrros altimétricos se referem a pontos
quaisquer que se ",

145

"   queira obter sôbre a planta, Ea dividido por 1,645, of course.   ",

"   Pontos que são colocados sôbre a planta não tem esta sujeição   ",

"   pois foram colocados ali vindo de nivelamentos obtidos no cam-   ",

"   po,se forem colocados com a cor sépia não foram comprovados,   ",

"   se a cor preta foram comprovados por nivelamento.   ",

"   ",

"   Estes foram os cálculos que permitiram escolher a escala   ",

"   da foto, pois a escala da carta foi ditada pelo contratante.   ",

"   ",

"   Suspirou aliviado? pensa que já acabou? Ainda não.   ",

"   E os instrumentos que você tem será que êles podem aten-   ",

"   der a sua necessidade? Será que estará utilizando um caminhão   ",

"   com 22 rodas para levar uma pessoa da praia vermelha a Botafo-   ",

"   go? Ou o contrário você tem um tanque engesa avariado e tem   ",

"   que leva-lo a botafogo e só dispõe de um gurgel. Se não   ",

"   for bem pensado pode acabar apontando um canhão para o morro e   ",

"   fazer casamata com sacos de areia em pleno alfalto da cidade.   ",

"   Precisões de alguns instrumentos fornecido pelos fabrican-   ",

"   tes. Pela precisão horizontal temos:
",

"   ",

"   1- Estereoplanígrafo c-8 e autógrafo wild a-8
",

"   a precisão é de 10 microns vezes a escala da fotografia.   ",

"   2- Kelsh   ",

"   20 microns vezes a escala da fotografia
",

"   3-   Balplex, wild B-8, PG-2(KERN)
",

"   .2mm vezes a escala da carta
",

"   4-   multiplex e estereotopo zeiss
",

"   .3mm vezes a escala da carta
",

"   ",

"   Pela   precisão   vertical   temos:
",

"   1- Estereoplanígrafo C-8 e autógrafo wild A-8
",

"   .00015 vezes a altura de voo
",

"   2-   PG-2 (KERN), wild B-8, BALPLEX.
",

"   .0002 vezes a altura de voo
",

"   3-   Multiplex e estereotopo zeiss
",

"   .0005 vezes a altura de voo
",

"   (fonte: artigo do major Notari à
SBC)   ",

"   ",

"   E agora José? É só isso? não. Depois de
verificar se   ",

"   entre alguns desses equipamentos está
realmente o que devo   ",

"   utilizar, função do destino de utilização da carta,
dos êrros   ",

"   planimétricos e altimétricos calculados, das
características   ",

"   dos aparelhos restituidores. Mas a rapidez que
cada um desses   ",

"   equipamentos trabalha? Qual o que demanda
mais manutenção? A   ",

"   manutenção é nacional ou estrangeira? Vou
parar neste ponto e   ",

"   esperando que amigos do saber enviem para
mim material, veja   ",

"   como   no menu ABOUT.
",

"   ",

"   obs: Qualquer pessoa no Brasil que queira
conhecer profunda -   ",

"   mente cartografia tem que estar afinada com o INSTITUTO   ",

"   MILITAR DE ENGENHARIA - IME. ",

"   Lá no IME os equipamentos são de última geração e o melhor   ",

"   que o dinheiro público pode comprar. Lá os professores es-   ",

"   tão o dia inteiro a disposição, com todos os livros (que   ",

"   não existem em livrarias, pobre de mim!) meios e materiais   ",

"   não existem em livrarias, pobre de mim!) necessários, têm o interesse no bom aprendizado pois ensi-   ",

"   nam a futuros colegas e colaboradores. ",

"   ",

"   Na parte de cálculo os números parecerão frios, entretanto   ",

"   os dados de entrada são a escala da fotografia a qual você sa-   ",

"   berá pelo estudo dos êrros como mostrado acima conferindo êsses   ",

"   êrros com a especificação cartográfica (não está a tabela aqui   ",

"   mas é fácil conseguir uma). ",

"   A escala da carta é determinada pelo contratante.   ",

"   Será pedido a precisão do aparelho que será feita a resti-   ",

"   tuição, este dado é para o objetivo do espaçamento do apoio de   ",

"   campo na formulação de Karara, juntamente com a equidistância.   ",

"   Para a formulação de J. C. Maia será pedido o êrro plani-   ",

"   métrico, e o êrro médio quadrático planimétrico.Que você já sabe   ",

"   calcular.   ",

"   É de conhecimento geral que a formulação de karara é ade-   ",

"   quada apenas às escalas médias e pequenas tanto é que são mais   ",

"   utilizadas por organizações militares.   A formulação de J. C.   ",

"   Maia dá um espaçamento menor. Na prática é a mais utilizada nas   ",

"   escalas grandes, entretanto é claro que podem haver controvér-   ",

"   sias pois concludentes trabalhos científicos incluem tanto a   ",

"   precisão dos equipamentos restituidores quanto êrros H e V, e   ",

"   nas escalas grandes abaixo de 1:5000 não há ainda nada conclusivo. ",

"   É um bom campo para o especulador.   ",

"   É provável que o que vai acabar com a falácia é GPS(Global   ",

"   Positioning system) NAVSTAR. Pois o processo de poligonação a   ",

"   teodolito e distanciômetro eletrônico são demorados e caros.   ",

"   As coordenadas HV dadas pelo GPS aliadas a imagens digita-   ",

"   lizadas por stélites aliados a restituidores analíticos, que   ",

"   resolvem matematicamente as relações entre as coordenadas de fo-   ",

"   to e as coordenadas de terreno, podem na virada do século, agi-   ",

"   lizar e dar mais precisão a cartografia. E este programa será   ",

"   peça de museu (o Nilson chegou atrasado. Não por culpa dele, no   ",

"   jogo social chamado Brasil, o Nilson é obrigado a jogar sem chu-   ",

"   teiras, e o juiz que é o presidente e seus auxiliares que são os   ",

"   ministros, permitem o carrinho por trás. Quando o Nilson reclama   ",

"   pagam rios de dinheiro na progaganda viciada, dizendo que é falta   ",

"   de´empenho´). Voltando ao que interessa. E isto será uma mara-   ",

"   vilha para quem está ao sul do equador, pois não terá que tra-   ",

"   zer aqueles técnicos vermelhinhos e gordinhos do norte que   ",

"   ganham uma´bába´ , para fazer manutenção de aparelhos (para   ",

151

"   quem não sabe o Brasil tem também terras no norte).   ",

"   ",

"   Leia também a comparação entre duas cartas na opção PROJETO   ",

"   DE   VÔO   -   F1.   ",

"   ",

"   Voltemos a explicação da   saída do programa. A área do mo-   ",

"   delo permitirá traçar um retículo sôbre a área a ser mapeada,   ",

"   tem-se então o número de fotos o número de faixas a sua exten-   ",

"   são e etc... (O GABARITO) Isto apresentado é o coração, parte   ",

"   do ´sine qua non´ o restante é apenas navegar pela burocracia.   ",

"   ",

"==
===================   ",

"   CRIPTOGRAFIA   ",

"   ==========================   ",

"   ",

"   A criptografia está presente nas organizações humanas   ",

"   desde a pré-história, inicialmente a linguagem é que diferen-   ",

"   ciavam os grupos, como estes grupos ficavam maiores então para   ",

"   uma comunicação reservada mudava-se a linguagem. O mesmo acon-   ",

"   tece hoje, mesmo na era da informática. Dificilmente um pai irá   ",

"   entender o que quer dizer seu filho funkeiro para outro fun-   ",

"   keiro. Para se manter o diálogo entre dois interlocutores dis-   ",

"   tantes inventou-se a escrita. No trajeto a escrita pode cair   ",

"   em mãos estranhas, e numa situação de planos de guerra...   ",

"   ",

"   Na mesopotâmia foram encontradas tábuas de barro vi-   ",

"   drado, e numa delas uma fórmula codificada, para a obtenção de   ",

"   verniz, provàvelmente para não cair na mão da concorrência.   ",

"   Todos os povos que dominaram a região do mediterrâ-   ",

"   neo utilizaram   criptografia   para que mensagens de guerra não   ",

"   fossem decifradas, caso caíssem nas mãos do inimigo.   ",

"   O exército romano usava textos cifrados para a comu-   ",

"   nicação com Roma. Durante a idade média os religiosos são os   ",

"   usuários mais frequentes. Nesta época os textos cifrados não   ",

"   eram muito complexos pois também dependiam do esforço de deco-   ",

"   dificação, e é claro também   poderiam ser decodificados pelo i-   ",

"   nimigo.   ",

"   Nos dias atuais além das situações óbvias militares   ",

"   também tem-se que proteger outros bens como a sua conta bancá-   ",

"   ria, e até mesmo toda a idéia contida neste programa, que você   ",

"   está utilizando agora. E voltando onde tudo começou, proteger   ",

"   conhecimentos   industriais.
",

"   ",

"   Na primeira guerra mundial as nações em conflito   ",

"   construíram máquinas para cifrar mensagens, e do outro lado   ",

"   tinha que haver outra máquina para decifrar, então a maneira   ",

"   de conhecer as mensagens   do inimigo é interceptar o transpor-   ",

"   te delas. Há caso de pessoas que decifraram códigos de servi-   ",

"   ços diplomáticos mesmo sem as máquinas decodificadoras. Nestes   ",

"   casos se basearam em tabelas de frequência de repetição de vo-   ",

"   cábulos, característicos da língua. Todos já viram um apresen-   ",

"   tador de televisão que dá prêmios para quem ficar 1 minuto   ",

"   respondendo a suas perguntas sem falar: é,não, porquê.   ",

"   ",

"   Não há códigos que não possam ser decifrados.   ",

"   ",

"   Até mesmo arquivos exe podem ser decifrados por   ",

"   engenharia reversa. Se você precisa apenas enviar um donativo   ",

"   para obter uma cópia deste programa para quê gastar tanto es-   ",

"   fôrço na engenharia reversa?.   ",

"   Estamos vivendo outros tempos com outras dificulda-   ",

"   des. Uma rêde de computadores do serviço de inteligência bri-   ",

"   tânico foi penetrada por um hacker, que violou o principal   ",

"   banco de dados, na falha mais grave de segurança que a Ingla-   ",

"   terra viu nos últimos anos, conforme noticiou; na sua primeira   ",

"   página, o jornal Independent, em novembro de 1994. Endereços,   ",

"   telefones e informações foram copiados e depois transportados   ",

"   pela Internet. Qualquer um corre o mesmo risco, pessoa física   ",

"   ou jurídica. Cá entre nós, meu amigo, se o serviço de inteli-   ",

"   gência britânico usasse êsse programa de criptografia, o   ",

"   hacker não iria saber de nada. E provavelmente você estaria   ",

"   agora lendo os escritos de Sir Nilson. ",

"

"
==
=========================   ",

"   Para cifrar ou decifrar sua mensagem por este pro-   ",

"   grama você precisa de um arquivo texto com o padrão MS-DOS,   ",

"   todos os   processadores de texto trazem esta possibilidade.   ",

"   Coloque seu disquete com o arquivo texto na unidade   ",

"   A:, e siga as instruçoes do menu iluminado. Será criado um ar-   ",

"   quivo no seu disco rígido de nome ncs_crp.txt e poderá copi-   ",

"   á-lo pelo comando copy no prompt do DOS.
",

"   Com a utilização de uma senha só você poderá deci-   ",

"   frá-lo e ninguém mais nem mesmo o criador deste programa.   ",

"   Os fatos relatados abaixo são fantasiosos, se houver   ",

"   correspondente na realidade é mera coincidência.   ",

"   ´Sendo secretário do presidente de uma república de   ",

"   bananas, um país que todos querem levar vantagem sem suar ou su-   ",

"   jar as mãos de graxa, onde os escândalos de corrupção é uma   ",

"   constante e em grande número, onde a discriminação é instituci-   ",

"   nalizada no próprio estado. Pode-se dizer que este país é uma   ",

"   belíndia miserabunda, Bélgica + Índia +..., e, é claro, os que   ",

"   estão na parte Bélgica estão pendurados nas têtas do govêrno.   ",

"   Neste tal país fica o paraíso dos ladrões, até mesmo os   ",

"   ladrões e bandidos do cinema fogem para êle e depois dão entre-   ",

"   vista a TV e jornais como se fossem heróis, pois sabem que   ",

"   nemhum deles, incluindo os locais, não irão para a cadeia.   ",

"   Sendo o secretário de tal presidente é melhor tomar   ",

"   cuidado com a correspondência e criptografar tudo, inclusive a   ",

"   carta   abaixo:
",

"   CARTA A NELSON MANDELA
",

"

=================================
",

"   Caro Mandela estou contente que tenha saído da cadeia   ",

"   e tenha sido o presidente, respeitado e amado por todos. Sorte   ",

"   sua, no país daqui, o contestador sai da cadeia para o cemité-   ",

"   rio. Somos mais inovadores que os de língua inglesa, aqui não   ",

"   deixamos nenhum negro florescer, vamos lhes arrancando as fo-   ",

"   lhas devagar e quando frutificar, se frutificar, o produto fi-   ",

"   nal não terá mercado. Só não temos como impedir valores indi-   ",

"   viduais, para profissões individualistas, como a música e os   ",

"   esportes. Mesmo assim quando encontramos um destes esportistas   ",

"   ou músicos, nossa polícia faz o trabalho´sujo´, quando não es-   ",

"   traçalhamos o carro deles a bala (Robson Caetano), nós lhes da-   ",

"   mos tiros nos pés (Maguila jul/98). Somos tão inovadores que   ",

"   nenhuma autoridade pública, vai a público pedir desculpas, como   ",

"   como é comum de países sérios.
",

"   Quando vemos uma possibilidade de valor, o que é pra-   ",

"   ticamente quase impossível, devido aos baixos salários e a dis-   ",

"   criminação, nós acabamos com êle de maneira bem fácil é só lhe   ",

"   entregar o primeiro documento com os dizeres´insuficiência fí-   ",

"   sica para o serviço militar´, claro que pode ter até mesmo porte   ",

"   de atleta, mas, quem irá nos contestar?   Daí para a frente êle   ",

"   não fará parte da Bélgica, e nos lugares que fará parte não   ",

"   terá acesso, nem mesmo conhecimento, às leis e regulamentos   ",

"   do   Estado   para   exigir   direitos.
",

"   Em época de eleições, dizemos que somos ´da raça´,   ",

"   ´sou mulatinho´, não podemos ver um pretinho e logo corremos a   ",

"   fazer bilu-bilu nele. É uma boa parcela de votos para enganar   ",

"   com promessas, embora êles peçam apenas igualdade de direitos e   ",

"   é claro, daremos apenas sete palmos no latifúndio.   ",

"   ",

"   Saudação   ,
",

"   ´O Mulatinho´
",

"   ",

"   Que explosão! Para vocÊ, secretário do presidente, o melhor a   ",

"   fazer é mandar criptografado use o programa NILSON.´   ",

"===
==============================   ",

"   PROJETO DE VÔO
",

"
====================================
",

"   A finalidade de projetar um voo é obter fotografias   ",

"   aéreas verticais com a câmera especialmente projetada para isso   ",

"   e estando a bordo de uma aeronave.
",

"   Nos cálculos em momento algum foi mencionado a es-   ",

"   cala da carta, a verdade é que, para se ter uma escala de foto,   ",

"   parte-se da escala da carta que se deseja. Precisa-se saber   ",

"   primeiro a que fim se destina a carta, e isto vai definir a   ",

"   precisão que se deseja dela. Se for uma escala pequena predomi-   ",

"   na a precisão horizontal, se for grande predomina a vertical,   ",

"   (veja CÁLCULO DE APOIO DE CAMPO - F1).   ",

"   Naturalmente, já sabendo qual precisão é a importan-   ",

"   te, calcula-se o êrro quadrático médio desde a locação de pon-   ",

"   tos, orientação, aerotriangulação, desenho e impressão. Em   ",

"   seguida compara-se o erro médio quadrático com a precisão dos   ",

"   diversos equipamentos disponíveis, e escolhe-se o mais apropria-   ",

"   do. Cada equipamento tem um ´range´, uma faixa de valores para o   ",

"   qual pode ser escolhida a escala da foto. Ufa! chegamos na foto.   ",

"   Mas não terminou, para a qualidade da foto, é necessário esco-   ",

"   lher bem o filme e o filtro a empregar.   ",

"   No Brasil quem tem QI (Quem Indica), vai estudar   ",

"   nos EUA onde o fator C, o qual, é uma função da equidistância   ",

"   da carta e a altura de voo, é o utilizado para calcular a escala   ",

"   da foto. Mas, os equipamentos mais utilizados como wild são da   ",

"   Europa cujos manuais escolhem a escala da foto pela precisão   ",

"   vertical do instrumento combinado com a equidistância. O outro   ",

"   é o método do êrro quadrático inicialmente explicado.   ",

"   A aeronave deve possuir as características essenci-   ",

"   ais para o trabalho, assim como a câmera, o filme, o filtro.   ",

"   É usual para que se tenha a visão estereoscópica do   ",

"   terreno, cada fotografia avance sôbre a seguinte na direção de   ",

"   voo de mais ou menos (superposição) 60% (4% a mais ou menos). A   ",

"   superposição lateral de 30% +-4% (este é o cálculo prático).   ",

"   Embora, só se possa assegurar que esteja perfeito, quando se   ",

"   levanta o perfil e neste reproduza as tomadas aéreas, de forma   ",

162

"   que, não se tenha buracos estereoscópicos. Este é o fato em que   ",

"   em regiões montanhosas as superposições são maiores.   ",

"   A direção de voo será N-S (norte sul), ou E-W (les-   ",

"   te - oeste) e também vice-versa, As razões são a necessidade   ",

"   futura de unir a outros mapeamentos e a economia em fotos ao   ",

"   proceder a articulação de fôlhas de mapas.   ",

"   Deve-se ter 20% de estereoscopia fora dos limites   ",

"   do terreno.   ",

"   A tomada de fotografia deve-se proceder quando o   ",

"   sol estiver a 30 graus no horizonte e ´céu de brigadeiro´.   ",

"   É bom fazer um teste com o conjunto avião-câmara   ",

"   com 20 fotografias, com as variáveis calculadas para o voo pro-   ",

"   jetado.   ",

"   Seguir as recomendaçoes do fabricante em relação ao   ",

"   filme   escolhido.   ",

"   Antes de decolar é preciso ter: ",

"   - Início e direção das faixas amarradas a detalhes importantes   ",

"   do terreno.   ",

"   - De que aeroporto de apoio partir e como chegar a área a ser   ",

"   recoberta.   ",

"   - Altitude de voo para a escala calculada, lembrando que é com-   ",

"   posta de altura de voo calculada mais a altitude média da área   ",

"   a   ser   recoberta. ",

"   - superposição longitudinal e lateral desejada. ",

"   - número de faixas, número de fotos por faixa e o total de foto-   ",

"   grafias.   ",

"   - Quantidade de filme necessária. ",

"   Tudo isso traçado em uma carta, antes de decolar. E   ",

"   se não houver carta? Uma região não mapeada? Fácil, faz-se um   ",

"   voo com uma escala menor, colam-se as fotografias, e tem-se as-   ",

"   sim uma imagem do terreno, traça-se então as faixas e todos os   ",

"   dados emcima como se fosse uma carta. ",

"   ",

"   Nos cálculos, em momento algum, foi cogitado o arras-   ",

"   tamento provocado na   fotografia, ocasionado pelo movimento da   ",

"   câmera, no momento da tomada da foto, sòmente câmeras pré-histó-   ",

"   ricas, ainda em funcionamento   no Brasil, ocasionam este fenômeno.   ",

"   Modernas câmeras, tipo RC-30 da Wild em diante, possuem a compen-   ",

"   sação interna, isto é, no momento da tomada da fotografia, a câme-   ",

"   ra acompanha a cena que está sendo registrada. Com isto o arrasta-   ",

"   mento   é   zero.
",

"   ",

"   CARACTERÍSTICA DA CÂMERA RC-10
",

"   ================================
",

"   #   Formato da foto 23 X 23 cm
",

"   #   Recobrimento de 5 % em 5% até 90%
",

"   #   Intervalo mínimo entre exposições de 1.5 segundos   ",

"   #   Disparo manual ou automático intercalado no tempo   ",

"   #   Tempo de exposição regulável 1/100 a 1/1000 do segundo   ",

" # Filme com 120 a 150 metros, conforme a espessura ",

" # distância focal de 88 mm ângulo de campo de 120 graus ",

" # distância focal de 152 mm ângulo de campo de 90 graus ",

" ",

" LEGISLAÇÃO SOBRE O ASSUNTO
",

" ============================

",

" Decreto Federal n. 1177 de 21/06/71 e Portaria do ",

" EMFA 4172/fa-51 de 03/dez/80.
",

" ",

" Indagações mais comuns:
",

" 1 - Uma empresa de engenharia de projetos, não inscrita no EMFA ",

" (ESTADO MAIOR DAS FORÇAS ARMADAS), mas que tenha aparelhos ",

" restituidores e operadores gabaritados pode efetuar uma res- ",

" tituição para apoio a alguns de seus projetos?
",

" Resposta: não pode.
",

" Art. 8 Esta empresa pertence a categoria C. Por- ",

```
"      ======            tanto pode ser inscrita no
EMFA.  Se ela   ",
"                  estiver consorciada com outra,
essa outra    ",
"                  então deverá ter o registro  e pedirá
ao     ",
"                  EMFA autorização para consorciar-
se ; conf.   ",
"                           art. 16 $2 (pág.75).
",
"         Art. 8      O EMFA somente concederá
inscrição à Orga-   ",
"      ======     nização Especializada Privada
que satisfi-    ",
"                  zer às seguintes condições:
",
"                  I- ter personalidade jurídica de
direito    ",
"                  privado.                    ",
"                  II- estar constituida sob forma de
socie-    ",
"                           dade  anônima.
",
"                  III- ter como objetivo principal a
execu-    ",
"                           ção de operações de
levantamento.      ",
"                  IV- ter o seu capital social dividido
em    ",
"                  ações nominativas subscritas  e
inte-    ",
```

"   gralizadas por:
",
"   a) brasileiros   ",
"   b) sociedades anônimas cujos
acionis-   ",
"   tas sejam em sua totalidade
brasi-   ",
"   leiros;   ",
"   c) sociedades por quotas de
responsa-   ",
"   bilidade limitada, cuja
totalidade   ",
"   dos sócios quotistas seja
constitu-   ",
"   ida por brasileiros.
",
"   V- ter sede e foro no país.
",
"   VI- ter toda a sua diretoria
constituida   ",
"   por brasileiros.
",
"   VII- ter, pelo menos, dois ter;os de
seu   ",
"   corpo técnico-administrativo,
em to-   ",
"   dos os níveis, integrado por
brasi-   ",
"   leiros.   ",
"   VIII-estar adequadamente
capacitada para   ",

168

"   as operações de aerolevantamento que   ",

"   pretenda executar. ",

"   IX- não conter em qualquer documento pú-   ",

"   blico ou privado da Organização, que   ",

"   regulamente sua estrutura, organiza-   ",

"   ção ou funcionamento, disposição que   ",

"   assegure a grupo minoritário privilé-   ",

"   gios ou poder de decisão, total ou   ",

"   parcial, em matéria de qualquer natu-   ",

"   reza.   ",

"   ",

"   2 - Quem controla a execução de aerolevantamentos no território   ",

"   nacional?   Por   que? ",

"   Resposta: O Estado Maior da Forças Armadas (EMFA).   ",

"   Art. 4 Compete ao EMFA autorizar e controlar a execução de   ",

"   ======   aerolevantamentos no território brasileiro, respeita-   ",

" da a competência do Ministério da Aeronáutica para ",

" controle e aprovação final dos vôos. ",

" Art.6 Afirma que a inscrição da empresa no EMFA é ato-condi- ",

" ===== ção para se efetuar aerolevantamentos. ",

" 3 - Uma empresa estrangeira de aerolevantamentos pode efetuar tra- ",

" balhos desse gênero no Brasil? ",

" Resposta: Não pode, a não ser que satisfaça a resposta 1. ",

" art. 28 Só em caso excepcional, e, interesse público. Por ",

" ======= proposta do EMFA. Casos extras a ser definido no EMFA. ",

" Em caso de consórcio a representante brasileira é quem ",

" pedirá autorização. as normas que se dará o consórcio ",

" encontra-se no art. 57 e 56. ",

" 4 - Uma empresa que não dispõe de avião encontra-se na categoria A? ",

" Resposta: Não. ",

" art.8 Combinando com o art.3, define-se categoria A como em- ",

"   ===== presa executante de todas as fases do aerolevantamento ",

"   (do vôo até apresentação de produto final). Se esta ",

"   empresa possuir habilitação técnica poderá enquadrar-se ",

"   na categoria C. Reveja resposta 1.
",

"   5 - As empresas de categoria A devem dispor de laboratório? ",

"   resposta: Sim
",

"   art.38 A organização especializada privada ou de govêrno ",

"   ====== inscrita na categoria A ou B deverá, além das condições ",

"   previstas nestas instruções, possuir laboratórios com ",

"   instalações dotadas dos requisitos de segurança e con- ",

"   trole ambiental e aparelhado para as atividades de ",

"   processamento do original, obtenção de produtos decor- ",

"   rentes e quarda e conservação do original do aerolevan- ",

"   tamento. Os produtos são considerados de sigilo e só ",

"   podem ser fornecidos a terceiros mediante autorização ",

"   do EMFA conf. arts. 38, 39, 40 e 41.
",

"   6 - Uma empresa que vence uma concorrência para execução de um aero- ",

"   levantamento no Brasil, pode iniciar a execução do trabalho ime- ",

"   diatamente?
",

"   Resposta: Não.
",

"   art. 19   Sem prévia autorização do EMFA nada poderá ser feito.   ",

"   Mesmo na assinatura do contrato, deve anexar uma decla- ",

"   ração de habilitação técnica que é expedida pelo EMFA.   ",

"   Mais os dispositivos do art. 26 e art. 28.
",

"   7 - A empresa de aerolevantamentos, após a aconclusão dos trabalhos,   ",

"   precisa fornecer informações ao EMFA?
",

"   resposta: sim.
",

"   art. 19   Após cada aerolevantamento, a empresa é obrigada a envi- ",

"   ======= ar ao EMFA dados e se pedido produtos decorrentes.   ",

"   art. 35   Enviar ao EMFA sem ônus: datas, coordenadas, cópias,   ",

"   ======= cartas, relatórios, diagrama de articulação de fôlhas, ",

"   e cartas produzidas. ",

"   8 - O que é o RSAS? ",

"   Resposta: Regulamento e Salvaguarda de Assuntos Sigilosos, com a   ",

"   finalidade de segurança nacional. ",

"   art. 2   As Instalações Importantes para a Segurança Nacional   ",

"   ======= (IISN), são áreas em que os produtos de aerolevntamentos ",

"   são confidenciais. ",

"   9 - Por que o conhecimento das (IISN) é tão importante?   ",

"   Resposta: Implica na autorização dos vôos. ",

"   art. 2   Neste artigo e seus parágrafos reforça o caráter confi- ",

"   ======   dencial   . ",

"   10 -   Com quem fica o original do aerolevantamento?   ",

"   Resposta: Com quem o EMFA indicar. ",

"   art. 25 Ficará com a empresa que fez o aerolevantamento. Mas   ",

"   ======= quando conveniente o EMFA arbitra quem terá a guarda do   ",

"   material. Para guardar o material fora dos limites da ",

"   empresa o EMFA deverá ser consultado conf. art. 27, 37   ",

"   e 54.   ",

"   ",

"   UM EXEMPLO COMPLETO",
",

"   ==================== ",
",

" Vamos considerar duas escalas de foto 1:8000, na qual você calculou,   ",

" e outra de 1:15000 existente de um vôo anterior. Rode as duas opções   ",

" PROJETO DE VÔO e também CÁLCULO DE APOIO DE CAMPO, use os dados: ",

"   DENOMINADOR DA ESCALA DA CARTA = 2000 ",
",

"   DENONIMADOR DA ESCALA DA FOTO =   8000 e   15000 (existente)   ",

"   DENOMINADOR DA ESCALA DE RESTITUIÇÃO = 2000   ",

"   DENOMINADOR DA ESCALA DO GRAVADO = 2000   ",

"   DISTÂNCIA FOCAL DA CÂMERA   (MILÍMETROS) = 153   ",

"   EQUIDISTÂNCIA ENTRE CURVAS DE NÍVEL (METROS) = 1   ",

" INCLINAÇÃO MÉDIA DO TERRENO (1 A 59 GRAUS) = 30 ",

" RECOBRIMENTO LONGITUDINAL (0.60 A 0.90) = 0.60 ",

" RECOBRIMENTO LATERAL (0.10 A 0.90) = 0.30 ",

" ",

" Fazer um vôo sôbre uma determinada área exige conhecimento técnico a ",

" partir do gabinete, as equipes de vôo têm que possuir um excelente ",

" treinamento. A câmera deverá ser adaptada ao avião e não são todas ",

" as aeronaves em que isto é possível. ",

" ",

" Em conseqüência o vôo fotogramétrico tem um custo que gira em torno de ",

" 20% a 40% do custo total do projeto(entrega da carta). ",

" ",

" Quando se tem um vôo existente o custo fica ",

" um pouco mais baixo, para adquirir estas fotos é preciso uma consulta ao ",

" EMFA (Estado Maior das Forças Armadas), como já foi explicado. Sendo ",

" feita a restituição a partir da foto de 1:15000 os erros planimétricos ",

" e altimétricos serão maiores na escala da carta 1:2000, Algumas vezes ",

" dependendo   para   qual   objetivo a carta   é
construída; o produto   ",

" final,   a   carta,   estará   fora   da
",

"   especificação   cartográfica   .
",

"   ",
",

"   EXAMINANDO O RANGE DO
EQUIPAMENTO   ",

"   ==================================
",

"   O cálculo de range será feito   com o
estéreoplanígrafo C-8   ",

"   apenas pelo fato de estar disponível no
departamento de engenharia   ",

" cartográfica da UERJ (Universidade do Estado do
Rio de Janeiro) .   ",

"   ",
",

"   Vamos   ao   cálculo.
",

"   ",
",

" Conforme digitação em qualquer um das duas
opções   ",

" PROJETO DE VÔO e CÁLCULO DE APOIO DE
CAMPO   ",

" a altura de vôo é 2295 metros para a escala de foto
1:15000.   ",

" Como a altitude da área é 572, então a altura de vôo
será pela   ",

" média. Assim a altura de vôo sôbre a planície será
2581 metros   ",

176

"   A altura de vôo sôbre o local mais alto será 2009 metros.   ",

"   O range do aparelho conforme seu manual é de 0.170 a 0.605.   ",

"   A escala mínima do modelo (formado internamente opticamente)   ",

"   será   1:15182.
",
"
"   Compensando o porta placas a escala máxima será 1:6325.   ",

"   ",

"   Então a faixa que poderá ser formado o   modelo pelo contador   ",

"   existente na base do aparelho será de 1:4000 a   1: 15:000.   ",

"   Com a tabela de transmissão de engrenagens, contida no manual,   ",

"   as escalas possíveis de formar-se o modelo
",
"
"   são: 1:7500, 1:8000, 1:10000, 1:12000 1:15000.
",
"
"   Examinando a tabela com esses valores
",
"
"   É POSSÍVEL RESTITUIR na escala de 1:2000 com a foto   ",

"   de 1:15000 e as engrenagens utilizadas será o par de engrenagens   ",

"   de 115 dentes e 23 dentes. Portanto Fica provado que este   ",

"   aparelho pode restituir a partir das escalas de foto 1:15000.   ",

" Para a escala da foto 1:8000, para obter uma carta na escala de ",

" 1:2000, as engrenagens serão 112 e 28 dentes. ",

" ",

" Entretanto, nos últimos tempos os fabricantes, impuseram a este ",

" equipamento um periférico informatizado, o computador. Quando o ",

" modelo é formado na visada do operador geralmente uma escala maior ",

" ou igual ao da foto, esta escala de modelo é enviada ao pantógrafo, ",

" através impulso de servo motores a corrente contínua, donde as ",

" engrenagens no pantógrafo ampliam ou reduzem a escala do modelo, ",

" a qual será registrada no pantógrafo, de onde sairá a escala da ",

" carta. ",

" Os impulsos vindo do instrumento em corrente contínua, podem ser ",

" convertidos por um transformador de tensão e corrente, para níveis ",

" parecidos com os do telefone, a partir daí via modem, o computador ",

" recebe os impulsos que são transformados em coordenadas através de ",

" software. Os êrros advindo das engrenagens do pantógrafo e espessura ",

" da tinta na caneta impressora,agora inexistente, tornam o ",

" equipamento mais preciso. ",

" ",

" Sendo a restituíção feita pelo Estereoplanígrafo c - 8 se a escala da ",

" foto for 1:15000 e a escala da carta for 1:2000 tem-se pela listagem ",

" de saída do programa no item 9.5. O êrro que este equipamento propaga. ",

" ",

" No item 9.54 mostra que este equipamento apresentará um produto final, a ",

" carta, com uma precisão na planimetria em torno de 59.776 centímetros. ",

" No item 9.55 mostra que ao utilizar a teoria dos êrros de Gauss, onde ",

" baseou-se na estatística, a qual fornece a Curva de Gauss como ",

" representação do comportamento dos êrros acidentais, e 90% da curva ",

" corresponde a 1,645, então o êrro quadrático médio , segue esta ",

" tendência . ",

" ",

" Desta forma pelo item 9.56, e 9.57 , uma dimensão qualquer ",

" medida em qualquer ponto na carta deverá conter um êrro menor que 138.12 ",

" centímetros na planimetria e 84.06 na altimetria. (o assunto sôbre a   ",

" curva de gauss pode ser encontrada em   NOTARI, J. M. - DISTRIBUIÇÃO DE   ",

"   PONTOS   DE   APOIO   -   IME   .   )
",

"   ",

" Da mesma forma para um vôo projetado de escala da 1:8000, tem-se para os   ",

"   mesmos   dados   acima:
",

" 9.57 - O Erro altimétrico que se espera encontrar na carta é menor que   ",

"   58.98   centímetros   no   terreno.
",

" 9.56 - O Êrro planimétrico que se espera encontrar na carta é menor que   ",

"   88.03   Centímetros   no   terreno.
",

"   ",

" Resumindo, os maiores êrros que podem ser encontrados no terreno é: ",

" 1 - Vôo projetado: 88.03Cm   (na planimetria) e 58.98Cm na altimetria.   ",

" Padrão de Exatidão Cartográfica para 1:2000 classe A.   ",

" 2- Vôo existente: 138.12Cm (na planimetria   e 84.06Cm na altimetria.   ",

" Padrão de Exatidão Cartográfica para 1:2000 Classe C.   ",

"   ",

" Agora as escolhas estão juntas e é fácil fazer um julgamento. Se as   ",

" necessidades de contruir uma carta for , por exemplo, objetivos cadastrais ",

" a carta construída a partir de um vôo existente atende perfeitamente e   ",

" em muito diminui o custo final da carta. ",

"   ",

" Examinando a tabela de exatidão cartográfica   que está no programa CÁLCULO ",

" DE APOIO DE CAMPO,   lá encontra-se PEC (Padrão de   ",

" Especificação Cartográfica) e EP (Êrro Padrão). O Êrro padrão está no   ",

"   item   9.55   e   item   9.54,   então: ",

" 1 - Vôo projetado: 53,52Cm   (na planimetria) e 39.48Cm na altimetria.   ",

" 2- Vôo existente: 83.96Cm (na planimetria)   e 59.76Cm na altimetria.   ",

"   ",

" Portanto o vôo projetado possui a classificação PEC-A na escala 1:2000.   ",

" Da mesma forma o vôo existente está na classificação de PEC-C na escala   ",

" de 1:2000.   ",

"   ",

" Com o exposto acima pode-se afirmar que uma carta ampliada quatro vezes,   ",

" em relação a fotografia, vai estar sempre na faixa PEC-A, e se a amplia- ",

" ção for de oito vezes vai estar na faixa PEC-C. Como exemplo, se tenho ",

" uma foto de 1:40000 e restituir a 1:10000 vou ter classe A, e se restitu- ",

" ir a 1:5000, vou ter classe C. ",

" ",

" Leia também CÁLCULO DE APOIO DE CAMPO - F1 para complementar. ",

" ",

" Veja que mesmo utilizando um vôo existente ainda assim o produto final ",

" ainda está na especificação cartográfica, o que é naturalmente um argumento ",

" bastante forte para que faça com que o cliente decida pois, ao rodar ",

" este programa, pode determinar todo o essencial, e é claro, o seu cliente ",

" ainda não terminou de tomar o cafezinho. ",

"=== ",

" ",

" PROJETO DE VÔO ",

" ================ ",

" A finalidade de projetar um vôo é obter fotografias ",

"   aéreas verticais com a câmera especialmente projetada para isso   ",

"   e estando a bordo de uma aeronave. ",

"   Nos cálculos em momento algum foi mencionado a es-   ",

"   cala da carta, a verdade é que, para se ter uma escala de foto,   ",

"   parte-se da escala da carta que se deseja. Precisa-se saber   ",

"   primeiro a que fim se destina a carta, e isto vai definir a   ",

"   precisão que se deseja dela. Se for uma escala pequena predomi-   ",

"   na a precisão horizontal, se for grande predomina a vertical,   ",

"   (veja CÁLCULO DE APOIO DE CAMPO - F1). ",

"   Naturalmente, já sabendo qual precisão é a importan-   ",

"   te, calcula-se o êrro quadrático médio desde a locação de pon-   ",

"   tos, orientação, aerotriangulação, desenho e impressão. Em   ",

"   seguida compara-se o erro médio quadrático com a precisão dos   ",

"   diversos equipamentos disponíveis, e escolhe-se o mais apropria-   ",

"   do. Cada equipamento tem um´range´, uma faixa de valores para o   ",

"   qual pode ser escolhida a escala da foto. Ufa! chegamos na foto.   ",

"   Mas não terminou, para a qualidade da foto, é necessário esco-   ",

"   lher bem o filme e o filtro a empregar.   ",

"   No Brasil quem tem QI (Quem Indica), vai estudar   ",

"   nos EUA onde o fator C, o qual, é uma função da equidistância   ",

"   da carta e a altura de vôo, é o utilizado para calcular a escala   ",

"   da foto. Mas, os equipamentos mais utilizados como wild são da   ",

"   Europa cujos manuais escolhem a escala da foto pela precisão   ",

"   vertical do instrumento combinado com a equidistância. O outro   ",

"   é o método do êrro quadrático inicialmente explicado.   ",

"   A aeronave deve possuir as características essenci-   ",

"   ais para o trabalho, assim como a câmera, o filme, o filtro.   ",

"   É usual para que se tenha a visão estereoscópica do   ",

"   terreno, cada fotografia avance sôbre a seguinte na direção de   ",

"   vôo de mais ou menos (superposição) 60% (4% a mais ou menos). A   ",

"   superposição lateral de 30% +-4% (este é o cálculo prático).   ",

"   Embora, só se possa assegurar que esteja perfeito, quando se   ",

"   levanta o perfil e neste reproduza as tomadas aéreas, de forma   ",

"   que, não se tenha buracos estereoscópicos. Este é o fato em que   ",

"   em regiões montanhosas as superposições são maiores.   ",

"   A direção de vôo será N-S (norte sul), ou E-W (les-   ",

"   te - oeste) e também vice-versa, As razões são a necessidade   ",

"   futura de unir a outros mapeamentos e a economia em fotos ao   ",

"   proceder a articulação de fôlhas de mapas.   ",

"   Deve-se ter 20% de estereoscopia fora dos limites   ",

"   do terreno.   ",

"   A tomada de fotografia deve-se proceder quando o   ",

"   sol estiver a 30 graus no horizonte e´céu de brigadeiro´.   ",

"   É bom fazer um teste com o conjunto avião-câmara   ",

"   com 20 fotografias, com as variáveis calculadas para o vôo pro-   ",

"   jetado.   ",

"   Seguir as recomendaçoes do fabricante em relação ao   ",

"   filme   escolhido. ",

"   Antes de decolar é preciso ter: ",

"   - Início e direção das faixas amarradas a detalhes importantes   ",

"   do terreno.   ",

"   - De que aeroporto de apoio partir e como chegar a área a ser   ",

"   recoberta.   ",

"   - Altitude de vôo para a escala calculada, lembrando que é com-   ",

"   posta de altura de vôo calculada mais a altitude média da área   ",

"   a   ser   recoberta. ",

"   - superposição longitudinal e lateral desejada. ",

"   - número de faixas, número de fotos por faixa e o total de foto-   ",

"   grafias.   ",

"   - Quantidade de filme necessária. ",

"   Tudo isso traçado em uma carta, antes de decolar. E   ",

"   se não houver carta? Uma região não mapeada? Fácil, faz-se um   ",

"   vôo com uma escala menor, colam-se as fotografias, e tem-se as-   ",

186

"   sim uma imagem do terreno, traça-se então as faixas e todos os   ",

"   dados emcima como se fosse uma carta.   ",

"   ",

"   Nos cálculos, em momento algum, foi cogitado o arras-   ",

"   tamento provocado na fotografia, ocasionado pelo movimento da   ",

"   câmera, no momento da tomada da foto, sòmente câmeras pré-histó-   ",

"   ricas, ainda em funcionamento no Brasil, ocasionam este fenômeno.   ",

"   Modernas câmeras, tipo RC-30 da Wild em diante, possuem a compen-   ",

"   sação interna, isto é, no momento da tomada da fotografia, a câme-   ",

"   ra acompanha a cena que está sendo registrada. Com isto o arrasta-   ",

"   mento   é   zero.   ",

"   ",

"   CARACTERÍSTICA DA CÂMERA RC-10   ",

"   ==============================   ",

"   #   Formato da foto 23 X 23 cm   ",

"   #   Recobrimento de 5 % em 5% até 90%   ",

187

"   #   Intervalo mínimo entre exposições de 1.5 segundos   ",

"   #   Disparo manual ou automático intercalado no tempo   ",

"   #   Tempo de exposição regulável 1/100 a 1/1000 do segundo   ",

"   #   Filme com 120 a 150 metros, conforme a espessura   ",

"   #   distância focal de 88 mm ângulo de campo de 120 graus   ",

"   #   distância focal de 152 mm ângulo de campo de 90 graus   ",

"   ",

"   LEGISLAÇÃO SOBRE O ASSUNTO
",
,

"   ===========================
",
,

"   Decreto Federal n. 1177 de 21/06/71 e Portaria do   ",

"   EMFA   4172/fa-51   de   03/dez/80.
",
,

"   ",

"   Indagações mais comuns:
",
,

"   1 - Uma empresa de engenharia de projetos, não inscrita no EMFA   ",

"   (ESTADO MAIOR DAS FORÇAS ARMADAS), mas que tenha aparelhos   ",

"   restituidores e operadores gabaritados pode efetuar uma res-   ",

"   tituição para apoio a alguns de seus projetos?

",

"   Resposta: não   pode.

",

"   Art. 8   Esta empresa pertence a categoria C. Por-   ",

"   ======   tanto pode ser inscrita no EMFA. Se ela   ",

"   estiver consorciada com outra, essa outra   ",

"   então deverá ter o registro e pedirá ao   ",

"   EMFA autorização para consorciar-se ; conf.   ",

"   art. 16 \$2 (pág.75).

",

"   Art. 8   O EMFA somente concederá inscrição à Orga-   ",

"   ======   nização Especializada Privada que satisfi-   ",

"   zer às seguintes condições:

",

"   I- ter personalidade jurídica de direito   ",

"   privado.   ",

"   II- estar constituida sob forma de socie-   ",

"   dade anônima.

",

"   III- ter como objetivo principal a execu-   ",

"   ção de operações de
levantamento.   ",
"   IV- ter o seu capital social dividido
em   ",
"   ações nominativas subscritas e
inte-   ",
"   gralizadas por:
",
"   a) brasileiros   ",
"   b) sociedades anônimas cujos
acionis-   ",
"   tas sejam em sua totalidade
brasi-   ",
"   leiros;   ",
"   c) sociedades por quotas de
responsa-   ",
"   bilidade limitada, cuja
totalidade   ",
"   dos sócios quotistas seja
constitu-   ",
"   ida por brasileiros.
",
"   V- ter sede e foro no país.
",
"   VI- ter toda a sua diretoria
constituida   ",
"   por brasileiros.
",
"   VII- ter, pelo menos, dois ter;os de
seu   ",

```
"                        corpo técnico-administrativo,
em to-      ",
"                        dos os níveis, integrado por
brasi-      ",
"                        leiros.                    ",
"                        VIII-estar adequadamente
capacitada para      ",
"                        as operações de
aerolevantamento que      ",
"                        pretenda executar.
",
"                        IX- não conter em qualquer
documento pú-      ",
"                        blico ou privado da
Organização, que      ",
"                        regulamente sua estrutura,
organiza-      ",
"                        ção ou funcionamento,
disposição que      ",
"                        assegure a grupo minoritário
privilé-      ",
"                        gios ou poder de decisão, total
ou      ",
"                        parcial, em matéria de qualquer
natu-      ",
"                        reza.                    ",
"                                                ",
"           2 - Quem controla a execução de
aerolevantamentos no território      ",
"                        nacional?   Por   que?
",
```

"   Resposta: O Estado Maior da Forças Armadas (EMFA).   ",

"   Art. 4   Compete ao EMFA autorizar e controlar a execução de   ",

"   ======   aerolevantamentos no território brasileiro, respeita-   ",

"   da a competência do Ministério da Aeronáutica para   ",

"   controle e aprovação final dos vôos.   ",

"   Art.6   Afirma que a inscrição da empresa no EMFA é ato-condi-   ",

"   =====   ção para se efetuar aerolevantamentos.   ",

"   3 - Uma empresa   estrangeira de aerolevantamentos pode efetuar tra-   ",

"   balhos desse gênero no Brasil?   ",

"   Resposta: Não pode, a não ser que satisfaça a resposta 1.   ",

"   art. 28 Só em caso excepcional, e, interesse público. Por   ",

"   ======= proposta do EMFA. Casos extras a ser definido no EMFA.   ",

"   Em caso de consórcio a representante brasileira é quem   ",

"   pedirá autorização. as normas que se dará o consórcio   ",

"   encontra-se no art. 57 e 56.   ",

"   4 - Uma empresa que não dispõe de avião encontra-se na categoria A?   ",

"   Resposta: Não. ",

"   art.8   Combinando com o art.3, define-se categoria A como em-   ",

"   =====   presa executante de todas as fases do aerolevantamento   ",

"   (do vôo até apresentação de produto final). Se esta   ",

"   empresa possuir habilitação técnica poderá enquadrar-se   ",

"   na categoria   C. Reveja resposta 1. ",

"   5 - As empresas de categoria A devem dispor de laboratório?   ",

"   resposta: Sim ",

"   art.38   A organização especializada privada ou de govêrno   ",

"   ======   inscrita na categoria A ou B deverá, além das condições   ",

"   previstas nestas instruções, possuir laboratórios com   ",

"   instalações dotadas dos requisitos de segurança e con-   ",

"   trole ambiental e aparelhado para as atividades de   ",

"   processamento do original, obtenção de produtos decor-   ",

"   rentes e quarda e conservação do original do aerolevan-   ",

"   tamento. Os produtos são considerados de sigilo e só   ",

"   podem ser fornecidos a terceiros mediante autorização   ",

"   do EMFA conf. arts. 38, 39, 40 e 41.
",

"   6 - Uma empresa que vence uma concorrência para execução de um aero-   ",

"   levantamento no Brasil, pode iniciar a execução do trabalho ime-   ",

"   diatamente?
",

"   Resposta: Não.
",

"   art. 19 Sem prévia autorização do EMFA nada poderá ser feito.   ",

"   Mesmo na assinatura do contrato, deve anexar uma decla-   ",

"   ração de habilitação técnica que é expedida pelo EMFA.   ",

"   Mais os dispositivos do art. 26 e art. 28.
",

"   7 - A empresa de aerolevantamentos, após a aconclusão dos trabalhos,   ",

"   precisa fornecer informações ao EMFA?
",

"   resposta: sim.
",

"   art. 19 Após cada aerolevantamento, a empresa é obrigada a envi- ",

"   ======= ar ao EMFA dados e se pedido produtos decorrentes. ",

"   art. 35 Enviar ao EMFA sem ônus: datas, coordenadas, cópias, ",

"   ======= cartas, relatórios, diagrama de articulação de fôlhas, ",

"   e cartas produzidas. ",

"   8 - O que é o RSAS? ",

"   Resposta: Regulamento e Salvaguarda de Assuntos Sigilosos, com a ",

"   finalidade de segurança nacional. ",

"   art. 2   As Instalações Importantes para a Segurança Nacional ",

"   ======= (IISN), são áreas em que os produtos de aerolevntamentos ",

"   são confidenciais. ",

"   9 - Por que o conhecimento das (IISN) é tão importante?   ",

"   Resposta: Implica na autorização dos vôos. ",

"   art. 2   Neste artigo e seus parágrafos reforça o caráter confi- ",

"   ======   dencial . ",

"   10 - Com quem fica o original do aerolevantamento?   ",

"   Resposta: Com quem o EMFA indicar. ",

"   art. 25 Ficará com a empresa que fez o aerolevantamento. Mas   ",

"   ======= quando conveniente o EMFA arbitra quem terá a guarda do   ",

"   material. Para guardar o material fora dos limites da   ",

"   empresa o EMFA deverá ser consultado conf. art. 27, 37   ",

"   e 54.   ",

"   ",

"   UM EXEMPLO COMPLETO ",

"   ==================== ",

" Vamos considerar duas escalas de foto 1:8000, na qual você calculou,   ",

" e outra de 1:15000 existente de um vôo anterior. Rode as duas opções   ",

" PROJETO DE VÔO e também CÁLCULO DE APOIO DE CAMPO, use os dados: ",

" DENOMINADOR DA ESCALA DA CARTA = 2000 ",

" DENONIMADOR DA ESCALA DA FOTO = 8000 e 15000 (existente)   ",

" DENOMINADOR DA ESCALA DE RESTITUIÇÃO = 2000   ",

" DENOMINADOR DA ESCALA DO GRAVADO = 2000   ",

" DISTÂNCIA FOCAL DA CÂMERA (MILÍMETROS) = 153   ",

" EQUIDISTÂNCIA ENTRE CURVAS DE NÍVEL (METROS) = 1   ",

" INCLINAÇÃO MÉDIA DO TERRENO (1 A 59 GRAUS) = 30   ",

" RECOBRIMENTO LONGITUDINAL (0.60 A 0.90) = 0.60   ",

" RECOBRIMENTO LATERAL (0.10 A 0.90) = 0.30 ",

"   ",

" Fazer um vôo sôbre uma determinada área exige conhecimento técnico a   ",

" partir do gabinete, as equipes de vôo têm que possuir um excelente   ",

" treinamento. A câmera deverá ser adaptada ao avião e não são todas   ",

" as aeronaves em que isto é possível. ",

"   ",

" Em conseqüência o vôo fotogramétrico tem um custo que gira em torno de   ",

" 20% a 40% do custo total do projeto(entrega da carta).   ",

"   ",

" Quando se tem um vôo existente o custo fica ",

" um pouco mais baixo, para adquirir estas fotos é preciso uma consulta ao   ",

" EMFA (Estado Maior das Forças Armadas), como já foi explicado. Sendo ",

" feita a restituição a partir da foto de 1:15000 os erros planimétricos ",

" e altimétricos serão maiores na escala da carta 1:2000, Algumas vezes ",

" dependendo para qual objetivo a carta é construída; o produto ",

" final, a carta, estará fora da ",

" especificação cartográfica . ",

" ",

" EXAMINANDO O RANGE DO EQUIPAMENTO ",

" ================================== ",

" O cálculo de range será feito com o estéreoplanígrafo C-8 ",

" apenas pelo fato de estar disponível no departamento de engenharia ",

" cartográfica da UERJ (Universidade do Estado do Rio de Janeiro) . ",

" ",

" Vamos ao cálculo. ",

" ",

" Conforme digitação em qualquer um das duas opções ",

" PROJETO DE VÔO e CÁLCULO DE APOIO DE CAMPO ",

" a altura de vôo é 2295 metros para a escala de foto
1:15000.   ",

" Como a altitude da área é 572, então a altura de vôo
será pela   ",

" média. Assim a altura de vôo sôbre a planície será
2581 metros   ",

" A altura de vôo sôbre o local mais alto será 2009
metros.   ",

" O range do aparelho conforme seu manual é de
0.170 a 0.605.   ",

" A escala mínima do modelo (formado internamente
opticamente)   ",

"   será   1:15182.
",

" Compensando o porta placas a escala máxima
será 1:6325.   ",

"   ",

" Então a faixa que poderá ser formado o modelo
pelo contador   ",

" existente na base do aparelho será de 1:4000 a   1:
15:000.   ",

" Com a tabela de transmissão de engrenagens,
contida no manual,   ",

" as escalas possíveis de formar-se o modelo
",

" são: 1:7500, 1:8000, 1:10000, 1:12000 1:15000.
",

" Examinando a tabela com esses valores
",

" É POSSÍVEL RESTITUIR na escala de 1:2000 com
a foto   ",

"   de 1:15000 e as engrenagens utilizadas será o par de engrenagens   ",

"   de 115 dentes e 23 dentes. Portanto Fica provado que este   ",

"   aparelho pode restituir a partir das escalas de foto 1:15000.   ",

"   Para a escala da foto 1:8000, para obter uma carta na escala de   ",

"   1:2000, as engrenagens serão 112 e 28 dentes.
",

"   ",

"   Entretanto, nos últimos tempos os fabricantes, impuseram a este   ",

"   equipamento um periférico informatizado, o computador. Quando o   ",

"   modelo é formado na visada do operador geralmente uma escala maior   ",

"   ou igual ao da foto, esta escala de modelo é enviada ao pantógrafo,   ",

"   através impulso de servo motores a corrente contínua, donde as   ",

"   engrenagens no pantógrafo ampliam ou reduzem a escala do modelo,   ",

"   a qual será registrada no pantógrafo, de onde sairá a escala da   ",

"   carta.   ",

"   Os impulsos vindo do instrumento em corrente contínua, podem ser   ",

"   convertidos por um transformador de tensão e corrente, para níveis   ",

200

"   parecidos com os do telefone, a partir daí via modem, o computador   ",

"   recebe os impulsos que são transformados em coordenadas através de   ",

"   software. Os êrros advindo das engrenagens do pantógrafo e espessura   ",

"   da tinta na caneta impressora,agora inexistente, tornam o   ",

"   equipamento   mais   preciso. ",

"   ",

" Sendo a restituição feita pelo Estereoplanígrafo c - 8 se a escala da   ",

" foto for 1:15000 e a escala da carta for 1:2000 tem-se pela listagem   ",

" de saída do programa no item 9.5. O êrro que este equipamento propaga.   ",

"   ",

" No item 9.54 mostra que este equipamento apresentará um produto final, a   ",

" carta, com uma precisão na planimetria em torno de 59.776 centímetros.   ",

" No item 9.55 mostra que ao utilizar a teoria dos êrros de Gauss, onde   ",

" baseou-se na estatística, a qual fornece a Curva de Gauss como   ",

" representação do comportamento dos êrros acidentais, e 90% da curva   ",

" corresponde a 1,645, então o êrro quadrático médio , segue esta   ",

" tendência .   ",

"   ",

" Desta forma pelo item 9.56, e 9.57 , uma dimensão qualquer   ",

" medida em qualquer ponto na carta deverá conter um êrro menor que 138.12   ",

" centímetros na planimetria e 84.06 na altimetria. (o assunto sôbre a   ",

" curva de gauss pode ser encontrada em   NOTARI, J. M. - DISTRIBUIÇÃO DE   ",

"   PONTOS   DE   APOIO   -   IME   .   ) ",

"   ",

" Da mesma forma para um vôo projetado de escala da 1:8000, tem-se para os   ",

"   mesmos   dados   acima: ",

" 9.57 - O Erro altimétrico que se espera encontrar na carta é menor que   ",

"   58.98   centímetros   no   terreno. ",

" 9.56 - O Êrro planimétrico que se espera encontrar na carta é menor que   ",

"   88.03   Centímetros   no   terreno. ",

"   ",

" Resumindo, os maiores êrros que podem ser encontrados no terreno é: ",

" 1 - Vôo projetado: 88.03Cm   (na planimetria) e 58.98Cm na altimetria.   ",

" Padrão de Exatidão Cartográfica para 1:2000 classe A.   ",

" 2- Vôo existente: 138.12Cm (na planimetria   e 84.06Cm na altimetria.   ",

" Padrão de Exatidão Cartográfica para 1:2000 Classe C.   ",

"   ",

" Agora   as escolhas estão juntas e é fácil fazer um julgamento. Se as   ",

" necessidades de contruir uma carta for , por exemplo, objetivos cadastrais   ",

" a carta construída a partir de um vôo existente atende perfeitamente e   ",

" em   muito   diminui o   custo   final   da   carta. ",

"   ",

" Examinando a tabela de exatidão cartográfica   que está no programa CÁLCULO ",

" DE APOIO DE CAMPO,   lá encontra-se PEC (Padrão de   ",

" Especificação Cartográfica) e EP (Êrro Padrão). O Êrro padrão está no ",

"   item   9.55   e   item   9.54,   então: ",

" 1 - Vôo projetado: 53,52Cm   (na   planimetria) e 39.48Cm na altimetria.   ",

" 2- Vôo existente: 83.96Cm (na planimetria)   e 59.76Cm na altimetria.   ",

"   ",

" Portanto o vôo projetado possui a classificação PEC-A na escala 1:2000.   ",

" Da   mesma   forma o vôo   existente está na classificação de PEC-C na escala   ",

" de 1:2000. ",

" ",

" Com o exposto acima pode-se afirmar que uma carta ampliada quatro vezes, ",

" em relação a fotografia, vai estar sempre na faixa PEC-A, e se a amplia- ",

" ção for de oito vezes vai estar na faixa PEC-C. Como exemplo, se tenho ",

" uma foto de 1:40000 e restituir a 1:10000 vou ter classe A, e se restitu- ",

" ir a 1:5000, vou ter classe C. ",

" ",

" Leia também CÁLCULO DE APOIO DE CAMPO - F1 para complementar. ",

" ",

" Veja que mesmo utilizando um vôo existente ainda assim o produto final ",

" ainda está na especificação cartográfica, o que é naturalmente um argumento ",

" bastante forte para que faça com que o cliente decida pois, ao rodar ",

" este programa, pode determinar todo o essencial, e é claro, o seu cliente ",

" ainda não terminou de tomar o cafezinho. ",

"== ",

"   Com o processo de rastreamento de satélite do sistema ",

"   NAVSTAR/GPS, são   obtidas coordenadas, lambda , fi e altitude   ",

"   com precisões muito superior e a um prazo menor, pois basta   ",

"   medir diretamente os pontos   de apoio fotogramétricos, sem ne-   ",

"   cessidade das poligonais primárias, secundárias e terciárias.   ",

"   Em um processo convencional, a poligonação para ser   ",

"   concluida, deve   partir da rede básica de triangulação, primá-   ",

"   ria ou secundária. Até que chegue ao ponto fotogramétrico de   ",

"   apoio suplementar a fotogrametria. Esse processo além de demo-   ",

"   rado, com o desenvolver das   poligonais o somatório dos erros   ",

"   do início ao final irão degradar apreciàvelmente a precisão.   ",

"   A intervisibilidade entre os pontos da poligonal au-   ",

"   menta muito o seu custo, há casos que tem que instalar torres.   ",

"   As observações GPS requerem apenas que a intervisibili-   ",

"   dade entre a estação e os satélites. O que é bem mais fácil.   ",

"   ",

"   Os trabalhos de   determinação de coordenadas por GPS   ",

"   para serem otimizados, devem ter respondidas algumas questões,   ",

"   por   exemplo: ",

"   1 - Finalidade do levantamento, que implica na precisão.   ",

"   2 - Equipamento que se dispõe (existem muitas marcas, com   ",

"   precisões e manuseios próprios);   ",

"   3   -   Área   do   projeto.   ",

"   4 - Quem vai manusear o instrumento (capacitação).   ",

"   5 - Em quais locais serão colocados os marcos dos pontos.   ",

"   6 - No local do ponto deverá ter 45 graus de visada para o céu.   ",

"   ",

"   SENSORIAMENTO REMOTO NA ARQUEOLOGIA   ",

"
===
",

"   Em arqueologia, as   técnicas de sensoriamento remoto podem ser   ",

"   utilizadas não só como ferramenta de   busca e identificação   ",

"   de novos sítios arqueológicos, como também como   fonte de   ",

"   dados para o planejamento de sistemas de amostragem, para   ",

"   a aquisição de medidas de estruturas arqueológicas e, principal-   ",

"   mente, para a aquisição de medidas de estruturas arqueológicas   ",

"   e, principalmente, para o estudo das relações entre o ambiente   ",

"   e o conteúdo cultural   de um dado sítio. ",

"   ",

"   SENSORIAMENTO REMOTO PARA RECURSOS HÍDRICOS   ",

"
===
=   ",

"   A avaliação de recursos hídricos de uma região pode ser feita   ",

"   através do estado dos componentes do ciclo hidrológico e de   ",

"   suas relações. Esta avaliação pode ser tanto qualitativa, quanto   ",

"   quantitativa. Deste modo, podemos avaliar as taxas de movimenta-   ",

"   ção da água, a quantidade de água e a qualidade da água no inte-   ",

"   rior de cada subsistema do ciclo hidrológico.
",

"   As fotografias aéreas podem ser,também, utilizadas para estimar   ",

"   a   variabilidade espacial e temporal   da interceptação, tendo em   ",

"   vista que esta varia   com o tipo de   cobertura vegetal. Se a in-   ",

"   terceptação varia com o tipo de cobertura vegetal e esta pode ser   ",

"   mapeada a partir de   dados de   sensoriamento remoto, os modelos   ",

"   hidrológicos podem ser implementados a partir de dados de senso-   ",

"   riamento remoto. a variável a ser introduzida   no modelo seria a   ",

"   área ocupada por diferentes tipos de cobertura vegetal associada   ",

"   à   respectiva   taxa   de   interceptação. ",

"   ",

"   Os dados de sensoriamento remoto têm também também ampla aplicação   ",

"   na descrição   quantitativa   de bacias e redes de drenagem. Alguns   ",

"   autores (valério Filho et alii,l976;Sausen,l981), têm demostrado   ",

"   que as fotografias aéreas e imagens permitem o mapeamento de redes   ",

"   de drenagem. Desta maneira, uma   série de estudos morfométricos,   ",

"   antes realizados a partir de dados extraídos de cartas topográfi-   ",

"   cas, passam a ser feitas com base em dados de sensoriamento remoto.   ",

"   Com o advento do sensoriamento remoto orbital através dos satélites   ",

"   de recursos naturais da série LANDSAT a partir de 1972,ampliaram-se   ",

"   as possibilidades de aplicação daquela tecnologia para o estudo dos   ",

"   recursos   hídricos.
",

"   CANAIS DO SENSOR TM
",

"   ===================
",

"   Canal 1 -   Mapeamento de águas costeiras
",

"   Diferenciação entre solo e vegetação
",

"   Diferenciação entre vegetação caníferas e decídua   ",

"   Canal 2 -   Reflectância de vegetação verde sadia   ",

"   Canal 3   -   Absorção da clorofila
",

"   Diferenciação de espécies vegetais
",

"   Canal 4   -   Levantamento da biomassa
",

"   Delineamento de corpos dagua
",

"   Canal 5 - Medidas de umidade da vegetação
",

"   Diferenciação entre nuvens e neve
",

"   Canal 6 - Mapeamento de estresse térmico em
plantas   ",

"   Outros mapeamentos térmicos
",

"   Canal 7   -   Mapeamento hidrotermal
",

"   A Largura da faixa imageada é de 185 kilômetros.
",

"   ",

"   COMO TER ACESSO A IMAGEM
",

"   =========================
",

"   Localizar a área de interesse dentro do sistema
mundial de   ",

"   referência. Entrar em contato com o Instituto de
Pesquisas   ",

"   Espaciais (INPE). Identificar a orbita e a área de
interesse.   ",

"   No INPE setor de atendimento ao usuário (ATUS),
solicitar   ",

"   informações. São fornecidos pelo ATUS datas de
passagem do   ",

"   satélite e provável cobertura de nuvens sôbre a
cena.   ",

"   ",

"   ATUS - RIO DE JANEIRO
",

"   AV. PRESIDENTE WILSON,210 - SÉTIMO ANDAR   ",

"   TEL(021) 533 1963 ",

"   ",

"   ATUS - CACHOEIRA PAULISTA ",

"   RODOVIA PRESIDENTE DUTRA, KM 40 ",

"   TEL(0124) 61 1377 E 61 1507 ",

"   OBS: Os produtos oriundos de sistemas orbitais, são adquiridos   ",

"   da mesma forma sendo Landsat ou Spot ou outros. ",

"   ",

"   PERGUNTA INTERESSANTE ",

"   ===================== ",

"   Não há segredos, que um país queira esconder, que não possa ser   ",

"   detectado do espaço. A resolução dos atuais satélites comerciais   ",

"   estão na ordem de 2 metros, isto quer dizer que qualquer automó-   ",

"   vel pode ser visto do espaço. E não estou falando dos satélites   ",

"   militares, que podem identificar a mancha na cabeça do gorba-   ",

"   chev, ou você acha que o Hubble só vê estrelas?.
",

"   Você se lembra da reserva da informática no Brasil?   ",

"   Há algo semelhante com o decreto n. 1177 de 21/06/71, somando-se   ",

"   a portaria do EMFA 4172/FA-51 de 03/dez/80, É certo que no pas-   ",

"   sado fosse necessário, mas, Com a derrubada do muro de Berlim,   ",

"   com eleições livres e democráticas na Rússia, com os brancos da   ",

"   África do Sul cessando de atirar em qualquer coisa preta que an-   ",

"   de   (mataram todos os gatos pretos, ecologicamente errados); a   ",

"   esta altura dos acontecimentos, aqueles decretos sòmente atra-   ",

"   palham o desenvolvimento. Surpreso? Pode ser ainda mais assusta-   ",

"   dor. Não me perguntem depois, eu não sei de nada. Não tenho gra-   ",

"   na em paraísos fiscais. Posso dar uma dica, procurem aqueles que   ",

"   tiveram empresas de cartografia   e faliram.
",

"   ",

"
===
=====================   ",

"   Reconhecido o fato de que toda medida experimen-   ",

"   tal é eivada de êrros a questão se situa então em saber   ",

"   qual o valor   que convém adotar, quando nos acharmos em   ",

"   presença de vários valores para a mesma medida.
",

"   Essa questão pode ser resolvida pelo método dos   ",

"   mínimos quadrados cujo princípio fundamental é o de que   ",

"   os valores mais prováveis são os que tornam a soma dos   ",

"   quadrados dos erros individuais um mínimo.
",

"   no processo de medição por modelos independentes   ",

"   é necessário determinar as coordenadas do centro de pers-   ",

"   pectiva para cada foto. O CP representa o centro ótico da   ",

"   câmera fotográfica na projeção. Em alguns aparelhos (au -   ",

"   tógrafo Wild A-7, A-9, A-10, as coordenadas do CP não são   ",

"   afetadas, quando se executa a orientação relativa usando   ",

"   apenas os movimentos angulares fi, kapa, ômega. Assim   ",

```
"    sendo, estas podem ser determinadas uma  única
vez   e              ",

"      usadas nos modelos subsequentes desde que
mantidos o              ",

"   mesmo sistema de coordenadas. Os componentes
de base ( bx          ",

"                by,   bz)  e  a   distancia   principal.
",

"                Em instrumentos como Zeiss Planimat,
Planicart,            ",

"    Kern PG-2 e kern PG-3 as coordenadas do CP
variam com   a            ",

"       orientação relativa para estes aparelhos   as
coordenadas          ",

"   do CP devem ser determinadas após a  orientação
relativa          ",

"            e  antes  da  medição  de  cada  modelo.
",

"            Cada fabricante de equipamento  desenvolve
sua          ",

"       própria  técnica  para  determinação  do  CP.
",

"            O cálculo como se apresenta neste programa
",

"   advém do método dos dois planos e a solução do
sistema de          ",

"            equações  pela  aplicação  do  MMQ.
",

"                AUTOR                    ",

"                =========                ",
```

214

"   Nilson Candido da Silva   UERJ-C912182XX
",

"   Vamos ao sucesso juntos, envie um donativo em favor do autor: ",

"   conta 01011370-0   AGÊNCIA 2287   banco SANTANDER .   ",

"   Ou   envie   um   vale   postal   para   o:
",

"   Rua   ",

"   Rio de Janeiro - RJ   ",

"   cep 20710-130   ",

"   Os programas de Engenharia aumentam os lucros e cortam custos. ",

"   No menu OUTROS a AGENDA pode ajudá-lo a ganhar dinheiro pela ",

"   agilidade, assim como criptografar seus textos, a ESTATISTICA ",

"   pode coroar o seu sucesso, tome injeção de ânimo em MENSAGEM. ",

"   Your donation will be much apreciated, and will give me the ",

"   incentive   to   write   more   software.
",

"   Envie um donativo, verá que o sucesso será fácil para você.   ",

"

==
============================= ",

"   COMO AGIR
",

215

"   1 - Copie todos os files para uma pasta no
",

"   windows ou um diretório no CMD. Após, é
só   ",

"   digitar o nome do file manager que é
",

"   NILSONJAVA.JAR. Os controles e saída
estarão   ",

"   sempre visíveis. Fácil de usar e sem
compli-   ",

"   cações.   ",

"   2 - Estando na opção iluminada e apertar
<enter>,   ",

"   será EXECUTADO o programa .
",

"   3 - Estando na opção iluminada e apertar
<F1>   ",

"   será colocado na tela um texto de AJUDA e
ex-   ",

"   plicações gerais sôbre o assunto.
",

"   4 - Pode-se também utilizar o mouse para
selecionar   ",

"   e se clicar em qualquer posição na cor
vermelha,   ",

"   na tela, um comando será executado.
",

"   O lado direito do mouse funciona como
tecla   ",

"   <esc>.   ",
"   5 - Após executar um determinado programa, será   ",
"   criado um arquivo do tipo texto que pode   ",
"   ser copiado no CMD ou editor qualquer e com este ar- ",
"   quivo texto poderá dar um tratamento ´paisagís-   ",
"   tico´ com processadores de texto como o word.   ",
"   6 - O arquivo texto fica no seu HD, e a cada nova   ",
"   utilização o arquivo anterior será apagado.
",
"   Se acha que é importante manter o arquivo novo   ",
"   então, coloque um outro nome nele. Um exemplo: ",
"   nilson15.TXT   RENOMEAR   para proj_001.TXT.   ",
"   Use o menu arquivo deste programa para renome-   ",
"   ar. Se precisar lê-lo novamente use EDITOR DE   ",
"   ARQUIVO neste programa. Poderá ler qualquer   ",
"   arquivo que esteja no seu computador.
",
"   ",
"   ",

"===
============================   ",

"   A estatística desempenha papel crescente e importante em quase   ",

"   tôdas as fases da pesquisa humana. No início muito ligada a assuntos   ",

"   de estado, daí veio então o seu nome derivado do prefixo. A estatís-   ",

"   tica está agora em toda a parte, Quando se liga a TV, ouve-se quem   ",

"   tem mais ou menos IBOPE. Os programas esportivos falam nas porcenta-   ",

"   gens de chances para este ou aquele time.   ",

"   É certo que a Estatística e estendeu-se a tudo, também pudera,   ",

"   na verdade já estava presente deste a pré-história, neste caso a   ",

"   estatística, chamo eu indutiva. Sendo indutiva forma-se então em um   ",

"   conjunto de probabilidade de ter sucesso, ou não, na empreitada ou   ",

"   ações   de   sobrevivência.   ",

"   A estatística é utilizada em todos os ramos da ciência, nos   ",

"   negócios de grandes empresas é a mola mestra que impulsiona os in-   ",

"   vestimentos. Uma empresa que for se instalar no Brasil, com negócios   ",

"   do ramo da saúde, tratamento de pessoas cardíacas. Irá querer saber   ",

"   como está a estatística de pessoas atingidas por balas perdidas, e   ",

"   naturalmente não vai querer vir para o Rio de Janeiro.   ",

"   O problema na estatística são os métodos de coleta de dados,   ",

"   organização dos dados, apresentação e análise científica. E depois a   ",

"   obtenção de conclusões satisfatórias, sem tendências, para que deci-   ",

"   sões possam ser tomadas com melhor nível de acêrto.   ",

"   A estatística para ser válida tem que ser rápida, decisões de-   ",

"   pendem dela. Então analisa-se uma amostra do todo que se quer, uma   ",

"   amostra insofismável do todo, embora, isto não seja, quase sempre   ",

"   possível. Daí a anedota: Se eu como duas galinhas e você nenhuma a   ",

"   estatística diz que comemos uma galinha cada um. Não está errada a   ",

"   estatística, o êrro foi escolher uma amostra pequena demais de um   ",

"   todo, e isto é muito utilizado por pessoas tendenciosas. Ao se   ",

"   tratar de pesquisas sôbre o homem em si, deve-se sempre ter em mente   ",

"   que o homem é produto da educação. Se um país dificulta a penetração   ",

"   de indivíduos onde estão os meios para se educar, então qualquer es-   ",

"   tística sôbre aquele grupo de indivíduos não será auspiciosa. E não   ",

"   me venham dizer que apenas um servidor do estado que errou, se um   ",

"   indivíduo que trabalha para o estado erra, então o estado tem que   ",

"   reparar   o   êrro.
",

"   Me passou pela cabeça, neste instante, um fato ocorrido   ",

"   há alguns anos. Deve ter alguma coisa em comum com a estatística.   ",

"   Eis os fatos: ",

"   Cansado de viver desempregado, e, sobrevivendo de bicos   ",

"   sem nenhuma esperança no horizonte, fui para São Paulo. Foi um   ",

"   terror. Naquele dia, segundo os jornais foi o dia mais frio dos úl-   ",

"   timos cinco anos. Comprei o´Estadão´ e fui´`a cata´ de emprêgo.   ",

"   A primeira emprêsa escolhida tinha um nome japonês. Fi-   ",

"   cava´Nos Jardins´. Na portaria, o porteiro japonês sorriu amarelo,   ",

"   bem, até aí nada de mais, mas, fiquei com uma dúvida; sorriu para   ",

"   mim ou para o outro japonês que vinha logo
atrás? O ascensorista   ",

"   era uma mulher japonesa, ´é apenas coincidência´,
pensei.   ",

"   - Seu andar, senhor. O japonês, que
também entrou comi-   ",

"   go no elevador, agradeceu e saiu. Eu e a japonesa
no elevador, ela   ",

"   olhou para mim, de baixo a cima, mais rápido em
cima. Também olhei   ",

"   para mim através do espelho do elevador, o que vi
foi um belo rapaz,   ",

"   sem narcisismo, uma espetacular combinação de
capacidade mental com   ",

"   força muscular mais dotes masculinos na medida
certa.   ",

"   Por que, General?
",

"   - Seu andar.
",

"   - Obrigado, Respondi. É claro , pela
relatividade das   ",

"   coisas senti falta do´seu andar, Senhor´. Havia
salas sempre com mui-   ",

"   ta gente, comparando aos padrões do Brasil, todas
as pessoas ali eram   ",

"   ´japs´, na pronúncia U.S.A. Comecei a me sentir
como um prisioneiro   ",

"   de guerra que caiu nas mãos do inimigo, ali só
havia japoneses, isso   ",

"   é que é trabalhar em família! Senti o mesmo certa vez em que fui à   ",

"   um prédio da marinha no centro do Rio, para me submeter a uma prova   ",

"   oral, parecia um prisioneiro de Mussolini. As pessoas que passam em   ",

"   frente ao prédio têm características diferentes das que estão dentro.   ",

"   - Pois não. Falou o japonês, com forte sotaque oriental.   ",

"   - Vim pelo anúncio, técnico de montagem industrial.   ",

"   - Preencha esta ficha. preenchi então a ficha. No espaço   ",

"   destinado a ser preenchido com a côr do candidato, escrevi: NEGRA.   ",

"   Que será que um japonês coloca neste espaço? Entreguei a ficha pre-   ",

"   enchida.   ",

"   - Aguarda que nós chamaremos. Disse o japonês, mas quan-   ",

"   do falou a inflexão na voz é como se dissesse: Cara, você é um Zé Nin-   ",

"   guem, aguarde até o ano que vem. Passei a pensar com o sotaque do   ",

"   jap;´Isto é uma guerra, não vê que não o queremos aqui? Estamos no   ",

"   Brasil e cumprimos a lei, a porcentagem de brasileiros na empresa es-   ",

"   tá correta. Negro, o seu problema não tem solução vindo do Brasil, Ê-   ",

222

"   le tem que vir de fora, igual ao dos japoneses. E não poderá se ca-   ",

"   muflar, como os fugitivos do exército alemão, gente do Mossad,da OLP   ",

"   da CIA, da KGB. Os japs irão comprar a Vale do Rio Doce.   ",

"   Nossa!!!, santa Rosa Egipcíaca, santa Efigênia, são Benedito.´   ",

"   - Olhai os lírios do Campo. parece que ouvi, não sei de   ",

"   onde   mas,   me   acalmei.   ",

"   Dias Depois, fiz uma amizade fugaz com um nissei e, re-   ",

"   latei o caso. Quando acabei de falar, êle me olhava fixo. Fiquei sem   ",

"   ação. Depois êle passou a olhar vazio para o horizonte. Achei que o   ",

"   ofendi com a estória, mas êle virou-se para mim sorrindo amarelo.   ",

"   - Rapaz, bem vindo ao mundo como êle é na verdade.   ",

"   Fiquei sem entender nada, pensei comigo: O que o jap quer dizer?   ",

"   - Que quer dizer com isso, falei ao nissei.   ",

"   - Sabe, é assim mesmo, né. Eu sou do paraná de uma ci-   ",

"   dade pequena, lá, vinte por cento da população são descendentes . Mas   ",

"   toda a eleição o prefeito é nissei. Acontece que são muitos partidos ",

"   que lançam seus candidatos, e sempre um é nissei. O candidato nissei ",

"   não precisa ir procurar votos com os descendentes, o que êle faz é ",

"   sair beijando criancinha preta. Em consequência as estradas vicinais ",

"   que servem as fazendas dos nisseis estão sempre em bom estado, e se ",

"   sobrar tempo as máquinas atendem as restantes. E a polícia nunca iria ",

"   bater e matar negros, como faz aqui em S.Paulo e Rio, lá na minha ",

"   cidade, se acontecer uma coisa dessas com um nissei, até o Japão ",

"   corta   a   ajuda   econômica. ",

"   Ajuda não. Empréstimo a juros altos. Quando o Imperador ",

"   quer visitar o Brasil, êle não vai primeiro a Brasília, não. Êle vai ",

"   onde estão as colônias, saber da bôca dos descendentes como as insti- ",

"   tuições do Brasil os estão tratando. Imagine, se eu passar em um con- ",

"   curso público no Brasil e o pilantra do empregador não quiser me efe- ",

"   tivar, será notícia de primeira página no Japão. Aliás eu querendo ",

"   ir para o Japão trabalhar não preciso nem de passaporte, tira-se ",

"   passaporte apenas como formalidade. Com o crecimento econômico do ",

"   japão êles chegam aqui aos montes procurando nisseis para parceria em ",

"   empresas que já estão proibidas por lá. O resultado é que quando se ",

"   falar em empréstimo dos japoneses, êles fazem exigências, por exemplo ",

"   ter um ministro em brasília. Fabrica-se até presidentes na América ",

"   do Sul,justamente por ser toda essa região palco de grande corrupção. ",

"   Na segunda guerra mundial fui muito maltratado no Brasil, aliás muito ",

"   também   nos   E.U.A.
",

"   Hoje, quem pode dar autorização para metralhar macacos apaixonados no ",

"   Empire State building são os Japoneses.
",

"   - Mas e você? Vota Como? Êle olhou para mim enigmático. ",

"   Mudou de assunto, falando outra coisa. Na verdade não precisara per- ",

"   guntar, eu já sabia que japoneses do Brasil, nas Copas do Mundo, ",

"   torcem pela seleção japonesa. Descendente Alemães do Brasil torcem ",

"   pela seleção Alemã. E da mesma forma fazem os outros imigrantes.   ",

"   Nem me perguntem o que farão com segredos militares in- ",

"   dustriais e financeiros do Brasil! ",

"   Todas as pessoas negras que conheço, torcem e dão o seu ",

"   sangue   pelo Brasil. Quanta injustiça se faz contra dedicados afro- ",

"   Brasileiros! Este País é o único do mundo que coloca no banco dos re- ",

"   servas o melhor jogador do mundo, pelé (na copa de 1970).   ",

"   ",

"   Comecei a imaginar, eu como governador da bahia, senador   ",

"   pelo Rio de Janeiro. Vai levar muito tempo, até que a educação chegue. ",

"   É mesmo um milagre que eu ainda esteja vivo. Depois de ter passado ",

"   muita fome na infância. Não, meu pai não é preguiçoso. Êle é apenas ",

"   um sem-terra, morrer por lá, sôbre a terra, seria perda de tudo, numa ",

"   época que não havia fitas de vídeo, e o negro servia apenas, na visão ",

"   das elites europeias, para tiro ao alvo, como nos pombos. Essas ",

"   elites, as mesmas que estão aqui, com métodos semelhantes aos do pas- ",

"   sado, não iriam querer ver gente negra bem alimentada. Gente bem ",

"   alimentada procura livros. Quem tem livros sabe. Quem sabe determina, ",

"   busca e grita forte (grita em megaBytes, e em inglês é entendido pela ",

"   Internet até no Japão). Mas é preciso estrutura, e a estrutura básica ",

"   é a terra. General, já viu como a seleção de volei de Cuba faz pica- ",

"   dinho da seleção do Brasil ? Mas, e a prata da casa? Neste paradisí- ",

"   aco país ela é cortada pela raiz, veja no menu-mensagem.   ",

"   Um exemplo bem interessante: Se eu em um esporte qualquer ",

"   partir da defesa, driblar por todo o campo do adversário, ao final com ",

"   o coração na mão, sem poder finalizar, mas pensando no espírito de ",

"   equipe passo a gorduchinha para o melhor colocado, na verdade um para- ",

"   sita. A imprensa especializada irá ressaltar os belos olhos do fazedor ",

"   de gols, eu, o verdadeiro ganhador do jogo, continuarei na favela. É o ",

"   que ocorre na mídia esportiva deste país. O mérito é esquecido, crimi- ",

"   nosamente esquecido. Como pode surgir atletas num país assim?   ",

"   General, quantas pessoas no seu ambiente faz um programa ",

"   no   computador   igual   a   este? ",

"   - Grande novidade, negro, posso dizer que mais de uma dú- ",

"   zia de oficiais.   ",

"   - Certo general, a diferença é o que foi investido neles ",

"   estudando na Europa e E.U.A., os equipamentos,o soldo, melhores livros ",

"   e professores, o ambiente agradável. Tudo às custas de um povo morto ",

"   de fome. No meu caso, general, nada foi investido pelo estado.   Meu ",

"   soldo é o salário mínimo, o ambiente agradável são os sons do matra- ",

"   quear das metralhadoras e fuzis da favela, onde policiais brincam com ",

"   os nem sempre adversários. Meu professor é a fome, os livros nas bi- ",

"   bliotecas públicas faltando fôlhas. Meu absoleto computador pede para ",

"   ser enterrado todo dia. Imagine, general, quanto poderia fazer tendo ",

"   apenas a metade daqueles oficiais? Parece com o esporte.   ",

"   Emile Durkheim (Sociólogo francês 1858-1917), disse que, ",

"   uma sociedade só pode ser progressista se as instituições dessa socie- ",

"	dade promovem a justiça igual para todos, a oportunidade seja igual ",

"	para todos, e se for constatado qualquer caso de injustiça o estado ",

"	corrija imediatamente, pois o estágio seguinte é o caos.	",

"	",

"	O brasileiro não sabe votar. Percebi que tenho raiz brasileira muito ",

"	maior que aquele nissei. É possível que êle, o nissei, esteja ",

"	usufruindo de uma excelente educação fornecida pelas forças armadas, ",

"	neste momento. Eu talvez seja convocado para levar chumbo em Angola. ",

"	Quem sabe? Por que general? Não fico magoado. Quem me conhece sabe ",

"	que abro a boca só para sorrir. Nunca reclamo. Neste instante ouço ",

"	pela TV uma propaganda militar ´JOVEM VENHA PARA AS FORÇAS ARMADAS´. ",

"	Olhei o menu MENSAGEM. ",

"	Acho melhor ir dormir, já é madrugada e todo dia tenho que matar um ",

"	leão para sobreviver, o pior leão é o da exclusão social, e acho ",

"	também que o velho computador já reclama. ",

"	Voltando para a estatística, vou montar um exemplo prá- ",

"   tico: suponha que você, contumaz presença no hipódromo; queira como   ",

"   tantos outros levar sempre vantagem.   ",

"   - Olá general, onde foi parar a grana da venda sigilosa   ",

"   de material bélico? Alguém adverte: - Rapaz! para chegar até aqui   ",

"   tem   que   ser   conivente.   ",

"   - Claro, eu sei disso, o risco é morrer afogado, acabar   ",

"   tendo um acidente na Av. Niemeyer, ser tirado de casa à noite e sumir   ",

"   sem deixar vestígios. mas há   outra   ",

"   possibilidade, posso ser exilado e então, viver tranquilamente da   ",

"   Anistia Internacional e aí aprender inglês, francês e Alemão na fonte.   ",

"   julguei ter visto o ´mulatinho´, e, acenei para êle. Olhando para o   ",

"   lado, e - Olá Almirante e as compras superfaturadas? E, mais adiante,   ",

"   -Olá deputado e a CPI das empreiteiras? Sorrisos para lá, para cá,   ",

"   -Olá juiz e a grana do INPS? Um sem número de pessoas todas suspeitas   ",

"   mas, sabem como driblar o LEÃO. Tocando a cartola para cumprimentar,   ",

"   - Olá Ministro o que é bom o Senhor fatura o que é ruim é só culpar a   ",

"   oposição e aos negros, não é? Bem, mas alguém tem que trabalhar, ou   ",

"   saber ganhar. Coloque os dados de uma semana, para cada cavalo, na   ",

"   lista de estatística e esteja certo que : de cada 10 apostas, você   ",

"   ganha oito.   ",

"== =================================   ",

"   Você estará se perguntando: O que êsse neguinho quer   ",

"   dizer com pesquisa em diretório? Não!, será que êle ficou   ",

"   maluco? Na verdade, se quer uma relação de arquivos   ",

"   armazenados no seu computador, você vai no DOS, e com um   ",

"   comando <DIR> e zump!. Lá está o resultado. ",

"   Mas vamos supor que você seja um agente secreto, e   ",

"   está diante do computador do inimigo, e você precisa le-   ",

"   var uma cópia do nome de todos os arquivos que estão no   ",

"   computador. Passos vindo do corredor. Tem apenas fração   ",

"   do segundo. Êle está armado. A ordem é atirar primeiro,   ",

"   perguntas depois, se o outro puder responder. Você então   ",

"   saca do disquete NILSON007, introduz no drive.Comandos...   ",

"   O segurança nada ouviu, foi rápido. De novo nas ruas,   ",

"   lembrou-se de todos os comandos, igual a qualquer outro   ",

"   software, a diferença é que copia tudo para um arquivo   ",

"   texto de nome NCS_DIR.txt. Olá General, missão cumprida...   ",

"   Quem sabe o que nos reserva o futuro? Não é mesmo?.   ",

"   Sempre procurei a instrução, mas só vontade não re-   ",

"   solve nada, como sabe, ainda mais vindo das camadas mais   ",

"   pobres, e pior ainda vindo de grupos minoritários e dis-   ",

"   criminados, e para o golpe fatal, sem possibilidades de   ",

"   camuflagem. Lutei contra tudo e me instruí. Tudo acaba-   ",

"   do? Fui recusado pelas melhores empresas, a análise de   ",

"   documentos dizia ´INSUFICIÊNCIA FÍSICA´ (VEJA Mensagem no   ",

"   Menu e Estatística-F1) . Sabedor de que melhores profes-   ",

"   sores e meios educacionais, encontram-se nas forças arma-   ",

"   das, assim comecei a peregrinação: ",

"   (Embora jamais imaginasse o tamanho da discriminação ra-   ",

"   cial no Brasil, uma cultura não escrita e praticada por   ",

"   todos os meios institucionais. Aos amigos da internet que   ",

"   estão lendo estas linhas, sei que irão me fazer perguntas   ",

"   depois, mas não me perguntem nada vejam apenas as imagens   ",

"   feitas do Brasil e veiculadas em todo o mundo em   ",

"   02/04/97.)   ",

"   ",

"   EXÉRCITO   ",

"   ========   Veja   Mensagem.   ",

"   ",

"   MARINHA   ",

"   ======== Concurso de 05/fev/93. Fui um dos oito primeiros   ",

"   colocados, inclusive prova oral diante do Comandante Brasil.   ",

"   Conforme registrado no edital 001/93 da DPCvM, onde consta   ",

"   meu nome.   Incluindo carta ao candidato :
",

"   CENTRO DE INSTRUÇÃO   ALMIRANTE
ALEXANDRINO - 19/out/93.   ",

"   rua 1. de Março, 118- 9. andar.
",

"   Não me efetivaram. Por que ? Não querem um
engenheiro de   ",

"   elite ?   Será que preferem (jornais de jun/97)
",

"   contrabandistas? Seria como   dizem   meus
amigos, racismo?   ",

"   Almirante porque não cumpre concurso? Seria
compulsão aos   ",

"   marinheiros de olhos azuis? (Explicação: quando
os holan-   ",

"   deses invadiram o nordeste,   mataram os
portugueses, mas,   ",

"   deixaram vivas as portuguesas. Grande parte do
contingen-   ",

"   te da marinha é de lá. Aliás, foi um negro de nome
Henrique   ",

"   Dias que esteve por lá expulsando os Holandeses,
na época).   ",

"   ",

"   AERONÁUTICA
",

"   =========== A aeronáutica me enviou a
seguinte missiva: ",

"   CENTRO DE INSTRUÇÃO E ADAPTAÇÃO DA
AERONÁUTICA   ",

234

"   24/06/93   ",

"   Av. Santa Rosa, 10 - Pampulha - caixa postal
2274   ",

"   ´Sua ficha de inscrição foi indeferida,isto é, não o
quere-   ",

"   mos aqui, em virtude de: sua   INABILITAÇÃO
PARA O SERVIÇO   ",

"   MILITAR.´   ",

"   ´´ Escuta cara, se o exército não te quer, muito
menos   ",

"   nós, somos mais exigentes ainda. Acho melhor
mudar de país.   ",

"   que tal África do Sul? Estão precisando de
gente   ",

"   para levar chumbo nas costas, e assim ajudar o
Brasil a   ",

"   vender munição para o contrabando. Pegamos
vocês, na guerra   ",

"   do Paraguai, e os colocamos na linha de tiro sem
armas.   ",

"   (Explicação: escravocratas tinham medo de morrer
combatendo   ",

"   e mandavam o escravo no seu lugar, com receio
de que o   ",

"   escravo atirasse no seu verdadeiro inimigo, não
lhe davam   ",

"   armas. Em tempos de paz, os escravocratas e
seus descenden-   ",

"   tes penduram medalhas no   peito como se
fossem o   ",

"   ´pavão misterioso´), depois os mandamos para adubar o solo   ",

"   Italiano. Escuta cara, volte quando tivermos uma nova   ",

"   guerra, atlético como é derrubará qualquer alemã, digo ale-   ",

"   mão.´´   ",

"   Desculpem-me comecei a carta com ´, e acabei pensando com os   ",

"   dedos   com   ´´.
",

"   A GUERRA DO PARAGUAI
",

"   ====================
",

"   Uma sordidez a guerra do paraguai. O Paraguai da época   ",

"   era a mais florescente nação da américa do Sul. Lá não havia   ",

"   analfabetos. Toda a reforma agrária já havia sido feita.   ",

"   Tinha toda a indústria de base. Não tinha dívida externa al-   ",

"   guma, nem mesmo interna. Portanto o soldado paraguaio tinha   ",

"   todo o moral para defender a sua nação, e nunca se entregar.   ",

"   Quando a guerra acabou (5 anos), não havia no paraguai   ",

"   nenhum paraguaio entre 9 e 50 anos, homens ou mulheres, fo-   ",

"   ram todos exterminados. Um holocausto.
",

"   O ´FMI´ da época, a Inglaterra, não queria concorrência   ",

"   na bacia do prata, havia o perigo de surgir o ´MERCOSUL´,   ",

"   o que levaria a américa do sul a independência econômica no   ",

"   final do século XIX, se os vizinhos imitassem o Paraguai.   ",

"   O Brasil queria se livrar do afluxo de negros livres,   ",

"   que já pressionava para conseguir se instruir, e matar mais   ",

"   alguns milhões escravizados, e assim tornar-se branco. E o   ",

"   processo continua. Porque a marinha ignora o Nilson?   ",

"   Nenhum argentino queria lutar contra o Paraguai. Enga-   ",

"   navam europeus dizendo que dariam terras para plantar, quan-   ",

"   do chegavam a Buenos Aires, eram acorrentados e jogados em   ",

"   frente de batalha, juntamente com argentinos na mesma situ-   ",

"   ação, ou matavam ou morriam.
",

"   Se esses aliados não vencessem a guerra, o Duque de   ",

"   Caxias e Conde D"EU, seriam criminosos de guerra. Entre ou-   ",

"   tros crimes, por incendiar hospital com feridos e crianças,   ",

"   na batalha de Acosta Nu por degolar crianças de 6 anos e   ",

"   incendiar suas mães e etc... fatos pesquisados em ducumen-   ",

"   tos históricos por Julio José Chiavenatto. ",

"   O dia 16 de agosto é o ´Dia del Nino´ que o Paraguai   ",

"   comemora em homenagem às crianças trucidadas pelo Brasil.   ",

"   Um diplomata inglês, Lord Palmerston, declarou na é-   ",

"   poca:´ A Inglaterra tem tanta força, que pode cagar em   ",

"   todas   as   consequências. ",

"   ",

"   Trecho de escritos de Caxias ao imperador:´ À sombra   ",

"   dessa guerra, nada pode livrar-nos de que aquela imensa es-   ",

"   cravatura do Brasil dê o grito de sua divina e humanamente   ",

"   legítima liberdade; e tenha lugar uma guerra interna, como   ",

"   no Haiti, de negros contra brancos, que sempre tem ameaça-   ",

"   do o Brasil, e desapareça dele a escassíssima e
diminuta   ",

"   parte   branca   que   há.´
",

"   Pedro Archanjo Ojuobá não chegara a
conhecer o pai.   ",

"   Seu pai foi sequestrado e a pulso foi levado
como recruta   ",

"   para a guerra do Paraguai. Sua mãe, grávida
do primeiro   ",

"   filho, desesperada. Seu   pai   morreu nos
pântanos do chaco   ",

"   em plena guerra do Paraguai.(Jorge Amado em
Tenda dos Mi-   ",

"   lagres).   ",

"   ...   ",

"   General, seus filhos são adidos militares no
Exterior,   ",

"   (ou é turismo militar?) estão na Princeton
university e ...,   ",

"   espero que valham, pois cada quilo de arroz que
compro com o   ",

"   meu salário mínimo uma parte é para lhe financiar.
",

"   General, espero que me deseje em dobro tudo
o que lhe   ",

"   desejo. Desejo que Deus o abençoe, em nome de
Jesus Cristo.   ",

"==
======================   ",

"   ",

239

" (' Rio de Janeiro,22 de novembro de 1910.
",

"   ",

" Ilmo. e Exmo, Sr. Presidente da República Brasileira.
",

"   ",

" Cumpre-nos, comunicar a V. Excia. como chefe da nação brasileira: nós, ma- ",

" rinheiros, cidadãos brasileiros e republicanos, não podendo mais suportar ",

" a escravidão na marinha brasileira, a falta de proteção que a pátria nos ",

" dá; e até então não nos chegou; rompemos o negro véu, que cobria aos olhos ",

"   do   patriótico   e   enganado   povo.
",

" Achando-se todos os navios em nosso poder, tendo a bordo prisioneiros to- ",

" dos os oficiais, os quais têm sido os causadores da Marinha brasileira não ",

" ser grandiosa, porque durante vinte anos de República ainda não foi bastan- ",

" te para tratar-nos como cidadãos fardados em defesa da pátria, mandamos ",

" esta honrada mensagem para V. Exa. Faça aos marinheiros possuirmos de di- ",

" reitos sagrados que as leis da República nos facilitam, acabando com a de- ",

" sordem e nos dando outros gozos que venham engrandecer a Marinha brasilei- ",

240

" ra; bem assim como: retirar oficiais incompetentes e indignos de servir a ",

" nação brasileira.Reformar o código imoral e vergonhoso que nos rege, a fim ",

" de que desapareça a chibata, o bolo, e outros castigos semelhantes; aumen- ",

" tar o nosso soldo pelos últimos planos do ilustre senador José Carlos de ",

" Carvalho, educar os marinheiros que não têm competência para vestir a or- ",

" gulhosa farda, mandar pôr em vigor a tabela do serviço diário, que a acom- ",

" panha.   ",

" Tem V. Exa. o prazo de 12 horas, para mandar-nos a resposta satisfatória, ",

" sob pena de ver a pátria aniquilada.
",

" Bordo do Encouraçado ´São Paulo´ em 22 de novembro de 1910.   ",

" Nota: Não poderá ser interrompida a ida e volta do mensageiro.   ",

"   (assinado) Marinheiro.
",

"   ",

"   Como se vê acima, na marinha do Brasil não existe oficial negro   ",

"   e em 1910 a política era a do senhor de engenho, como hoje só se ad- ",

"   mite marinheiro negro quando não existe brancos disponíveis. A com- ",

"   petência fica em segundo plano (Será este o motivo que no brasil   ",

"   submarino nuclear só navegue em gavetas de ministério?).   Exagero?   ",

"   Veja   no   menu   MENSAGEM. ",

"   O comunicado acima foi direcionado ao Congresso e à presidência da   ",

"   República, por marinheiros liderados pelo negro João Cândido, que   ",

"   exige apenas a dignidade para quem de posse de poderosos canhões a-   ",

"   pontados para os principais pontos da Capital Federal, poderia exigir   ",

"   muito mais, exige apenas a dignidade de ser um cidadão.   ",

"   Manchete de um dos jornais da época dizia: É bem doloroso para   ",

"   um país forte e altivo ter que sujeitar-se às imposições de setecen-   ",

"   tos ou oitocentos negros   e mulatos   que, senhores dos canhões, amea-   ",

"   çam   à   capital   da   República. ",

"   Os revoltosos foram atendidos. E pela ´honra´ do Congresso Na-   ",

"   cional não haveria retaliações. Estranha ´honra´ em que se trucidou   ",

"   paulatinamente meses depois matando de forma bárbara os envolvidos   ",

242

"   com a revolta. João Cândido também foi preso torturado e teria morte   ",

"   ignóbil caso não   fosse   defendido   pelos advogados da Irmandade da ",

"   Igreja Nossa Senhora do   Rosário,   embora arrasado por maus-tratos,   ",

"   morreu miseravelmente aos quase noventa anos. ",

"   O que foi transmitido de boca em boca até hoje é o seguinte: E   ",

"   então a grande esquadra do marinheiro João Cândido manobrando no mar   ",

"   como   não   era possível fazer para quem não fosse branco e estrelado,   ",

"   os couraçados resolvidos a morder em nome dos chibateados, assestando   ",

"   as bocas escuras de seus canhões na direção da grande cidade do Rio   ",

"   de Janeiro, capital da república, que assim pela primeira vez ouviu   ",

"   falar, e ouviu com medo, que nas barrigas dos navios engalanados e   ",

"   lustrosos havia uma espécie de lombrigas ao contrário, homens que da-   ",

"   vam vida e não tinham vida. Quando aqueles negros penalizados de tan-   ",

"   mortes que causariam entre os civis, meros joguetes dos poderosos,re-   ",

"   solveram então encerrar a revolta, pois havia promessa de anistia. E   ",

"   para que derramar sangue dos inocentes?
",

"   Mas a anistia era de inescrupulosos, prometeram a João Cândido o per- ",

"   dão mas o prenderam e maltrataram, mandaram-no para o hospício e de- ",

"   pois de volta a prisão; arrebanharam marinheiros presos num navio ",

"   chamado Satélite, fuzilaram-nos e os jogaram ao mar; que mandaram ",

"   muitos outros para morrer de malária nos seringais do Norte; que ",

"   prenderam ainda outros num socavão da ilha das cobras, onde despeja- ",

"   ram cal viva e água para asfixiá-los.
",

"   Nelson Mandela ficaria horrorizado se vivesse neste país.   ",

"   Abaixo está registrado o que Rui Barbosa fala a respeito do ",

"   episódio   no   Congresso   Nacional:
",

"   ´Dentro de mim, neste momento, sinto eu inteira a alma de minha terra; ",

"   a voz que me vai dos lábios agora, é a voz do povo brasileiro. Não sou ",

"   eu, é ele que declara hoje ao marechal-presidente que, se ele arrebatou ",

"   ao banco dos réus esses criminosos, assentou nesse banco o seu governo. ",

"   No Brasil não se organiza exército contra o estrangeiro; desenvolvem-se ",

"   as instituições militares contra a ordem civil. Que vale neste país, ",

"   diante de qualquer impulso de oficiais, a vida de um de nós? A presi- ",

"   dência atual quis e fez anistia, rufando tambores aqui dentro, pela ",

"   boca dos seus amigos, em como a executaria lealmente. E que resta da ",

"   anistia? Os cadáveres da ilha das Cobras, os cadáveres do Satélite e os ",

"   cadáveres de Santo Antônio do Madeira.´
",

"   O trecho em seguida é a música cantada por João Bosco e letra do ",

"   compositor Aldir Blanc.
",

"   ",

"   Há muito tempo nas águas da Guanabara   ",

"   O dragão do mar reapareceu
",

"   Na figura de um bravo feiticeiro
",

"   A quem a história não esqueceu
",

"   Conhecido como o navegante Negro   ",

"   Tinha a diginidade de um mestre-sala   ",

"
",

Ao acenar pelo mar

"
",

Na alegria das regatas

"
",

Foi saudado no porto

"
",

Pelas mocinhas francesas

"

Jovens polacas e por batalhões de
mulatas ",

"
",

"
",

Rubras cascatas

"
",

Jorravam das costas dos santos

"
",

Entre cantos e chibatas

"
",

Inundando o coração

"
",

Do pessoal do porão,

"
",

Que a exemplo do feiticeiro

"
",

Gritava então:

"
",

Glória aos Piratas

"
",

Às mulatas

"
",

"
Às baleias ",

246

"   Glória à farofa
",
"   À cachaça
",
"   Ás sereias   ",
"   ",
"   Glória, a todas lutas inglórias
",
"   Que através de nossa história
",
"   Não esqueceremos jamais
",
"   Salve o Navegante Negro
",
"   Que tem por monumento
",
"   As pedras pisadas do cais.
",
"   Mas faz muito tempo...
",
"   ",
"   Neste país de triste memória, assim se sucede a história, se repetindo, ",
"   se repetindo, se repetindo...
",
"   Estes trechos foram condensados de dois livros: ",
"   1 - Tia Ciata   de   Roberto Moura   ",
"   2 - A revolta da Chibata   de   Edmar Morel   ",

247

"

===
================   ",

"   ",

"´   O entardecer nos trópicos   é exuberante,
um arco-iris.   ",

"   Um general estava fazendo a sesta na sua
varanda. Desvia os olhos   ",

"   para a favela ao longe, a visão não foi boa ainda
mais ouvindo os   ",

"   insistentes tiros de fuzis, tentou virar os olhos
para outra di-   ",

"   reção, afinal, a sua segurança feita pela PM era
eficiente, mas   ",

"   surpresa! Vê um elefante branco vindo em sua
direção pelo jardim!   ",

"   O general é alto cerca de um metro e oitenta,
compleição   ",

"   atlética, belos traços morenos, corte discreto no
cabelo nada mi-   ",

"   litarizado, prateado nas têmporas, e olhos tão
pretos como fais-   ",

"   cantes jabuticabas. Nos exércitos do   terceiro
mundo é um tipo   ",

"   comum, é   como   se a seleção fosse para
concurso de beleza sob a   ",

"   ótica atual. O que não acontece na seleção das
guerrilhas e nos   ",

"   exércitos vencedores da antiga Roma, e na mais
avançada máquina   ",

"   de guerra do mundo de hoje.   A guerrilha é que fez de Che   ",

"   Guevara, um argentino, herói em Cuba. ",

"   Seus pais, sua religião, sua descendência caucasiana,   ",

"   sempre disseram para o general que elefantes brancos não existem.   ",

"   Fecha os olhos, lembrou-se que o exame médico estava em dia.   ",

"   - Preciso parar a bebida por uns tempos. Pensou alto e abriu os   ",

"   olhos. Não adiantou piscar os olhos, O elefante está mais perto   ",

"   ainda. Mas, elefantes brancos não existem. ",

"   Estava também muito pensativo sobre a tarefa de dar pros-   ",

"   seguimento a um acontecimento recente. Um grupo de cadetes do Rio   ",

"   Grande do Sul escreveram um manifesto afirmando que HITLER foi u-   ",

"   ma personalidade que êles admiravam. Êstes cadetes são descenden-   ",

"   tes alemães, cujos ascendentes receberam terras a preço de bana-   ",

"   na ainda no império, apenas porque as elites da época não que-   ",

"   riam ver negros com terra, afinal quem iria lavar, passar, se   ",

"   prostituir, cozinhar e inaugurar a cadeia da polícia recém   ",

"   criada? E o medo do ex-escravo alimentado e instruído?   ",

"   Não estava preocupado com o racismo manifestado. Os ne-   ",

"   gros são fáceis de enganar, não há bibliotecas em favelas.   Até   ",

"   meados dos anos trinta nenhum negro podia dar uma festa de ani-   ",

"   versário em sua casa sem antes ir avisar ao delegado. Era a polí-   ",

"   tica de extermínio imposta desde a guerra do Paraguai. Sem terra,   ",

"   Sem emprego, sem moradia, sem oportunidades, sem nada e chacina-   ",

"   dos.   ",

"   A preocupação vinha com o descendente judaico, muito   ",

"   bem camuflados, não adianta querer saber pelo nome, sabedor que   ",

"   estes comandam mais de 50% do sistema de propaganda, e vários   ",

"   bancos. E isto poderia ser prejudicial a imagem do exército.   ",

"   Outro fato: Um oficial do exército foi pego pela polícia   ",

"   no momento em que segurava gulosamente a estrovenca de um negro.   ",

"   Em outros tempos seria fácil controlar, mas agora …   ",

"   Lembrou-se que sua mulher a bom tempo demonstra insatis-   ",

"   fação. O general gostaria de ser um negro, pelo menos a sua mulher   ",

"   iria acordar sorrindo, mas não seria general, ser ou não ser?   ",

"   O elefante se aproxima mais e mais...
",

"   O elefante estava quase em   cima, o general continuou i-   ",

"   móvel, não queria acreditar em seus próprios olhos. O elefante   ",

"   apontou a tromba   para o nariz do general e parecia exigir alguma   ",

"   coisa, o general parecia estar firme   como   um jogador com as   ",

"   cartas na manga. Por que não jogou logo um amendoim para o bicho?   ",

"   Não vê que a movimentação pode atrair outros elefantes brancos?   ",

"   Será que o General não está afinado como o seu tempo? Será que   ",

"   não tem perspicácia para imaginar o tamanho do estrago? Quando a   ",

"   estória virar samba-enredo, o general vai tremer na base, pior a-   ",

"   inda quando chegar o Steven Spilberg e o Spike Lee. A descen-   ",

"   dência do general ficará envergonhada.
",

"   Deve ser a cultura na qual o general fora imergido.   ",

"   O elefante meteu a tromba e derrubou a cristaleira com   ",

"   todos os cristais de família desde o Brasil colônia.   ",

"   O general continuou impassível, um sorriso sarcástico no   ",

"   canto   da   bôca.
",

"   O elefante prosseguia então com a derrubada da casa.   ",

"   ´ - Você pode fazer lá coisa alguma, descarado! Você faz   ",

"   nada! Do mesmo jeito que você assiste a seus soldados morrendo   ",

"   sem comando e assistência, gente do povo, rapazes mal saídos das   ",

"   fraldas, gente à qual você se sente superior quando na verdade é   ",

"   muitíssimo inferior, desse mesmo jeito você escuta calado o que   ",

"   bem me der na veneta lhe dizer. Para sua espada de burleta, não   ",

"   preciso mais que minha bengala! O Exército que sair dessa guerra   ",

"   não terá mais lugar para vagabundos como você, que disfarçam a   ",

"   sua canalhice em maneiras afetadas e falsos conhecimentos, que só   ",

"   vivem para usufruir vantagens, que usam sua posição para obter   ",

"   mais e mais benesses, que fazem da farda o pano de lustrar botas   ",

"   dos poderosos, que transformam a vida militar na lata de lixo dos   ",

"   aproveitadores que não sabem fazer nada a não ser dar-se ares de   ",

"   importância e meter a mão no que podem, mentindo, falseando, lo-   ",

"   roteando, extorquindo e intimidando, até acreditando nas próprias   ",

"   patranhas, que impingem a si e aos outros para poder olhar a si   ",

"   mesmos no espelho. Mentiroso, pulha, degenerado, venal, patife,   ",

"   bajulador, valente contra quem não pode resistir, irresponsável,   ",

"   parasita, aproveitador, cínico, achacador, farsante, ladrão!   ",

"   Filho de uma puta! Ouviu bem? É com você, cagalhão fardado,   ",

"   pústula ambulante, cloaca estrelada, é com você que eu estou fa-   ",

"   lando! É com você seu filho de uma puta!´ ",

"   O elefante enquanto derruba tudo vai pensando no trecho   ",

"   entre ´, transcrito de VIVA O POVO BRASILEIRO de João Ubaldo   ",

"   Ribeiro.   ",

"   ...   ",

"   Mais adiante vou contar toda a história.
",

"   General, esta agenda é muito boa para seus
propósitos. Ela   ",

"   pode armazenar um banco de dados no qual fica
guardado as caracte-   ",

"   rística de cada soldado em todo o território
nacional, por exemplo.   ",

"   Ela pode ser uma agenda pessoal. ser um
registro no almoxarifado.   ",

"   E   muitos   outros   usos.
",

"   Imagine uma agenda destas de papel. Um
livrinho encaderna-   ",

"   do. Destas em que cada folha contem 15 linhas
para serem utiliza-   ",

"   das. Pois é, este programa agenda é igual,
apenas a primeira linha   ",

"   da agenda é utilizada para o arquivamento em
ordem alfabética.   ",

"   Desta forma se a primeira linha da primeira
folha conter o nome   ",

"   ANDREA e a primeira linha da segunda folha
conter o nome ANDREIA,   ",

"   a ordem alfabética diz que ANDREA vem primeiro
e ANDREIA em segun-   ",

"   do, assim também vai estar nesta agenda
eletrônica.   ",

"   Algumas pessoas, me disseram, a estão
utilizando como diá-   ",

"   rio.   ",

"   Com um processador de texto, você pode obter um relatório   ",

"   em papel, carregue o ncs_agd.txt e imprima. ",

"   Não esqueça de enviar um dinheirinho para o autor, compu-   ",

"   tadores   e   livros   também   servem. ",

"   Quanto ao elefante? Ainda está em andamento. Se o elefante   ",

"   não morrer contarei toda a história. Se êle morrer você também vai   ",

"   saber de qualquer maneira. Eu   creio que o general vai deixar o   ",

"   elefante derrubar tudo,   depois é só chamar a polícia do sistema   ",

"   para abater o bicho. As exigências do bicho não mais existirão e   ",

"   afinal quem vai contar toda a estória será, como sempre foi: O   ",

"   general.   ",

"   Assim se sucedeu com Antônio Conselheiro, zumbi dos Palmares,   ",

"   Manoel   Congo   e   outros. ",

"===
=====================================",

" Uma poligonal parte de um ponto conhecido A e chega a outro conhecido B. ",

" Se o ponto A e B forem vértices de outras poligonais, a poligonal em ",

" questão é amarrada nos extremos, portanto factível de correção no fecha- ",

" mento. Mas, esta poligonal é inteligente e calcula de acordo com os dados ",

" que você introduzir, desta forma calcula qualquer tipo de poligonal.   ",

"   Se deseja ler sôbre a resolução de poligonais salte estas linhas es- ",

" tá no final as explicações, estou interessado a contar uma estória, dessas ",

" que brotam no recôndito da alma. Corria um burburinho no inferno, inferno ",

" mesmo, lugar onde vão as almas no estágio imcompleto, isto é, que não atin- ",

" giram o nível de luz suficiente para usufruir das benesses do paraíso.   ",

"   Então, Deus todo poderoso, Senhor absoluto, enviou seu filho Jesus ",

" Cristo para trazer de volta ao paraíso almas perdidas. Como filho de peixe ",

" é peixe, Jesus Cristo é Deus. Como todo inferno, instalou-se a balbúrdia ",

" geral. Belzebu não queria nenhuma anistia por lá para ninguém. Outros ",

" Belzebuzinhos filhos de Belzebu até admitiam a tal anistia, mas desde que ",

" ela fôsse gradual, alguns deles afirmavam a tese que a anistia deveria ser ",

" lenta , gradual e restritiva. Alguns Belzebuzinhos diziam que seria melhor ",

" abrir inquérito, outros queriam uma CPI (Comissão do Puta Inquérito), claro ",

" que tais comissões não conseguiriam coisa alguma, pois Belzebu simplesmen- ",

" iria recheá-las com representantes vindos de países nada sérios do tercei- ",

" ro mundo.   ",

"   Jesus, então constituiu um sorteio entre os infernizados para que ",

" sem reclamações escolhessem dez e depois desses dez seriam escolhidos cin- ",

" co que definitivamente deixariam aquele lugar de penúrias.   ",

"   Entre os dez primeiros sorteados havia um general um almirante um   ",

" brigadeiro e um professor universitário oriundos de um país nada sério.   ",

" Jesus chamou o almirante para se explicar dos motivos que o levaram ",

" ao inferno.   ",

"   - Senhor almirante, que tem em sua defesa para que eu o liberte   ",

"   deste   sofrimento? ",

"   - Jesus, filho de Davi! Senhor magnânimo! Médico dos Médicos! Rei   ",

" dos Reis, tenha pena de mim! e blá ... blá ... blá. ",

"   Jesus ouviu aquela lamúria, mas Êle que vê nos corações sabia que ",

" tudo aquilo era falso, na verdade o almirante falava como se falasse para a ",

"   imprensa no seu país de segunda classe, pois empregava seus parentes, em   ",

" desrespeito aos concursados de muito maior valor. Contribuindo com sua ati- ",

" tude para o vergonhoso índice que seu país tem na ONU: ser o país de maior ",

"   desigualdade   social   em   todo   o   mundo. ",

"   ",

"   - Senhor Almirante examine e explique-me os acontecimentos que vou ",

" lhe mostrar.   ",

"   Imediatamente uma tela sugiu no ar vindo do nada, nela um preto de ",

" porte elegante, caminhava para o prédio da Marinha. Os pensamentos do preto ",

" estavam sendo mostrados assim como a imagem. ",

"   ´ Oh! meu Deus me ajude estou muito cansado. Estou simplesmente   ",

" desesperado. Quanto tempo sem emprego! Não aguento mais comer pão com ",

" banana e andar o dia inteiro a procura de algo para me sustentar. E meus   ",

" filhos Senhor! Meu Deus! Que farei?! Até do lixo eu tenho vivido Senhor! ",

" Vou até o prédio da marinha, Senhor! Tenho um concurso no qual fui aprova- ",

" do! Ilumine Senhor a mente do almirante! Pois é conhecido do povo que nes- ",

" te local é o quartel general do racismo!´ ",

" Jesus fez um sinal e a tela desapareceu. Olhou para o almirante. ",

" - E então, almirante, o que me diz?. ",

" - Eu não poderia fazer nada Senhor Jesus, nunca tivemos um engen- ",

" heiro preto antes e...eu...não,não... quis me arriscar. Eu, eu... não sei. ",

" Mas, porque êle não procura outro lugar? Porque me perturbar? Só porque ",

" passou naquele concurso? Sempre detestei essa gente! ",

" - O Serviço militar ou nas dependências militares exige o melhor! ",

" Interferiu o General, achando que como conhecia o rapaz poderia ",

" acabar sobrando para êle! O melhor para alguém honesto seria quem pudesse ",

" fazer o que você está lendo, mas. Tem um mas. O mas, é que para o general ",

" qualquer que tenha a pele um pouco mais escura que a dele, ou o nariz um ",

" pouco mais achatado, não pode ser o melhor. E continuou. ",

"   - Damos uma formação muito sólida aos nossos, não poderia admitir ",

" que essa raça imbecil fosse para lá diminuir o nosso nível! O professor ",

"   Universitário aqui conhece muito bem do que eu estou falando, não é pro- ",

" fessor?   ",

"   O professor estava quietinho no seu canto, queria sair dali de ",

" todo jeito. O inferno era mesmo ruim obrigavam-no a viver com pouco salá- ",

" rio e morava ao lado de uma banda de rock, cujo ensaio era de madrugada. ",

" Toda árvore boa dá bom fruto. Toda árvore má dá mal fruto. Um mal coração ",

" manda para a boca palavras ruins. O professor nunca foi bom professor ",

" instigava aos alunos estudar coisas que êle mesmo não sabia, talvez até ",

" na esperança de roubar-lhes idéias, mas sabia que aquele rapaz não era ",

" imbecil. Situação incômoda, não iria defender o rapaz, pois se ficasse no ",

" inferno com o almirante e o general, aí sim é que iria conhecer o inferno...",

"   - Nunca sabem nada, estão sempre desligados, dormem durante a ",

" aula deve ser a adaptação mental que é pouca, sei lá! ",

"   Um professor deveria ser mais criativo, na verdade este professor ",

" sabe o estado de abandono que o estado deixou essa gente negra, que fez de ",

" tudo para desvencilhar-se deles. Matá-los , de fome, de sede. Enterrá-los ",

" e pronto. Depois de mal alimentados, trabalhando de sol a sol, sem ter ",

" onde descançar a cabeça. Como conseguir ficar atento a um professor também ",

" despreparado? Mas apesar de tudo, contra todas as perspectivas ali estava ",

" aquele preto. Como disse Stephen W. Hawking de seu livro ´Uma breve histó- ",

" ria do tempo´: Basta apenas uma única, uma única evidência contrária para ",

" que toda uma teoria seja abandonada. Mesmo assim os quatro pilantras, o ge- ",

" neral, o brigadeiro, o almirante, o professor universitário dignos repre- ",

" sentantes do lixo humano, não iriam nunca desculpar-se perante Deus. E o ",

" brigadeiro que até aqui ficara quieto ainda completou para fazer coro com ",

" os outros três. ",

" - Esta raça não se empenha, falta talento, raça de imbecis, na se- ",

" gunda guerra mundial meu país esteve na Europa para defender a democracia! ",

" (os belzebuzinhos caíram na gargalhada), agora por determinação de ou- ",

" tros países aos quais devemos até o olho do (não completou, os belzebu-   ",

"   zinhos gargalhavam alto) estamos na África. E continuou.   ",

"   - Temos uma terra maravilhosa com água o ano inteiro, sol, terras ",

" férteis, mas olha o povinho que temos?! Êsse preto vive a reclamar, por que ",

" quer trabalho de engenheiro? Por que não pega o trabalho de jardineiro? Se ",

"   vivo eu daria emprego a êle no meu jardim! Engenheiro é meu filho que pa- ",

"   guei   para   estudar   na   suíça!
",

"   Pusilânime inquebrantável, insultuoso brutal,os preconceitos enra- ",

"   izados em suas mentes de burgueses honestos foram arraigados pelos surtos ",

"   mesquinhos abortados da ignorância popular. Pois como escreveu Friedrich   ",

"   Nietzsche, toda interpretação é um esforço de dominação e subjugação; é a   ",

"   necessidade de impor a um contesto seu próprio significado.   ",

"   Jesus sentiu, que aqueles homens não teriam salvação, continuariam ",

" sempre a ser malvados, não os levaria ao paraíso. Algumas pessoas não con- ",

" seguem se livrar da trave ante aos seus olhos que os impede de ver. Por ",

" isso não conseguem ver que nenhum deles faz o que aquele preto consegue ",

" fazer. Hipócritas. Deus Magnânimo deixou a inteligência nas cabeças menos ",

" esperadas, os países que a descobrem são aqueles que dão instrução ao seu ",

" povo, e que não possuem nenhum tipo de discriminação. Principalmente a ",

" discriminação proveniente das instituições públicas. Com isso conseguem ser ",

" grandes países. ",

" Jesus mostrou para os quatro o que seria aquele preto se o país ",

" tivesse um pingo de justiça e vergonha na cara, e também mostrou onde esta- ",

" va no meio do povo as inteligências. Mostrou o futuro daquele país se a ",

" justiça fosse realmente aplicada. Se os políticos não mais enganassem o ",

" povo. Em suma se ´o rei congo estivesse mesmo no congado´. Os quatro fica- ",

" ram embasbacados olhando aquelas imagens na tela, não reconheciam mais as ",

" suas cidades, o que viam estava muito além do primeiro mundo, viam o ´top´ ",

" do progresso. ",

" Em uníssono os militares infernizados, então pediam a Jesus que ",

" os deixassem ir avisar aos companheiros vivos nos ministérios militares   ",

" que não fizessem como êles, que realmente ´tirassem a Mãe Preta do cerrado´.",

"   Jesus os ouviu, e explicou para êles que não poderiam sair de lá   ",

" que o tempo que deveriam estar na terra foi esgotado. Ademais de nada adi- ",

" antaria pois Êle tem enviado muitas pessoas para falar o que êles iriam   ",

" dizer. Além do que muitos profetas já escreveram sôbre todos aqueles assun- ",

" tos, e como ainda continuam os novos malvados encastelados em tronos corru- ",

" ptíveis.   ",

"   ...   ",

" Para este exemplo entrei com os seguintes dados: ",

"   Dados referentes a poligonal controlada ou não. ",

"   preenche-se apenas os dados que se tem.   ",

" A   tolerância   Angular   será   (f   alfa):   0.025 ",

" A   tolerância   Linear   (fS)   será   :   0.002 ",

" A   coordenada   de   partida   Ep   :   6247315.6 ",

" A   coordenada   de   partida   Np   :   2563412.9 ",

264

"   A   coordenada   NA   :   2566939
",

"   A   coordenada   EA   :   6243435.71
",

"   A   coordenada   de   partida   Hp   :   401.7
",

"   O   azimute   de   partida   Azp   :   312.265
",

"   A   coordenada   de   chegada   Ec   :   6247653.5
",

"   A   coordenada   de   chegada   Nc   :   2563416.0
",

"   A   coordenada   NB   :   2561166
",

"   A   coordenada   EB   :   6246581.26
",

"   A   coordenada   de   chegada   Hc   :   413.7
",

"   O   azimute   de   chegada   Azc   :   205.48
",

"   Nome   da   primeira   estação   a   Ré(A):   MARTE
",

"   Nome   da   última   estação   a   vante(B):   LUA
",

"   obs: Quadro seguinte da entrada de
dados,referente   ",

"   a   estacão[1].
",

"   ",
",

"   [1]   O   nome   desta   estação   será   :   MARÉ
",

" O angulo vertical '#225'(nivelamento a vante) : 0 15
18   ",

"   KL   (niv.   vante)   :   128.0
",

"   Altura   do   instrumento(niv.   vante)   :   1.42
",

"   Altura   da   visada(niv.vante)   :   3.0
",

" O angulo vertical '#225'(nivelamento a Ré) : 0.75
",

"   KL   (nivelamento   a   Ré)   :   127.5
",

"   Altura   do   instrumento(niv.   Ré)   :   1.49
",

"   Altura   da   visada(niv.   Ré)   :   2.0
",

" A distância da anterior é :   Nada
respondi(1)   ",

" A variação de altura para esta estação é :   Nada
respondi(2)   ",

" O angulo alfa da estação é :   Nada
respondi(3)   ",

"   Ângulo   horizontal   com   círculo   a   direita   é   :
90.56333333   ",

" Ângulo horizontal com círculo a esquerda é : 0.0
",

"   obs: o Nada respondi(1) e o Nada
respondi(2) refe- ",

"   rem-se ao fato que as perguntas
anteriores calculam ",

"   estes dois.   ",

266

"   O Nada respondi(3) é consequência das duas últimas ",

"   preenchidas. resumindo se não tivesse as duas últi- ",

"   mas teria que preencher o Nada respondi(3).   ",

"   ",

" [2] O nome desta estação será : TUBARÃO ",

" O angulo vertical '#225'(nivelamento a vante) : -5.2116666   ",

"   KL   (niv.   vante)   :   153.0 ",

" Altura   do   instrumento(niv.   vante)   :   1.49 ",

"   Altura   da   visada(niv.vante)   :   1.4 ",

" O angulo vertical '#225'(nivelamento a Ré) : 5.20333333   ",

"   KL   (nivelamento   a   Ré)   :   153.4 ",

" Altura   do   instrumento(niv.   Ré)   :   1.5 ",

"   Altura   da   visada(niv.   Ré)   :   1.6 ",

" Ângulo horizontal com círculo a direita é : 280.4366667   ",

" Ângulo horizontal com círculo a esquerda é : 13.25 ",

"   ",

" [3] O nome desta estação será : LEAL
",

" O angulo vertical '#225'(nivelamento a vante) : 10.59
",

" KL (niv. vante) : 140.0
",

" Altura do instrumento(niv. vante) : 1.5
",

" Altura da visada(niv.vante) : 1.8
",

" O angulo vertical '#225'(nivelamento a Ré) : -10 35 24
",

" KL (nivelamento a Ré) : 140.0
",

" Altura do instrumento(niv. Ré) : 1.52
",

" Altura da visada(niv. Ré) : 1.2
",

" Ângulo horizontal com círculo a direita é : 179.45
",

" Ângulo horizontal com círculo a esquerda é : 42.2
",

" ",

" [4] O nome desta estação será : LUA
",

" O angulo vertical '#225'(nivelamento a vante) : Nada
respondi ",

" KL (niv. vante) : 140.0 Nada respondi
",

" Altura do instrumento(niv. vante) : Nada
respondi ",

" Altura da visada(niv.vante) :   Nada respondi   ",

" O angulo vertical '#225'(nivelamento a Ré) :   Nada respondi   ",

" KL (nivelamento a Ré)   Nada respondi   ",

" Altura do instrumento(niv. Ré) :   Nada respondi   ",

" Altura da visada(niv. Ré) :   Nada respondi   ",

" Ângulo horizontal com círculo a direita é : 310.2366667   ",

" Ângulo horizontal com círculo a esquerda é : 12.0 ",

"   Obs: É claro que você tem conhecimentos de topografia,   ",

"   caso contrário não entenderá nada do exposto.   ",

"   Rode e examine o exemplo. ",

"   "};

```java
    public kopf(String[]strarray){
      lista = new JList(strarray);
        JScrollPane scroll = new JScrollPane(this.lista);


        add(BorderLayout.CENTER,scroll);
```

```java
    setTitle("Nilson    mensagem   diversa    ====
nilson440@gmail.com    Trechos   de   interessante
leitura.");

    lista.setBackground(Color.LIGHT_GRAY);

    lista.setFont(new  Font("Consolas",  Font.BOLD,
14));

    setSize(900,600);

    setLocationRelativeTo(null);


    for (String strarray1 : strarray)
    lista.setListData(strarray);


setDefaultCloseOperation(DISPOSE_ON_CLOSE);


    setVisible(true);
  }



}
/*

 *                                    Click
nbfs://nbhost/SystemFileSystem/Templates/Licenses/lic
ense-default.txt to change this license
 *                                    Click
nbfs://nbhost/SystemFileSystem/Templates/Classes/M
ain.java to edit this template
 */

package main_06;
```

```java
import javax.swing.JOptionPane;
import static main_06.kopf.mensa;

/**
 *
 * @author pc   nilson440@gmail.com
 */
public class Main_06 {

    /**
     * @param args the command line arguments
     */
    public static void main(String[] args) {

        String st,so = "";
    for(int i = 0; i < args.length; i++) {
        so = so + args[i];   }   st = so.trim();
    if (!(st.equals ("Tecla1996")))
    {      JOptionPane.showInternalMessageDialog(null,"
Contate nilson440@gmail.com"); System.exit(0);}
    new kopf(mensa);

    }

}
/*
```

```java
 *                                                           Click
nbfs://nbhost/SystemFileSystem/Templates/Licenses/lic
ense-default.txt to change this license
 *                                                           Click
nbfs://nbhost/SystemFileSystem/Templates/Classes/M
ain.java to edit this template
 */
package main_07;


import javax.swing.JOptionPane;
import static main_07.assassinos.livre;


/**
 *
 * @author pc
 */
public class Main_07 {


    /**
     * @param args the command line arguments
     */
    public static void main(String[] args) {
            String st,so = "";
        for(int i = 0; i < args.length; i++) {
            so = so + args[i];   }   st = so.trim();
        if (!(st.equals ("Tecla1996")))
        {      JOptionPane.showInternalMessageDialog(null,"
Contate nilson440@gmail.com"); System.exit(0);}
```

272

```java
        new assassinos(livre);
    }


}
/*

 *                                                         Click
nbfs://nbhost/SystemFileSystem/Templates/Licenses/lic
ense-default.txt to change this license
 *                                                         Click
nbfs://nbhost/SystemFileSystem/Templates/Classes/Cl
ass.java to edit this template
 */

package main_07;


import java.awt.BorderLayout;

import javax.swing.ImageIcon;

import javax.swing.JFrame;

import javax.swing.JLabel;

import javax.swing.JList;

import javax.swing.JScrollPane;

import                                                    static
javax.swing.WindowConstants.DISPOSE_ON_CLOSE;


/**

 *

 * @author pc
 */
```

```java
public class assassinos extends JFrame{
  public static final  String[] livre =

{"bb1","bb2","bb3","bb4","bb5","bb6","bb7","bb8","bb9","bb10","bb11","bb12","bb13","bb14","bb15","bb16","bb17","bb18",
"bb19","bb20","bb21","bb22","bb23","bb24","bb25","bb26","bb27","bb28","bb29","bb30","bb31","bb32","bb33"};


   public JList lista ;

   public assassinos(String[]strarray){


     lista = new JList(strarray);
     JLabel bandeira = new JLabel();
     JScrollPane scroll = new JScrollPane(bandeira);
     JScrollPane scro = new JScrollPane(lista);
     add(BorderLayout.WEST,scro);
     add(BorderLayout.CENTER,scroll);




     setTitle("Nilson        e        Marcel(assassinado
covardemente)   LIVROS  ====   USE  AS  SETAS
=====Trechos de boa leitura.");


     lista.addListSelectionListener(e ->{
     int index = lista.getSelectedIndex();
```

```java
        String tela = strarray[index];

        bandeira.setIcon(new
ImageIcon(getClass().getResource(tela+".png")));});

        lista.setSelectedIndex(0);

        setSize(900,600);

        setLocationRelativeTo(null);

setDefaultCloseOperation(DISPOSE_ON_CLOSE);

        setVisible(true);

    }

}
```

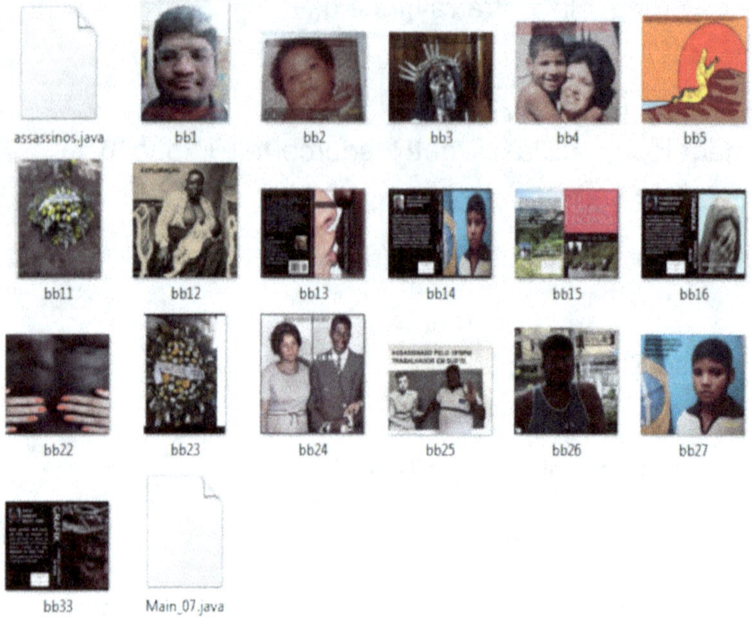

assassinos.java bb1 bb2 bb3 bb4 bb5

bb11 bb12 bb13 bb14 bb15 bb16

bb22 bb23 bb24 bb25 bb26 bb27

bb33 Main_07.java

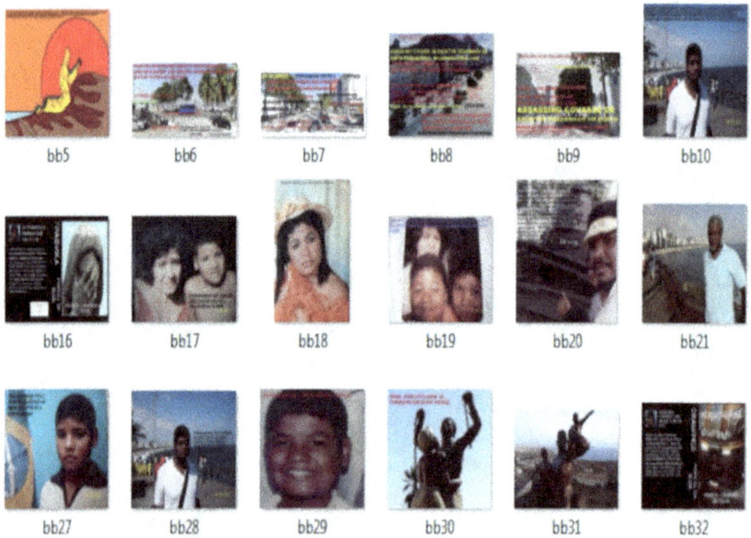

bb5 bb6 bb7 bb8 bb9 bb10

 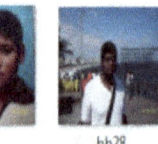    

bb16 bb17 bb18 bb19 bb20 bb21

bb27 bb28 bb29 bb30 bb31 bb32

ESCRITOR MARCEL CANDIDO ASSASSINADO PELO 19ª BPM EM SURTO PSIQUIÁTRICO. PASMEM! AO MEIO DIA! É A SÍNDROME DA PEQUENEZ SOLDADO 19ª BAIXINHO E O ESCRITOR COM 1,88m. SUMIRAM COM CÂMERAS E OS FRENTISTAS QUE VIRAM. O GUARDA VIDAS MARINHO DEU FALSO TESTEMUNHO. POSTO 2 COPACABANA 20/03/2020.

277

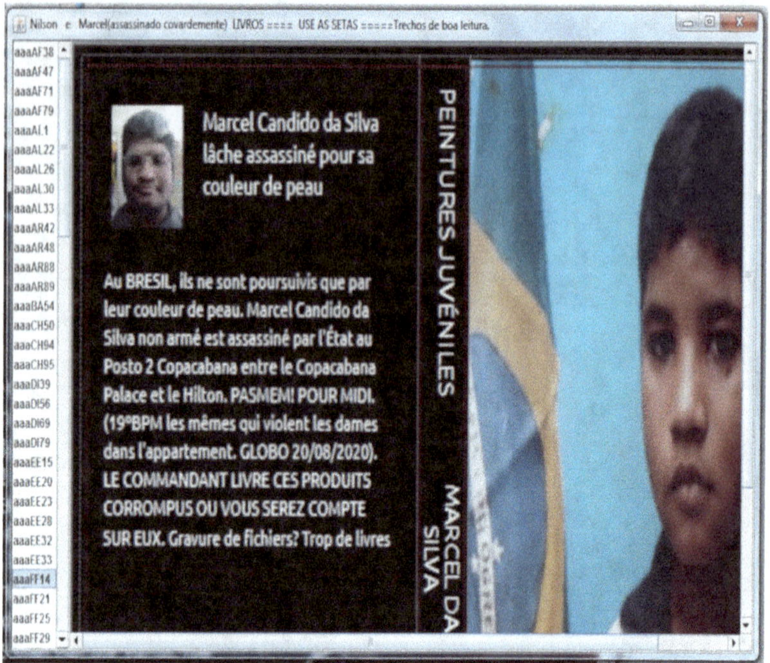
Nilson e Marcel(assassinado covardemente) LIVROS ==== USE AS SETAS =====Trechos de boa leitura.
Marcel Candido da Silva lâche assassiné pour sa couleur de peau
Au BRESIL, ils ne sont poursuivis que par leur couleur de peau. Marcel Candido da Silva non armé est assassiné par l'État au Posto 2 Copacabana entre le Copacabana Palace et le Hilton. PASMEM! POUR MIDI. (19°BPM les mêmes qui violent les dames dans l'appartement. GLOBO 20/08/2020). LE COMMANDANT LIVRE CES PRODUITS CORROMPUS OU VOUS SEREZ COMPTE SUR EUX. Gravure de fichiers? Trop de livres
PEINTURES JUVÉNILES
MARCEL DA SILVA

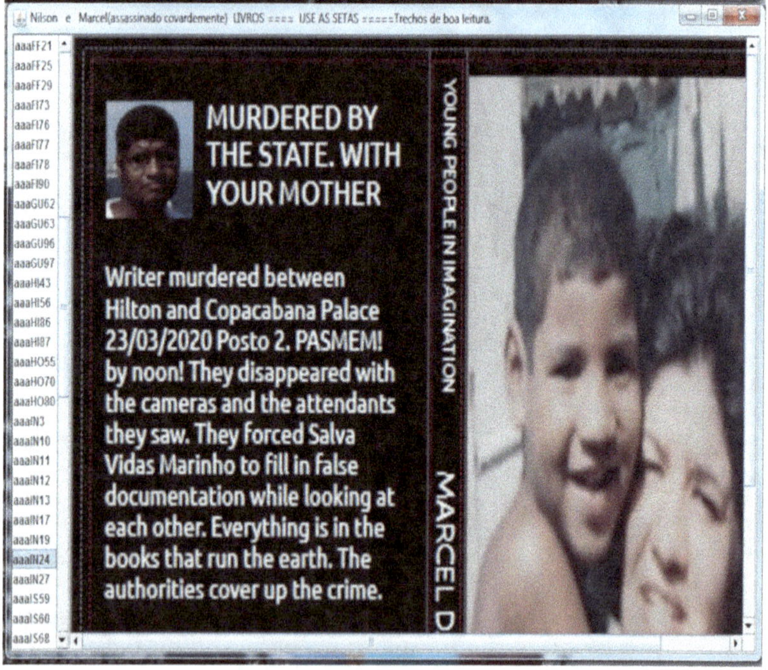
Nilson e Marcel(assassinado covardemente) LIVROS ==== USE AS SETAS =====Trechos de boa leitura.
MURDERED BY THE STATE. WITH YOUR MOTHER
Writer murdered between Hilton and Copacabana Palace 23/03/2020 Posto 2. PASMEM! by noon! They disappeared with the cameras and the attendants they saw. They forced Salva Vidas Marinho to fill in false documentation while looking at each other. Everything is in the books that run the earth. The authorities cover up the crime.
YOUNG PEOPLE IN IMAGINATION
MARCEL D

/*

```java
 *                                            Click
nbfs://nbhost/SystemFileSystem/Templates/Licenses/lic
ense-default.txt to change this license
 *                                            Click
nbfs://nbhost/SystemFileSystem/Templates/Classes/M
ain.java to edit this template
 */

package main_09;


import javax.swing.JOptionPane;


/**
 *
 * @author pc  nilson440@gmail.com
 */
public class Main_09 {

    /**
     * @param args the command line arguments
     */
    public static void main(String[] args) {

        String st,so = "";
    for(int i = 0; i < args.length; i++) {
       so = so + args[i];   }   st = so.trim();
    if (!(st.equals ("Tecla1996")))

    {     JOptionPane.showInternalMessageDialog(null,"
Contate nilson440@gmail.com"); System.exit(0);}
```
279

```
        new Nilson_09_GUI().setVisible(true);




    }
```

```
}
/*

 *                                                      Click
nbfs://nbhost/SystemFileSystem/Templates/Licenses/lic
ense-default.txt to change this license

 *                                                      Click
nbfs://nbhost/SystemFileSystem/Templates/Classes/M
ain.java to edit this template

 */

package main_10;
```

```java
import javax.swing.JOptionPane;
import static main_10.concurso.livre;


/**
 *
 * @author pc   nilson440@gmail.com
 */
public class Main_10 {

    /**
     * @param args the command line arguments
     */
    public static void main(String[] args) {
        // TODO code application logic here
            String st,so = "";
        for(int i = 0; i < args.length; i++) {
            so = so + args[i];   }   st = so.trim();
        if (!(st.equals ("Tecla1996")))

        {       JOptionPane.showInternalMessageDialog(null,"
Contate nilson440@gmail.com"); System.exit(0);}


        new concurso(livre);
    }


}
/*
```

```java
/*
 *                                          Click
nbfs://nbhost/SystemFileSystem/Templates/Licenses/lic
ense-default.txt to change this license
 *                                          Click
nbfs://nbhost/SystemFileSystem/Templates/Classes/Cl
ass.java to edit this template
 */

package main_10;


import java.awt.BorderLayout;

import javax.swing.ImageIcon;

import javax.swing.JFrame;

import javax.swing.JLabel;

import javax.swing.JList;

import javax.swing.JScrollPane;

import                                        static
javax.swing.WindowConstants.DISPOSE_ON_CLOSE;


/**
 *
 * @author pc
 */
public class concurso extends JFrame{
  public static final  String[] livre =

{"cc01","cc02","cc03","cc04","cc05","cc06","cc07","cc08
","cc09","cc10","cc11","cc12","cc13","cc14","cc15","cc1
6","cc17","cc18",
```

```java
"cc19","cc20","cc21","cc22","cc23","cc24","cc25","cc26"
,"cc27","cc28","cc29","cc30","cc31","cc32","cc33","cc34
","cc35","cc36",

"cc37","cc38","cc39","cc40","cc41","cc42","cc43","cc44"
,"cc45","cc46","cc47","cc48","cc49","cc50","cc51","cc52
","cc53","cc54",

"cc55","cc56","cc57","cc58","cc59","cc60","cc61","cc62"
,"cc63","cc64","cc65","cc66","cc67","cc68","cc69","cc70
","cc71","cc72"};

    public JList lista ;

    public concurso(String[]strarray){



    lista = new JList(strarray);
    JLabel bandeira = new JLabel();
    JScrollPane scroll = new JScrollPane(bandeira);
    JScrollPane scro = new JScrollPane(lista);
    add(BorderLayout.WEST,scro);
    add(BorderLayout.CENTER,scroll);



    setTitle(" EXÉRCITO MARINHA E AERONÁUTICA
==== SUBMARINO NUCLEAR NÃO SAI DA GAVETA?
VLS NÃO DECOLA?");
```

```java
        lista.addListSelectionListener(e ->{

        int index = lista.getSelectedIndex();

        String tela = strarray[index];

        bandeira.setIcon(new
ImageIcon(getClass().getResource(tela+".PNG")));});

        lista.setSelectedIndex(0);

        setSize(950,600);

        setLocationRelativeTo(null);


setDefaultCloseOperation(DISPOSE_ON_CLOSE);


        setVisible(true);


    }



}
```

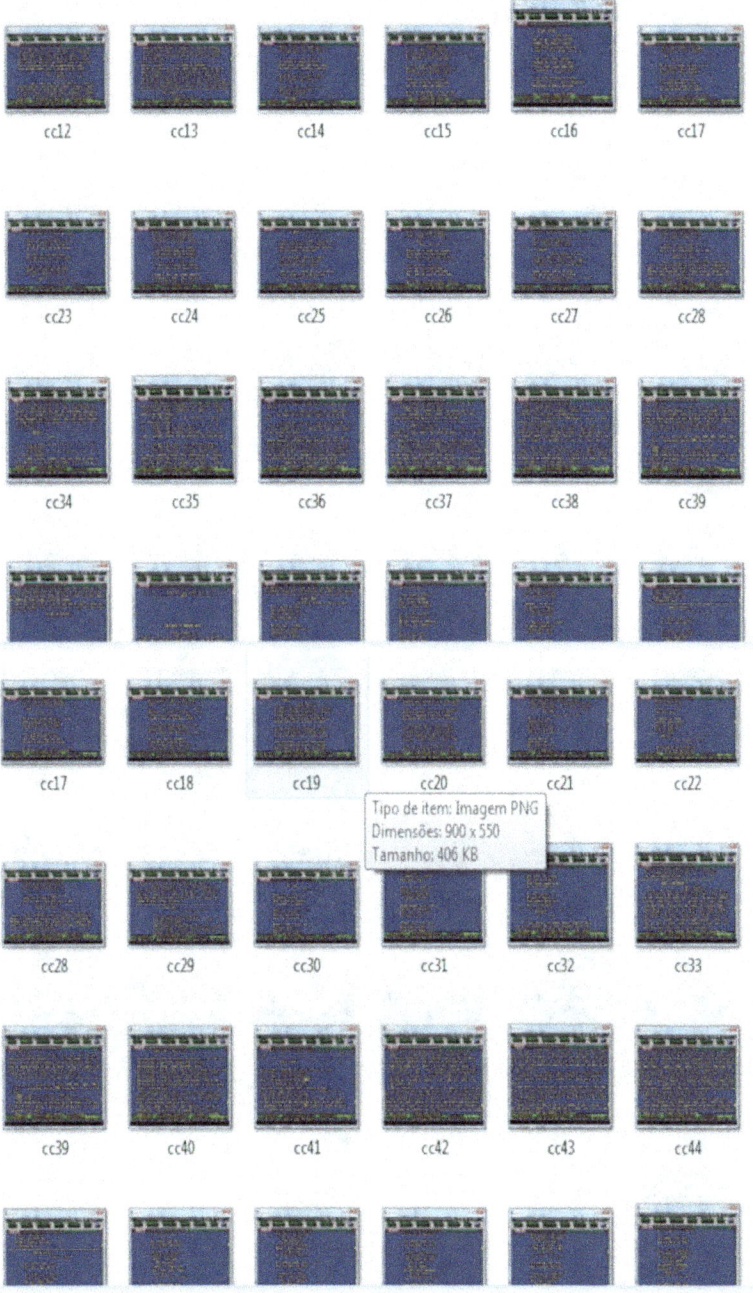

cc34 cc35 cc36 cc37 cc38 cc39

cc45 cc46 cc47 cc48 cc49 cc50

cc56 cc57 cc58 cc59 cc60 cc61

cc39 cc40 cc41 cc42 cc43 cc44

cc50 cc51 cc52 cc53 cc54 cc55

cc61 cc62 cc63 cc64 cc65 cc66

cc72

НЕПРАВИЛЬНО УБИВАЕМЫЙ ПИСАТЕЛЬ

А РМ убийца по незнанию портит всю батальонную работу. Писатель MARCEL CANDIDO DA SILVA убит ПМ. к полудню! CALÇADÃO POSTO 2 COPACABANA. Книги рассказывают обо всем по всему миру. Вопрос от читателей со всего мира: мы знаем, что страна убивает чернокожего каждые 23 минуты, но убийца писателя должен быть привлечен к ответственности.

ГРАФИКА

ГРАФИК

MARCEL SILVA

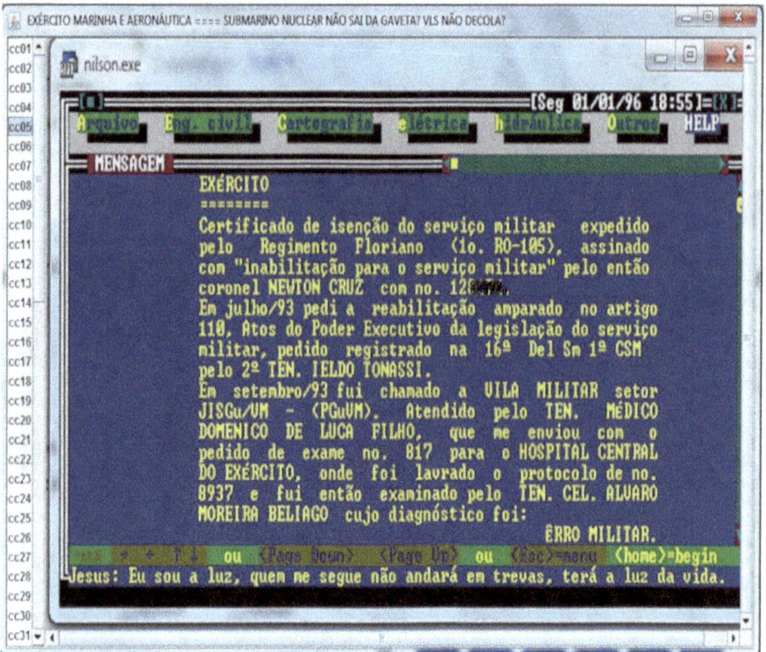

nilson.exe

[Seg 01/01/96 18:55]=[X]=

Arquivo   Eng. civil   Cartografia   elétrica   hidráulica   Outros   HELP

=== MENSAGEM ===

EXÉRCITO
========

Certificado de isenção do serviço militar expedido
pelo   Regimento Floriano (1o. RO-105), assinado
con "inabilitação para o serviço militar" pelo então
coronel NEWTON CRUZ com no. 120??.
Em julho/93 pedi a reabilitação amparado no artigo
110, Atos do Poder Executivo da legislação do serviço
militar, pedido registrado na 16ª Del Sm 1ª CSM
pelo 2º TEN. IELDO IONASSI.
Em setembro/93 fui chamado a VILA MILITAR setor
JISGu/VM - (PGuVM). Atendido pelo TEN. MÉDICO
DOMENICO DE LUCA FILHO, que me enviou com o
pedido de exame no. 817 para o HOSPITAL CENTRAL
DO EXÉRCITO, onde foi lavrado o protocolo de no.
8937 e fui então examinado pelo TEN. CEL. ALVARO
MOREIRA BELIAGO cujo diagnóstico foi:
                                    ERRO MILITAR.

ou <Page Down> <Page Up> ou <Esc>=menu <home>=begin
Jesus: Eu sou a luz, quem me segue não andará em trevas, terá a luz da vida.

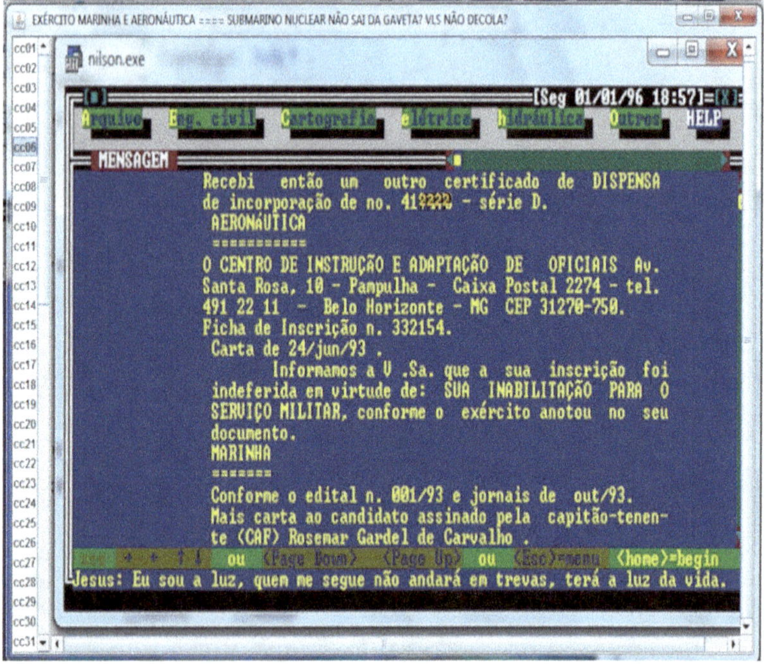

---

nilson.exe

[Seg 01/01/96 18:57]=[X]=

Arquivo   Eng. civil   Cartografia   elétrica   hidráulica   Outros   HELP

=== MENSAGEM ===

Recebi   então   um   outro   certificado de DISPENSA
de incorporação de no. 41????? - série D.
AERONÁUTICA
===========

O CENTRO DE INSTRUÇÃO E ADAPTAÇÃO DE OFICIAIS Av.
Santa Rosa, 10 - Pampulha - Caixa Postal 2274 - tel.
491 22 11 - Belo Horizonte - MG CEP 31270-750.
Ficha de Inscrição n. 332154.
Carta de 24/jun/93 .
      Informamos a V .Sa. que a sua inscrição foi
indeferida em virtude de: SUA INABILITAÇÃO PARA O
SERVIÇO MILITAR, conforme o exército anotou no seu
documento.
MARINHA
=======

Conforme o edital n. 001/93 e jornais de out/93.
Mais carta ao candidato assinado pela capitão-tenente (CAF) Rosemar Gardel de Carvalho .

ou <Page Down> <Page Up> ou <Esc>=menu <home>=begin
Jesus: Eu sou a luz, quem me segue não andará em trevas, terá a luz da vida.

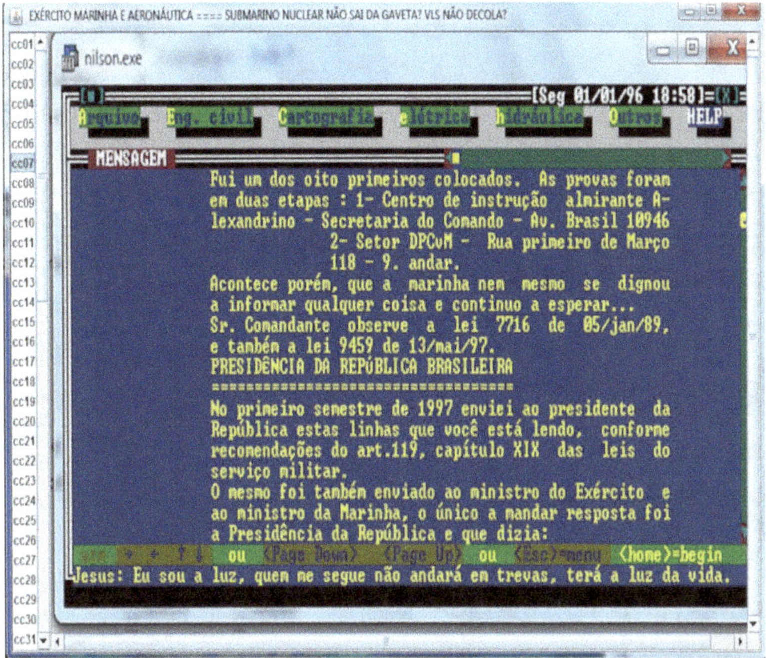

cc01 cc02 cc03 cc04 cc05 cc06 cc07 cc08 cc09 cc10 cc11 cc12 cc13 cc14 cc15 cc16 cc17 cc18 cc19 cc20 cc21 cc22 cc23 cc24 cc25 cc26 cc27 cc28 cc29 cc30 cc31

nilson.exe

===[Seg 01/01/96 18:50]=[X]=

Arquivo   Eng. civil   Cartografia   elétrica   hidráulica   Outros   HELP

=== MENSAGEM ===

```
          Fui um dos oito primeiros colocados.  As provas foram
      em duas etapas : 1- Centro de instrução  almirante A-
      lexandrino - Secretaria do Comando - Av. Brasil 10946
                   2- Setor DPCvM - Rua primeiro de Março
                   118 - 9. andar.
      Acontece porém, que a  marinha nem  mesmo  se  dignou
      a informar qualquer coisa e continuo a esperar...
      Sr. Comandante  observe  a  lei  7716 de  05/jan/89,
      e também a lei 9459 de 13/mai/97.
      PRESIDÊNCIA DA REPÚBLICA BRASILEIRA
      ===================================
      No primeiro semestre de 1997 enviei ao presidente  da
      República estas linhas que você está lendo,  conforme
      recomendações do art.119, capítulo XIX  das  leis  do
      serviço militar.
      O mesmo foi também enviado ao ministro do Exército  e
      ao ministro da Marinha, o único a mandar resposta foi
      a Presidência da República e que dizia:
```

→ ← ↑ ↓ ou <Page Down> <Page Up> ou <Esc>=menu   <home>=begin

Jesus: Eu sou a luz, quem me segue não andará em trevas, terá a luz da vida.

---

cc01 cc02 cc03 cc04 cc05 cc06 cc07 cc08 cc09 cc10 cc11 cc12 cc13 cc14 cc15 cc16 cc17 cc18 cc19 cc20 cc21 cc22 cc23 cc24 cc25 cc26 cc27 cc28 cc29 cc30 cc31

nilson.exe

===[Seg 01/01/96 18:50]=[X]=

Arquivo   Eng. civil   Cartografia   elétrica   hidráulica   Outros   HELP

=== MENSAGEM ===

```
      "          PRES REP 28711 100945P/TBO
      S/N  GP BRASILIA.31 DE JULHO DE 1977 - IMCULBIU-ME
      EXCELENTISSIMO SEHOR PRESIDENTE DA REPUBLICA REGISTRAR
      RECEBIMENTO E AGRADECER GENTILEZA ENVIO DISQUETE.ATEN-
      CIOSAMENTE. CINARA RIBEIRO SILVEIRA SECRETARIA  DE DO-
      CUMENTACAO HISTORICA GABINETE PESSOAL DO PRESIDENTE DA
      REPUBLICA.
      TR:101700P/TRO "
      Juris et facto, a fortiori. . .
      ===================================================
      Bíblia ( Miquéias 6:8)
      Ele te declarou ó homem, o que é bom e que o Senhor pede de ti:
      que pratiques a justiça, e ames a misericórdia, e andes humilde-
      mente com o teu Deus.
      ===================================================
      Bíblia ( João 7:24)
      Não julgueis segundo a aparência, e sim pela reta justiça.
      ===================================================
```

→ ← ↑ ↓ ou <Page Down> <Page Up> ou <Esc>=menu   <home>=begin

Jesus: Eu sou a luz, quem me segue não andará em trevas, terá a luz da vida.

```java
/*
 *                                                    Click
nbfs://nbhost/SystemFileSystem/Templates/Licenses/lic
ense-default.txt to change this license
 *                                                    Click
nbfs://nbhost/SystemFileSystem/Templates/GUIForms/
JFrame.java to edit this template
 */
package view;


import java.io.BufferedWriter;

import java.io.File;

import java.io.FileWriter;

import java.io.IOException;

import java.text.DecimalFormat;

import javax.swing.JOptionPane;

import                                              static
view.entDados.TipoEntrada.INTZERODECIMAL;

import static view.entDados.TipoEntrada.TUDU;


/**
 *
 * @author pc
 */
public class nilson11_GUI extends javax.swing.JFrame
{

  DecimalFormat   d2   =   new   DecimalFormat("##
###.##");
```
290

```java
    DecimalFormat   d1   =   new   DecimalFormat("##
###.#");

    DecimalFormat d0 = new DecimalFormat("## ###");

public   static   final   double[]   Ciot   =
{0.121,0.244,0.357,0.465,0.565,0.657,0.742,0.811,0.87
2

,0.917,0.955,0.987,1.0  ,1.0  ,1.0  ,1.0  ,1.0  ,1.0,1.0
,1.0  ,1.0  ,1.0  ,1.0  ,1.0  ,1.0  ,1.0  ,1.0

,1.0  ,1.0  ,1.0  ,1.0  ,1.0  ,1.0};

public   static   final   double[]CepsilonC   =
{0.20,0.42,0.64,0.87,1.11,1.36,1.63,1.90,2.20,2.50

,2.82,3.16,3.50,3.50,3.50,3.50,3.50,3.50,3.50,3.50,3.50
,3.50,3.50,3.50,3.50,3.50,3.50,3.50,3.50,3.50,3.50
,3.50};

public   static   final   double[]CepsilonA   =
{10.0,10.0,10.0,10.0,10.0,10.0,10.0,10.0,10.0,10.0,10.0

,10.0,10.0,9.00,8.17,7.44,6.79,6.22,5.71,5.25,4.83,4.45

,4.11,3.79,3.59,3.23,3.00,2.75,2.53,2.33,2.15,1.97,1.8};

public   static   final   double[]CKx=
{0.02,0.04,0.06,0.08,0.10,0.12,0.14,0.16,0.18,0.20

,0.22,0.24,0.26,0.28,0.30,0.32,0.34,0.36,0.38,0.40,0.42
,0.44,0.46,0.48,0.50,0.52,0.54,0.56,0.58,0.60,0.62,0.64
,0.66};

public   static   final   double[]CKz   =
{0.99,0.98,0.98,0.97,0.96,0.95,0.94,0.94,0.93,0.92

,0.91,0.90,0.90,0.89,0.88,0.87,0.86,0.86,0.85,0.84,0.83
,0.82,0.82,0.81,0.80,0.79,0.78,0.78,0.77,0.76,0.75,0.74
,0.74};

public   static   final   double[]Cfck110   =
{88.4,44.2,29.9,22.8,18.6,15.8,13.8,12.4,11.4,10.5
```

```java
,9.92,9.38,8.94,8.67,8.42,8.20,8.00,7.78,7.61,7.46,7.33
,7.2,7.04,6.94,6.84,6.75,6.67,6.55,6.47,6.41,6.34,6.29,
6.19};

public       static       final            double[]Cfck135
={79.8,39.9,27.0,20.6,16.8,14.3,12.5,11.2,10.2,9.5

,8.93,8.46,8.07,7.82,7.60,7.40,7.22,7.02,6.87,6.74,6.61
,6.50,6.36,6.26,6.17,6.09,6.02,5.91,5.84,5.78,5.73,5.67
,5.59};

public    static    final       double[]     Cfck150
={75.7,37.9,25.6,19.5,15.9,13.5,11.9,10.6,9.70,9.02

,8.47,8.03,7.66,7.42,7.21,7.02,6.85,6.66,6.52,6.39,6.27
,6.17,6.03,5.94,5.86,5.78,5.71,5.61,5.54,5.49,5.43,5.38
,5.30};

public    static    final       double[]Cfck180
={69.1,34.6,23.3,17.8,14.5,12.4,10.8,9.68,8.86,8.23

,7.73,7.33,6.99,6.77,6.58,6.41,6.25,6.08,5.95,5.83,5.73
,5.63,5.51,5.42,5.35,5.28,5.21,5.12,5.06,5.01,4.96,4.91
,4.84};

public    static    final       double[]     Cfck200
={65.5,32.8,22.1,16.9,13.8,11.7,10.3,9.19,8.40,7.81

,7.33,6.95,6.63,6.43,6.24,6.08,5.93,5.77,5.65,5.54,5.43
,5.34,5.22,5.15,5.07,5.01,4.94,4.85,4.80,4.75,4.71,4.66
,4.59};

public    static    final       double[]Cfck220
={62.5,31.3,21.1,16.1,13.1,11.2,9.79,8.76,8.01,7.44

,7.00,6.63,6.32,6.13,5.95,5.80,5.66,5.50,5.38,5.28,5.18
,5.09,4.98,4.91,4.84,4.77,4.71,4.63,4.58,4.53,4.49,4.45
,4.38};

public    static    final       double[]     Cfck240
={59.8,29.9,20.2,15.4,12.6,10.7,9.37,8.39,7.67,7.13
```

,6.70,6.34,6.05,5.87,5.70,5.55,5.42,5.26,5.15,5.05,4.96
,4.88,4.77,4.70,4.63,4.57,4.51,4.43,4.38,4.34,4.30,4.26
,4.19};

public static final double[] Cfck260
={57.5,28.8,19.4,14.8,12.1,10.3,9.01,8.06,7.37,6.85

,6.43,6.09,5.82,5.64,5.48,5.33,5.20,5.06,4.95,4.85,4.77
,4.68,4.58,4.51,4.45,4.39,4.34,4.26,4.21,4.17,4.13,4.09
,4.03};

public static final double[] CCA25
={2.14,2.13,2.12,2.10,2.08,2.06,2.05,2.04,2.02,2.00

,1.98,1.97,1.96,1.94,1.92,1.90,1.86,1.85,1.84,1.82,1.80
,1.78,1.77,1.76,1.74,1.72,1.70,1.69,1.68,1.66,1.64,1.60
,1.59};

public static final double[]CCA40
={3.44,3.42,3.40,3.37,3.34,3.30,3.28,3.27,3.23,3.20

,3.17,3.15,3.13,3.10,3.06,3.03,2.99,2.97,2.96,2.92,2.89
,2.87,2.85,2.82,2.75,2.67,2.57,2.51,2.47,2.38,2.32,2.24
,2.09};

public static final double[]CCA50
={4.30,4.28,4.26,4.22,4.17,4.13,4.10,4.08,4.04,4.00

,3.96,3.94,3.91,3.87,3.83,3.78,3.76,3.74,3.70,3.65,3.61
,3.59,3.57,3.45,3.34,3.22,3.12,3.05,2.95,2.81,2.54,2.31
,2.24};

public static final double[]CCA60
={5.17,5.14,5.11,5.06,5.00,4.96,4.93,4.90,4.85,4.80

,4.75,4.73,4.70,4.64,4.59,4.54,4.51,4.48,4.43,4.38,4.33
,4.30,4.15,4.02,3.88,3.75,3.62,3.41,3.03,2.84,2.71,2.53
,2.41};

public static final double[] CDiamAco =
{5,6.3,8,10,12.5,16,20,22.2,25,32};

```java
public    static    final         double[]  CasAco   =
{0.196,0.312,0.503,0.785,1.23,2.01,3.14,3.87,4.91,8.04
};

public    static    final         double[]CK40     =
{1,0.985,0.925,0.865,0.861,0.876,0.891,0.906,0.921,0.
936,0.951,0.966,0.981,0.996,1,1,1,1,1};

public    static    final         double[]CKepsilon   =
{1,1.2,1.4,1.6,1.8,2,2.2,2.4,2.6,2.8,3,3.2,3.4,3.6,3.8,4,4.
2,4.4,4.6};

public    static    final         double[]CK50     =
{1,1,1,0.985,0.925,0.865,0.861,0.876,0.891,0.906,0.92
1,0.936,0.951,0.966,0.981,0.996,1,1,1};

public    static    final         double[]CK60     =
{1,1,1,1,0.988,0.947,0.907,0.859,0.859,0.874,0.889,0.9
04,0.919,0.934,0.949,0.964,0.979,0.994,1};


int Tipo_aco,fck,i;


   double
Md,MDTorc,MomentoMd,Eh,BwLarg,AltViga,Recobri,Di
mAs,DAgreg,comprViga,

DimEstribo,numBTracao,NumBcompr,NumBarr,espaco
totalbarrasC,espacototalbarrasT,

DlinhaT,DlinhaC,asTracao,AsCompr,deltaMd,MdT,kii,Li
nNeutr,asMin,

AsCalcEstribo,AsMinEstribo,              EspEstribo
,DmaxEstribo,talWd,

talwdviga,talwdmax,PpRev,SCarg,flechaMD,AsTorc,Bw
PeLarg,espessLaj,AlfaMin,KiiMin,

KxMin,KzMin,EpsiloncMin,EpsiloncMaxMin,iotMin,Alfa,
Kx,Kz,Epsilonc,EpsiloncMax,Iot;

byte tipoC,tipoT,tipo,x,y;
```

```
String
NomeViga,comunica,comunica1,comunicaC,comunica
T,ComunicaTorc;


public  void minimo () {
 switch (Tipo_aco) {
case 25: {AlfaMin=1.59;KzMin= 0.74;KxMin= 0.66;

EpsiloncMin=1.80;EpsiloncMaxMin=3.5;iotMin=1.00;

switch   (fck)   {case   110:KiiMin=6.19;break;   case
135:KiiMin=5.59; break; case 150:KiiMin=5.30;

break;   case   180:KiiMin=4.84;   break;   case
200:KiiMin=4.59;break;   case   220:KiiMin=4.38;break;
case 240:KiiMin=4.19;

break;                                          case
260:KiiMin=4.03;break;}Alfa=CCA25[i];break;}



case 40: { AlfaMin =2.82;KzMin = 0.81;KxMin = 0.48;

EpsiloncMin =3.79;EpsiloncMaxMin =3.50;iotMin =1.00;

switch  (fck)  {  case  110:KiiMin =6.94;break;  case
135:KiiMin =6.26;

break;   case   150:KiiMin   =5.94;break;   case
180:KiiMin=5.42;break;   case   200:KiiMin=5.15;break;
case 220:KiiMin=4.91;break; case 240:KiiMin=4.70;

break;    case    260:KiiMin    =4.51;break;}Alfa
=CCA40[i];break;}


case 50:{AlfaMin=3.57;KzMin= 0.82;KxMin= 0.46;

EpsiloncMin=4.11;EpsiloncMaxMin=3.5;iotMin=1.00;
```

```java
switch (fck) {case 110: KiiMin=7.04; break; case
135:KiiMin=6.36;break; case 150:KiiMin=6.03;

break; case 180:KiiMin=5.51; break; case
200:KiiMin=5.22;break; case 220:KiiMin=4.98;break;
case 240:KiiMin=4.77;

break; case 260:KiiMin=4.58;break;}
Alfa=CCA50[i];break;}


case 60: { AlfaMin=4.33;KzMin= 0.83;KxMin= 0.42;

EpsiloncMin=4.83;EpsiloncMaxMin=3.50;iotMin=1.00;

switch (fck) { case 110:KiiMin=7.33;break; case
135:KiiMin=6.61;break; case 150:KiiMin=6.27;

break; case 180:KiiMin=5.73;break; case
200:KiiMin=5.43;break; case 220:KiiMin=5.18;break;
case 240:KiiMin=4.96;

break; case 260:KiiMin=4.77;break;}
Alfa=CCA60[i];break;}}


Kz=CKz[i];Kx=CKx[i];Epsilonc=CepsilonC[i];

EpsiloncMax=CepsilonA[i];Iot=Ciot[i];


}


    /**
     *
     * @param stri
     */
    public void Ffck110(double stri){
        int j;
```

```
      for ( j = 0; j < Cfck110.length; j++) {
      if (stri == Cfck110[j]) {i=j; break;}
       if (stri > Cfck110[j]) {i=j-1; break;}}
       minimo();
       }


  public void Ffck135(double stri){
      int j;
      for ( j = 0; j < Cfck135.length; j++) {
      if (stri == Cfck135[j]) {i=j; break;}
       if (stri > Cfck135[j]) {i=j-1; break;}}
       minimo();
       }
    public void Ffck150(double stri){
       int j;
      for ( j = 0; j < Cfck150.length; j++) {
      if (stri == Cfck150[j]) {i=j; break;}
       if (stri > Cfck150[j]) {i=j-1; break;}}
       minimo();
       }
  public void Ffck180(double stri){
      int j;
      for ( j = 0; j < Cfck180.length; j++) {
      if (stri == Cfck180[j]) {i=j; break;}
       if (stri > Cfck180[j]) {i=j-1; break;}}
       minimo();
```

```
    }
public void Ffck200(double stri){
    int j;
    for ( j = 0; j < Cfck200.length; j++) {
    if (stri == Cfck200[j]) {i=j; break;}
     if (stri > Cfck200[j]) {i=j-1; break;}}
     minimo();
    }
public void Ffck220(double stri){
    int j;
    for ( j = 0; j < Cfck220.length; j++) {
    if (stri == Cfck220[j]) {i=j; break;}
     if (stri > Cfck220[j]) {i=j-1; break;}}
     minimo();
    }
public void Ffck240(double stri){
    int j;
    for ( j = 0; j < Cfck240.length; j++) {
    if (stri == Cfck240[j]) {i=j; break;}
     if (stri > Cfck240[j]) {i=j-1; break;}}
     minimo();
    }


public void Ffck260(double stri){
    int j;
    for ( j = 0; j < Cfck260.length; j++) {
```

```
        if (stri == Cfck260[j]) {i=j; break;}
         if (stri > Cfck260[j]) {i=j-1; break;}}
        minimo();
      }
```

```java
public void ProcFck(){


switch (fck) {
    case 110:Ffck110(kii);    break;
    case 135:Ffck135(kii);    break;
    case 150:Ffck150(kii);    break;
    case 180: Ffck180(kii);    break;
    case 200: Ffck200(kii);    break;
    case 240: Ffck240(kii);    break;
    case 260: Ffck260(kii);    break;};
}
```

```java
public void AsViga29(){ //{ calcula a área de aço como
pag 123 susekind}
double talsd;


kii =DlinhaT/Math.sqrt(Md/(BwLarg/100));
```

```java
ProcFck();

if (Kx>KxMin) comunica="Seção com armadura de compressão.";

if (Kx<0.26) comunica="Seção subarmada.";

if ((Kx>=0.26) && (Kx<=KxMin)) comunica="Seção normalmente armada.";


switch (Tipo_aco){
    case 25:asMin= 0.0025* (AltViga-DlinhaT) * BwLarg;break;

    case 40,50,60:asMin= 0.0015* DlinhaT * BwLarg;break;};


if (!(comunica==("Seção com armadura de compressão.")))
asTracao=Md/(Alfa*DlinhaT/100); else {

MdT=BwLarg/100*(DlinhaT/KiiMin)*(DlinhaT/KiiMin);

deltaMd=Md-MdT;talsd=1;

switch(Tipo_aco){ case 25:talsd=2.119;break; case 40:talsd=3.36;break; case 50:talsd=4.082;break; case 60:talsd=4.746;break;}

AsCompr=deltaMd/(DlinhaC/100*talsd);

asTracao= (MdT/(AlfaMin * DlinhaT/100)) + ((KzMin*deltaMd)/(AlfaMin*DlinhaC/100));


}
}
public void escolhaTipo29 (double areaAco,double BwLarg){
```

```
double Dlinha,bw,ETB;


comunica1="";
NumBarr=(areaAco / (Math.PI*(DimAs*DimAs)/4));
if  ((NumBarr-(int)NumBarr)!=  0)     NumBarr   =
(int)(NumBarr)+1;
Dlinha=(Recobri+DimEstribo);
bw=BwLarg-(2*Dlinha);
          // { tipos  }
          //   {0 00 8 00 88 }
Eh=2; if (Eh < (1.2*DAgreg)) Eh=1.2*(DAgreg);   //{if eh
< ((0.5)*Dimas) }
if (Eh < DimAs) Eh=DimAs;
          //                { write('    bw=',bw:6:2,'
eh=',eh:3:1);readkey;}


ETB=((NumBarr*DimAs) + ((NumBarr-1)*Eh));
if (ETB <  bw) { tipo=1;return;};          //{  0}


if (((NumBarr-(int)NumBarr)/2)== 0) {
ETB=((NumBarr*DimAs) + (((NumBarr/2)-1)*Eh));
if (ETB <  bw ) { tipo=2;return;}; };          //{  00}


if (((NumBarr-(int)NumBarr)/3)== 0) {
ETB=((NumBarr / 3*2*DimAs) + (((NumBarr/3*2)-
1)*Eh));
if (ETB <  bw) { tipo=4;return;};};          //{ 0}
                              // { 00  }
```

301

```
if (((NumBarr-(int)NumBarr)/2)== 0) {
ETB=((NumBarr / 2* DimAs) + (((NumBarr / 2) -1)*Eh));
if (ETB <  bw) { tipo=3;return;};};                    // {  8}



if (((NumBarr-(int)NumBarr)/4)== 0) {
ETB=(NumBarr/2*DimAs) + (((NumBarr/4-1)*Eh));
if (ETB <  bw) { tipo=5;return;};};               //{  88}


NumBarr=NumBarr+1;


ETB=((NumBarr  /  3*2*DimAs)  +  (((NumBarr/3*2)-
1)*Eh));
if (ETB <  bw) tipo=4;                        //{ 0}
                                      //  { 00  }


ETB  =((NumBarr  /  2*  DimAs)  +  (((NumBarr  /  2)  -
1)*Eh));
if (ETB <  bw) {tipo=3;return;};               // {  8}


ETB=(NumBarr/2*DimAs) + (((NumBarr/4-1)*Eh));
if (ETB <  bw) { tipo=5;return;};               //{  88}


comunica1="A disposição do aço na seção é feita de
acordo com  o item 16.";
}
```

```java
public void  RefTipo29(){

switch (tipoT){

case        3,5:        DlinhaT    =        AltViga-
(Recobri+DimEstribo+DimAs);break;

case            4:            DlinhaT=AltViga-
(Recobri+DimEstribo+(DimAs*0.933012702));break;};

if (comunica=="Seção com armadura de compressão.")

switch (tipoC){

   case        3,5:        DlinhaC=DlinhaT-
(Recobri+DimEstribo+DimAs);break;

   case        4:        DlinhaC=DlinhaT-
(Recobri+DimEstribo+(DimAs*0.933012702));break;};

}



public void estribo29(){

double Ro1,fi1,romin,neta,fyd,BwLargRo;

fyd = 5/1.15;

romin = 0.12;

switch (fck){

   case 110,135 -> { switch (Tipo_aco) { case 25 ->
romin=0.17 ;case 40 -> romin=0.11 ;case 50,60 ->
romin=0.09;}}

   case 150,180 -> { switch (Tipo_aco) { case 25 ->
romin=0.21; case 40 -> romin=0.13 ;case 50,60 ->
romin=0.10;}}

   case 200,220 -> { switch (Tipo_aco) { case 25 ->
romin=0.24 ;case 40 -> romin=0.15; case 50,60 ->
romin=0.12;}}
```

```
case 240,260 -> {switch (Tipo_aco) { case 25 ->
romin=0.29; case 40 -> romin=0.18; case 50,60 ->
romin=0.14;}} }


BwLargRo=60;if (BwLargRo > BwLarg) BwLargRo =
BwLarg;

AsMinEstribo=BwLargRo              *              romin;
// { area mínima nb1}

DmaxEstribo=BwLargRo/12;                                if
(DmaxEstribo>(DlinhaT/12))
DmaxEstribo=(DlinhaT/12);


DmaxEstribo = switch ((int)(DmaxEstribo*10)) { case
0,1,2,3,4,5 -> 5;case 6 -> 6.3; case 7, 8 -> 8; case 9, 10
-> 10;default -> 12.5;};


EspEstribo=DlinhaT/2;

if (EspEstribo>30)EspEstribo=30;

 if (comunica.equals("Seção    com    armadura    de
compressão."))

switch (Tipo_aco){ case 25 -> { if (EspEstribo
>(21*DimAs)) EspEstribo = 21*DimAs;}

case 40,50,60 -> { if (EspEstribo>(12*DimAs))
EspEstribo = 12*DimAs;}}


 talwdmax=(talwdviga*1000)/(BwLarg*DlinhaT);

Ro1=
(numBTracao*Math.PI*(DimAs*DimAs)/4)/(BwLarg*AltV
iga);

fi1= 0.225+15*Ro1;
```

```
neta= 1-((fi1*Math.sqrt(fck))/(1.15*talwdmax));


switch(Tipo_aco) { case 25 -> fyd=2.5/1.15; case 40 ->
fyd=4/1.15; case 50 -> fyd=5/1.15; case 60 ->
fyd=6/1.15;}

AsCalcEstribo = 1.15*neta*(talWd/(DlinhaT/100))/fyd;


}


public void torcor29 (){

double bS,hS,t,SecaoTorc,b,h,fyd,Twd,Ttu,Twu,Ttd;

fyd= 2;

b=BwLarg;h=AltViga; hS=h;

if (h>(3*b)) h=3*b;

t=Recobri+DimEstribo+(DimAs/2); bS= b-(2*t);hS=h-
(2*t);

if (bS>=(5/6*b)){ t=b/6;bS=b-t; hS=h-t;};

if (bS<(5/6*b)) { t=bS/5;bS=bS-t;hS=hS-t;};

SecaoTorc=bS*hS;

Ttu=0.22*fck/1.4;

Twu=0.25*fck/1.4;

Twd=(talWd*1000)/(BwLarg*DlinhaT);

Ttd=(MDTorc*100000)/(2*SecaoTorc*t);

switch (Tipo_aco) { case 25:fyd=2.5/1.15;break; case
40:fyd=4/1.15;break; case 50:fyd=5/1.15;break; case
60:fyd=6/1.15;break;}

if ((Ttu > Ttd) && ((((Ttd/Ttu)+(Twd/Twu))<1))
AsTorc=(MDTorc*10000)/(2*SecaoTorc*fyd);
```

```
else ComunicaTorc="A Secão de concreto não ok para
a torção. Calcule de novo.";

                    //{write(ttu:8:2,' ',twu:8:2,' ',twd:8:2,'
',ttd:8:2,' ',asTorc:8:2,comunicaTorc);readkey; }

};



   public nilson11_GUI() {
      initComponents();



   NomeViga1.setDocument(new
entDados(120,TUDU));

      MomentoMd2.setDocument(new
entDados(10,INTZERODECIMAL));

      flechaMd3.setDocument(new
entDados(10,INTZERODECIMAL));

      talWd4.setDocument(new
entDados(10,INTZERODECIMAL));

      talwdViga5.setDocument(new
entDados(10,INTZERODECIMAL));

      mdtorc6.setDocument(new
entDados(10,INTZERODECIMAL));


      PpRev7.setDocument(new
entDados(10,INTZERODECIMAL));

      SCarg8.setDocument(new
entDados(10,INTZERODECIMAL));

      comprviga9.setDocument(new
entDados(10,INTZERODECIMAL));
```

```java
        BwLarg10.setDocument(new
entDados(10,INTZERODECIMAL));


        AltViga11.setDocument(new
entDados(10,INTZERODECIMAL));

        Tipo_aco12.setDocument(new
entDados(10,INTZERODECIMAL));

        DimEstribo13.setDocument(new
entDados(10,INTZERODECIMAL));

        DimAs14.setDocument(new
entDados(10,INTZERODECIMAL));


        fck15.setDocument(new
entDados(10,INTZERODECIMAL));

        Recobri16.setDocument(new
entDados(10,INTZERODECIMAL));

        Dagreg17.setDocument(new
entDados(10,INTZERODECIMAL));




    }


    /**

     * This method is called from within the constructor to
initialize the form.

     * WARNING: Do NOT modify this code. The content
of this method is always
```

```
 * regenerated by the Form Editor.
 */

@SuppressWarnings("unchecked")
// <editor-fold defaultstate="collapsed"
desc="Generated Code">
private void initComponents() {


    panelImage1                =         new
org.edisoncor.gui.panel.PanelImage();
    labelRect1                 =         new
org.edisoncor.gui.label.LabelRect();
    labelRect2                 =         new
org.edisoncor.gui.label.LabelRect();
    labelRect3                 =         new
org.edisoncor.gui.label.LabelRect();
    labelRect4                 =         new
org.edisoncor.gui.label.LabelRect();
    labelRect5                 =         new
org.edisoncor.gui.label.LabelRect();
    labelRect6                 =         new
org.edisoncor.gui.label.LabelRect();
    labelRect7                 =         new
org.edisoncor.gui.label.LabelRect();
    labelRect8                 =         new
org.edisoncor.gui.label.LabelRect();
    labelRect9                 =         new
org.edisoncor.gui.label.LabelRect();
    labelRect10                =         new
org.edisoncor.gui.label.LabelRect();
```

```java
        labelRect11                    =          new
org.edisoncor.gui.label.LabelRect();

        labelRect12                    =          new
org.edisoncor.gui.label.LabelRect();

        labelRect13                    =          new
org.edisoncor.gui.label.LabelRect();

        labelRect14                    =          new
org.edisoncor.gui.label.LabelRect();

        labelRect15                    =          new
org.edisoncor.gui.label.LabelRect();

        labelRect16                    =          new
org.edisoncor.gui.label.LabelRect();

        labelRect17                    =          new
org.edisoncor.gui.label.LabelRect();

        labelRect18                    =          new
org.edisoncor.gui.label.LabelRect();

        exemplo = new javax.swing.JButton();

        rodar_run = new javax.swing.JButton();

        NomeViga1                      =          new
org.edisoncor.gui.textField.TextField();

        MomentoMd2                     =          new
org.edisoncor.gui.textField.TextField();

        flechaMd3                      =          new
org.edisoncor.gui.textField.TextField();

        talWd4                         =          new
org.edisoncor.gui.textField.TextField();

        talwdViga5                     =          new
org.edisoncor.gui.textField.TextField();

        mdtorc6                        =          new
org.edisoncor.gui.textField.TextField();
```

```java
    PpRev7                          =                   new
org.edisoncor.gui.textField.TextField();

    SCarg8                          =                   new
org.edisoncor.gui.textField.TextField();

    comprviga9                      =                   new
org.edisoncor.gui.textField.TextField();

    BwLarg10                        =                   new
org.edisoncor.gui.textField.TextField();

    AltViga11                       =                   new
org.edisoncor.gui.textField.TextField();

    Tipo_aco12                      =                   new
org.edisoncor.gui.textField.TextField();

    DimEstribo13                    =                   new
org.edisoncor.gui.textField.TextField();

    DimAs14                         =                   new
org.edisoncor.gui.textField.TextField();

    fck15                           =                   new
org.edisoncor.gui.textField.TextField();

    Recobri16                       =                   new
org.edisoncor.gui.textField.TextField();

    Dagreg17                        =                   new
org.edisoncor.gui.textField.TextField();


setDefaultCloseOperation(javax.swing.WindowConstan
ts.EXIT_ON_CLOSE);


    panelImage1.setIcon(new
javax.swing.ImageIcon(getClass().getResource("/view/
n4.jpg"))); // NOI18N
```

```
    labelRect1.setForeground(new      java.awt.Color(0,
0, 0));

    labelRect1.setText("DADOS DE ENTRADA VIGA
RETANGULAR");


    labelRect2.setForeground(new      java.awt.Color(0,
0, 0));

    labelRect2.setText(" 1 - NOME:");


    labelRect3.setForeground(new      java.awt.Color(0,
0, 0));

    labelRect3.setText(" 2 - MOMENTO APLICADO
RELATIVO A TODAS AS CARGAS (MT) :");


    labelRect4.setForeground(new      java.awt.Color(0,
0, 0));

    labelRect4.setText("3 - MOMENTO APLICADO
RELATIVO A PESO PRÓPRIO + REVESTIMENTO
(MT) : ");


    labelRect5.setForeground(new      java.awt.Color(0,
0, 0));

    labelRect5.setText(" 4 - CORTANTE ATUANTE
NESTA SEÇÃO (T) : ");


    labelRect6.setForeground(new      java.awt.Color(0,
0, 0));

    labelRect6.setText(" 5 - CORTANTE ATUANTE
MÁXIMO NA VIGA (T) :");
```

```java
labelRect7.setForeground(new     java.awt.Color(0,
0, 0));

    labelRect7.setText(" 6  -  MOMENTO  TORSOR
(MT) :");


    labelRect8.setForeground(new     java.awt.Color(0,
0, 0));

    labelRect8.setText(" 7 - CARGA  PERMANENTE
(T/M) :");


    labelRect9.setForeground(new     java.awt.Color(0,
0, 0));

    labelRect9.setText(" 8 - SOBRECARGA (T/M) :");


    labelRect10.setForeground(new  java.awt.Color(0,
0, 0));

    labelRect10.setText(" 9  -  COMPRIMENTO  DA
VIGA (CM) :");


    labelRect11.setForeground(new  java.awt.Color(0,
0, 0));

    labelRect11.setText(" 10  -  LARGURA  DA  VIGA
(CM) :");


    labelRect12.setForeground(new  java.awt.Color(0,
0, 0));

    labelRect12.setText(" 11  -  ALTURA  DA  VIGA
(CM) :");
```

```java
    labelRect13.setForeground(new  java.awt.Color(0,
0, 0));

    labelRect13.setText(" 12 - TIPO DO AÇO  A SER
UTILIZADO (25-40-50-60) :");


    labelRect14.setForeground(new  java.awt.Color(0,
0, 0));

    labelRect14.setText("  13  -  DIÂMETRO  DO
ESTRIBO (5-6.3-8-10MM) :");


    labelRect15.setForeground(new  java.awt.Color(0,
0, 0));

    labelRect15.setText(" 14 - DIÂMETRO DO AÇO A
SER UTILIZADO NA FLEXÃO (MM):");


    labelRect16.setForeground(new  java.awt.Color(0,
0, 0));

    labelRect16.setText("  15  -  RESISTÊNCIA  DO
CONCRETO (110 A 260 KG/CM²) :");


    labelRect17.setForeground(new  java.awt.Color(0,
0, 0));

    labelRect17.setText(" 16 - RECOBRIMENTO DA
ARMADURA (CM):");


    labelRect18.setForeground(new  java.awt.Color(0,
0, 0));

    labelRect18.setText(" 17 - DIÂMETRO MÁXIMO
DO AGREGADO (1 A 5 CM) :");
```

```java
    exemplo.setFont(new java.awt.Font("Tahoma", 1,
18)); // NOI18N

    exemplo.setText("EXEMPLO");

    exemplo.addActionListener(new
java.awt.event.ActionListener() {

        public                                    void
actionPerformed(java.awt.event.ActionEvent evt) {

            exemploActionPerformed(evt);

        }

    });


    rodar_run.setFont(new java.awt.Font("Tahoma", 1,
18)); // NOI18N

    rodar_run.setText("RODAR - RUN");

    rodar_run.addActionListener(new
java.awt.event.ActionListener() {

        public                                    void
actionPerformed(java.awt.event.ActionEvent evt) {

            rodar_runActionPerformed(evt);

        }

    });


    NomeViga1.addActionListener(new
java.awt.event.ActionListener() {

        public                                    void
actionPerformed(java.awt.event.ActionEvent evt) {

            NomeViga1ActionPerformed(evt);

        }

    });
```

```java
        MomentoMd2.addActionListener(new
java.awt.event.ActionListener() {
        public                                void
actionPerformed(java.awt.event.ActionEvent evt) {
            MomentoMd2ActionPerformed(evt);
        }
    });


        flechaMd3.addActionListener(new
java.awt.event.ActionListener() {
        public                                void
actionPerformed(java.awt.event.ActionEvent evt) {
            flechaMd3ActionPerformed(evt);
        }
    });


        talWd4.addActionListener(new
java.awt.event.ActionListener() {
        public                                void
actionPerformed(java.awt.event.ActionEvent evt) {
            talWd4ActionPerformed(evt);
        }
    });


        talwdViga5.addActionListener(new
java.awt.event.ActionListener() {
        public                                void
actionPerformed(java.awt.event.ActionEvent evt) {
```

```java
            talwdViga5ActionPerformed(evt);
        }
    });


    mdtorc6.addActionListener(new
java.awt.event.ActionListener() {
        public                          void
actionPerformed(java.awt.event.ActionEvent evt) {
            mdtorc6ActionPerformed(evt);
        }
    });


    PpRev7.addActionListener(new
java.awt.event.ActionListener() {
        public                          void
actionPerformed(java.awt.event.ActionEvent evt) {
            PpRev7ActionPerformed(evt);
        }
    });


    SCarg8.addActionListener(new
java.awt.event.ActionListener() {
        public                          void
actionPerformed(java.awt.event.ActionEvent evt) {
            SCarg8ActionPerformed(evt);
        }
    });
```

```java
        comprviga9.addActionListener(new
java.awt.event.ActionListener() {

        public                                void
actionPerformed(java.awt.event.ActionEvent evt) {

            comprviga9ActionPerformed(evt);

        }
    });


        BwLarg10.addActionListener(new
java.awt.event.ActionListener() {

        public                                void
actionPerformed(java.awt.event.ActionEvent evt) {

            BwLarg10ActionPerformed(evt);

        }
    });


        AltViga11.addActionListener(new
java.awt.event.ActionListener() {

        public                                void
actionPerformed(java.awt.event.ActionEvent evt) {

            AltViga11ActionPerformed(evt);

        }
    });


        Tipo_aco12.addActionListener(new
java.awt.event.ActionListener() {

        public                                void
actionPerformed(java.awt.event.ActionEvent evt) {

            Tipo_aco12ActionPerformed(evt);
```

```java
    }
    });


    DimEstribo13.addActionListener(new
java.awt.event.ActionListener() {
        public                              void
actionPerformed(java.awt.event.ActionEvent evt) {
            DimEstribo13ActionPerformed(evt);
        }
    });


    DimAs14.addActionListener(new
java.awt.event.ActionListener() {
        public                              void
actionPerformed(java.awt.event.ActionEvent evt) {
            DimAs14ActionPerformed(evt);
        }
    });


    fck15.addActionListener(new
java.awt.event.ActionListener() {
        public                              void
actionPerformed(java.awt.event.ActionEvent evt) {
            fck15ActionPerformed(evt);
        }
    });


    Recobri16.addActionListener(new
java.awt.event.ActionListener() {
```

```java
        public                              void
actionPerformed(java.awt.event.ActionEvent evt) {

        Recobri16ActionPerformed(evt);

    }

    });


    Dagreg17.addActionListener(new
java.awt.event.ActionListener() {

        public                              void
actionPerformed(java.awt.event.ActionEvent evt) {

        Dagreg17ActionPerformed(evt);

    }

    });


    javax.swing.GroupLayout   panelImage1Layout   =
new javax.swing.GroupLayout(panelImage1);

    panelImage1.setLayout(panelImage1Layout);

    panelImage1Layout.setHorizontalGroup(


panelImage1Layout.createParallelGroup(javax.swing.G
roupLayout.Alignment.LEADING)


.addGroup(panelImage1Layout.createSequentialGroup
()


.addGroup(panelImage1Layout.createParallelGroup(jav
ax.swing.GroupLayout.Alignment.LEADING)


.addGroup(panelImage1Layout.createSequentialGroup
()
```

```
                    .addGap(280, 280, 280)

                    .addComponent(labelRect1,
javax.swing.GroupLayout.PREFERRED_SIZE,      320,
javax.swing.GroupLayout.PREFERRED_SIZE))


.addGroup(panelImage1Layout.createSequentialGroup
()

                    .addGap(30, 30, 30)

                    .addComponent(labelRect3,
javax.swing.GroupLayout.PREFERRED_SIZE,      440,
javax.swing.GroupLayout.PREFERRED_SIZE)


.addPreferredGap(javax.swing.LayoutStyle.Component
Placement.RELATED)

                    .addComponent(MomentoMd2,
javax.swing.GroupLayout.PREFERRED_SIZE,      141,
javax.swing.GroupLayout.PREFERRED_SIZE))


.addGroup(panelImage1Layout.createSequentialGroup
()

                    .addGap(30, 30, 30)

                    .addComponent(labelRect4,
javax.swing.GroupLayout.PREFERRED_SIZE,      550,
javax.swing.GroupLayout.PREFERRED_SIZE)


.addPreferredGap(javax.swing.LayoutStyle.Component
Placement.RELATED)

                    .addComponent(flechaMd3,
javax.swing.GroupLayout.PREFERRED_SIZE,      104,
javax.swing.GroupLayout.PREFERRED_SIZE))
```

```
.addGroup(panelImage1Layout.createSequentialGroup
()

                .addGap(30, 30, 30)

                .addComponent(labelRect9,
javax.swing.GroupLayout.PREFERRED_SIZE,
javax.swing.GroupLayout.DEFAULT_SIZE,
javax.swing.GroupLayout.PREFERRED_SIZE)


.addPreferredGap(javax.swing.LayoutStyle.Component
Placement.RELATED)

                .addComponent(SCarg8,
javax.swing.GroupLayout.PREFERRED_SIZE,    115,
javax.swing.GroupLayout.PREFERRED_SIZE))


.addGroup(panelImage1Layout.createSequentialGroup
()

                .addGap(30, 30, 30)

                .addComponent(labelRect10,
javax.swing.GroupLayout.PREFERRED_SIZE,
javax.swing.GroupLayout.DEFAULT_SIZE,
javax.swing.GroupLayout.PREFERRED_SIZE)


.addPreferredGap(javax.swing.LayoutStyle.Component
Placement.RELATED)

                .addComponent(comprviga9,
javax.swing.GroupLayout.PREFERRED_SIZE,    96,
javax.swing.GroupLayout.PREFERRED_SIZE))


.addGroup(panelImage1Layout.createSequentialGroup
()

                .addGap(30, 30, 30)
```

```
            .addComponent(labelRect14,
javax.swing.GroupLayout.PREFERRED_SIZE,
javax.swing.GroupLayout.DEFAULT_SIZE,
javax.swing.GroupLayout.PREFERRED_SIZE)


.addPreferredGap(javax.swing.LayoutStyle.Component
Placement.RELATED)
            .addComponent(DimEstribo13,
javax.swing.GroupLayout.PREFERRED_SIZE,      115,
javax.swing.GroupLayout.PREFERRED_SIZE))


.addGroup(panelImage1Layout.createSequentialGroup
()

            .addGap(30, 30, 30)

            .addComponent(labelRect15,
javax.swing.GroupLayout.PREFERRED_SIZE,
javax.swing.GroupLayout.DEFAULT_SIZE,
javax.swing.GroupLayout.PREFERRED_SIZE)


.addPreferredGap(javax.swing.LayoutStyle.Component
Placement.RELATED)
            .addComponent(DimAs14,
javax.swing.GroupLayout.PREFERRED_SIZE,      115,
javax.swing.GroupLayout.PREFERRED_SIZE))


.addGroup(panelImage1Layout.createSequentialGroup
()

            .addGap(30, 30, 30)

            .addComponent(labelRect16,
javax.swing.GroupLayout.PREFERRED_SIZE,
javax.swing.GroupLayout.DEFAULT_SIZE,
javax.swing.GroupLayout.PREFERRED_SIZE)
```

```
.addPreferredGap(javax.swing.LayoutStyle.Component
Placement.RELATED)

                .addComponent(fck15,
javax.swing.GroupLayout.PREFERRED_SIZE,      120,
javax.swing.GroupLayout.PREFERRED_SIZE))


.addGroup(panelImage1Layout.createSequentialGroup
()

                .addGap(30, 30, 30)

                .addComponent(labelRect8,
javax.swing.GroupLayout.PREFERRED_SIZE,
javax.swing.GroupLayout.DEFAULT_SIZE,
javax.swing.GroupLayout.PREFERRED_SIZE)


.addPreferredGap(javax.swing.LayoutStyle.Component
Placement.RELATED)

                .addComponent(PpRev7,
javax.swing.GroupLayout.PREFERRED_SIZE,      126,
javax.swing.GroupLayout.PREFERRED_SIZE))


.addGroup(panelImage1Layout.createSequentialGroup
()

                .addGap(30, 30, 30)


.addGroup(panelImage1Layout.createParallelGroup(jav
ax.swing.GroupLayout.Alignment.TRAILING, false)


.addGroup(javax.swing.GroupLayout.Alignment.LEADI
NG, panelImage1Layout.createSequentialGroup()

                .addComponent(labelRect13,
javax.swing.GroupLayout.PREFERRED_SIZE,
```

```
                javax.swing.GroupLayout.DEFAULT_SIZE,
javax.swing.GroupLayout.PREFERRED_SIZE)

.addPreferredGap(javax.swing.LayoutStyle.Component
Placement.RELATED)
                        .addComponent(Tipo_aco12,
javax.swing.GroupLayout.PREFERRED_SIZE,        94,
javax.swing.GroupLayout.PREFERRED_SIZE))

.addGroup(javax.swing.GroupLayout.Alignment.LEADI
NG, panelImage1Layout.createSequentialGroup()
                        .addComponent(labelRect11,
javax.swing.GroupLayout.PREFERRED_SIZE,        206,
javax.swing.GroupLayout.PREFERRED_SIZE)

.addPreferredGap(javax.swing.LayoutStyle.Component
Placement.RELATED)
                        .addComponent(BwLarg10,
javax.swing.GroupLayout.PREFERRED_SIZE,        107,
javax.swing.GroupLayout.PREFERRED_SIZE))

.addGroup(javax.swing.GroupLayout.Alignment.LEADI
NG, panelImage1Layout.createSequentialGroup()
                        .addComponent(labelRect12,
javax.swing.GroupLayout.PREFERRED_SIZE,
javax.swing.GroupLayout.DEFAULT_SIZE,
javax.swing.GroupLayout.PREFERRED_SIZE)

.addPreferredGap(javax.swing.LayoutStyle.Component
Placement.RELATED)
                        .addComponent(AltViga11,
javax.swing.GroupLayout.PREFERRED_SIZE,        99,
javax.swing.GroupLayout.PREFERRED_SIZE))))
```

```java
.addGroup(panelImage1Layout.createSequentialGroup
()
                .addGap(30, 30, 30)

.addGroup(panelImage1Layout.createParallelGroup(jav
ax.swing.GroupLayout.Alignment.LEADING)

.addGroup(panelImage1Layout.createSequentialGroup
()
                        .addComponent(labelRect7,
javax.swing.GroupLayout.PREFERRED_SIZE,
javax.swing.GroupLayout.DEFAULT_SIZE,
javax.swing.GroupLayout.PREFERRED_SIZE)

.addPreferredGap(javax.swing.LayoutStyle.Component
Placement.RELATED)
                        .addComponent(mdtorc6,
javax.swing.GroupLayout.PREFERRED_SIZE,     121,
javax.swing.GroupLayout.PREFERRED_SIZE))

.addGroup(panelImage1Layout.createSequentialGroup
()
                        .addComponent(labelRect6,
javax.swing.GroupLayout.PREFERRED_SIZE,     320,
javax.swing.GroupLayout.PREFERRED_SIZE)

.addPreferredGap(javax.swing.LayoutStyle.Component
Placement.RELATED)
                        .addComponent(talwdViga5,
javax.swing.GroupLayout.PREFERRED_SIZE,     128,
javax.swing.GroupLayout.PREFERRED_SIZE))
```

```
.addGroup(panelImage1Layout.createSequentialGroup
()

                .addComponent(labelRect5,
javax.swing.GroupLayout.PREFERRED_SIZE,     300,
javax.swing.GroupLayout.PREFERRED_SIZE)

.addPreferredGap(javax.swing.LayoutStyle.Component
Placement.RELATED)

                .addComponent(talWd4,
javax.swing.GroupLayout.PREFERRED_SIZE,     90,
javax.swing.GroupLayout.PREFERRED_SIZE)))))

        .addContainerGap(163, Short.MAX_VALUE))

.addGroup(javax.swing.GroupLayout.Alignment.TRAILI
NG, panelImage1Layout.createSequentialGroup()

        .addGap(30, 30, 30)

.addGroup(panelImage1Layout.createParallelGroup(jav
ax.swing.GroupLayout.Alignment.TRAILING)

.addGroup(panelImage1Layout.createSequentialGroup
()

                .addComponent(labelRect2,
javax.swing.GroupLayout.PREFERRED_SIZE,     70,
javax.swing.GroupLayout.PREFERRED_SIZE)

                .addGap(18, 18, 18)

                .addComponent(NomeViga1,
javax.swing.GroupLayout.DEFAULT_SIZE,
javax.swing.GroupLayout.DEFAULT_SIZE,
Short.MAX_VALUE))
```

```
.addGroup(javax.swing.GroupLayout.Alignment.LEADI
NG, panelImage1Layout.createSequentialGroup()

.addGroup(panelImage1Layout.createParallelGroup(jav
ax.swing.GroupLayout.Alignment.LEADING)

.addGroup(panelImage1Layout.createSequentialGroup
()
                .addComponent(labelRect18,
javax.swing.GroupLayout.PREFERRED_SIZE,
javax.swing.GroupLayout.DEFAULT_SIZE,
javax.swing.GroupLayout.PREFERRED_SIZE)

.addPreferredGap(javax.swing.LayoutStyle.Component
Placement.RELATED)
                .addComponent(Dagreg17,
javax.swing.GroupLayout.DEFAULT_SIZE,
javax.swing.GroupLayout.DEFAULT_SIZE,
Short.MAX_VALUE))

.addGroup(panelImage1Layout.createSequentialGroup
()
                .addComponent(labelRect17,
javax.swing.GroupLayout.PREFERRED_SIZE,
javax.swing.GroupLayout.DEFAULT_SIZE,
javax.swing.GroupLayout.PREFERRED_SIZE)

.addPreferredGap(javax.swing.LayoutStyle.Component
Placement.RELATED)
                .addComponent(Recobri16,
javax.swing.GroupLayout.PREFERRED_SIZE,     118,
javax.swing.GroupLayout.PREFERRED_SIZE)))
```

```
                    .addGap(18, 18, 18)

                    .addComponent(exemplo,
javax.swing.GroupLayout.PREFERRED_SIZE,      127,
javax.swing.GroupLayout.PREFERRED_SIZE)

                    .addGap(50, 50, 50)

                    .addComponent(rodar_run)))

            .addGap(15, 15, 15))

        );

        panelImage1Layout.setVerticalGroup(


panelImage1Layout.createParallelGroup(javax.swing.G
roupLayout.Alignment.LEADING)


.addGroup(panelImage1Layout.createSequentialGroup
()

            .addGap(10, 10, 10)

            .addComponent(labelRect1,
javax.swing.GroupLayout.PREFERRED_SIZE,
javax.swing.GroupLayout.DEFAULT_SIZE,
javax.swing.GroupLayout.PREFERRED_SIZE)

            .addGap(2, 2, 2)


.addGroup(panelImage1Layout.createParallelGroup(jav
ax.swing.GroupLayout.Alignment.BASELINE)

            .addComponent(labelRect2,
javax.swing.GroupLayout.PREFERRED_SIZE,
javax.swing.GroupLayout.DEFAULT_SIZE,
javax.swing.GroupLayout.PREFERRED_SIZE)

            .addComponent(NomeViga1,
javax.swing.GroupLayout.PREFERRED_SIZE,
javax.swing.GroupLayout.DEFAULT_SIZE,
javax.swing.GroupLayout.PREFERRED_SIZE))
```

```
            .addGap(11, 11, 11)


.addGroup(panelImage1Layout.createParallelGroup(jav
ax.swing.GroupLayout.Alignment.BASELINE)
            .addComponent(labelRect3,
javax.swing.GroupLayout.PREFERRED_SIZE,        20,
javax.swing.GroupLayout.PREFERRED_SIZE)
            .addComponent(MomentoMd2,
javax.swing.GroupLayout.PREFERRED_SIZE,
javax.swing.GroupLayout.DEFAULT_SIZE,
javax.swing.GroupLayout.PREFERRED_SIZE))
            .addGap(8, 8, 8)


.addGroup(panelImage1Layout.createParallelGroup(jav
ax.swing.GroupLayout.Alignment.BASELINE)
            .addComponent(labelRect4,
javax.swing.GroupLayout.PREFERRED_SIZE,
javax.swing.GroupLayout.DEFAULT_SIZE,
javax.swing.GroupLayout.PREFERRED_SIZE)
            .addComponent(flechaMd3,
javax.swing.GroupLayout.PREFERRED_SIZE,
javax.swing.GroupLayout.DEFAULT_SIZE,
javax.swing.GroupLayout.PREFERRED_SIZE))
            .addGap(10, 10, 10)


.addGroup(panelImage1Layout.createParallelGroup(jav
ax.swing.GroupLayout.Alignment.BASELINE)
            .addComponent(labelRect5,
javax.swing.GroupLayout.PREFERRED_SIZE,
javax.swing.GroupLayout.DEFAULT_SIZE,
javax.swing.GroupLayout.PREFERRED_SIZE)
            .addComponent(talWd4,
javax.swing.GroupLayout.PREFERRED_SIZE,
```

```java
                javax.swing.GroupLayout.DEFAULT_SIZE,
                javax.swing.GroupLayout.PREFERRED_SIZE))

                        .addGap(10, 10, 10)


                .addGroup(panelImage1Layout.createParallelGroup(jav
                ax.swing.GroupLayout.Alignment.BASELINE)

                        .addComponent(labelRect6,
                javax.swing.GroupLayout.PREFERRED_SIZE,
                javax.swing.GroupLayout.DEFAULT_SIZE,
                javax.swing.GroupLayout.PREFERRED_SIZE)

                        .addComponent(talwdViga5,
                javax.swing.GroupLayout.PREFERRED_SIZE,
                javax.swing.GroupLayout.DEFAULT_SIZE,
                javax.swing.GroupLayout.PREFERRED_SIZE))

                        .addGap(10, 10, 10)


                .addGroup(panelImage1Layout.createParallelGroup(jav
                ax.swing.GroupLayout.Alignment.BASELINE)

                        .addComponent(labelRect7,
                javax.swing.GroupLayout.PREFERRED_SIZE,
                javax.swing.GroupLayout.DEFAULT_SIZE,
                javax.swing.GroupLayout.PREFERRED_SIZE)

                        .addComponent(mdtorc6,
                javax.swing.GroupLayout.PREFERRED_SIZE,
                javax.swing.GroupLayout.DEFAULT_SIZE,
                javax.swing.GroupLayout.PREFERRED_SIZE))

                        .addGap(10, 10, 10)


                .addGroup(panelImage1Layout.createParallelGroup(jav
                ax.swing.GroupLayout.Alignment.BASELINE)

                        .addComponent(labelRect8,
                javax.swing.GroupLayout.PREFERRED_SIZE,
```

```java
javax.swing.GroupLayout.DEFAULT_SIZE,
javax.swing.GroupLayout.PREFERRED_SIZE)

                    .addComponent(PpRev7,
javax.swing.GroupLayout.PREFERRED_SIZE,
javax.swing.GroupLayout.DEFAULT_SIZE,
javax.swing.GroupLayout.PREFERRED_SIZE))

                .addGap(10, 10, 10)


            .addGroup(panelImage1Layout.createParallelGroup(jav
ax.swing.GroupLayout.Alignment.BASELINE)

                    .addComponent(labelRect9,
javax.swing.GroupLayout.PREFERRED_SIZE,
javax.swing.GroupLayout.DEFAULT_SIZE,
javax.swing.GroupLayout.PREFERRED_SIZE)

                    .addComponent(SCarg8,
javax.swing.GroupLayout.PREFERRED_SIZE,
javax.swing.GroupLayout.DEFAULT_SIZE,
javax.swing.GroupLayout.PREFERRED_SIZE))

                .addGap(10, 10, 10)


            .addGroup(panelImage1Layout.createParallelGroup(jav
ax.swing.GroupLayout.Alignment.BASELINE)

                    .addComponent(labelRect10,
javax.swing.GroupLayout.PREFERRED_SIZE,
javax.swing.GroupLayout.DEFAULT_SIZE,
javax.swing.GroupLayout.PREFERRED_SIZE)

                    .addComponent(comprviga9,
javax.swing.GroupLayout.PREFERRED_SIZE,
javax.swing.GroupLayout.DEFAULT_SIZE,
javax.swing.GroupLayout.PREFERRED_SIZE))

                .addGap(10, 10, 10)
```

```java
.addGroup(panelImage1Layout.createParallelGroup(jav
ax.swing.GroupLayout.Alignment.BASELINE)
        .addComponent(labelRect11,
javax.swing.GroupLayout.PREFERRED_SIZE,
javax.swing.GroupLayout.DEFAULT_SIZE,
javax.swing.GroupLayout.PREFERRED_SIZE)
        .addComponent(BwLarg10,
javax.swing.GroupLayout.PREFERRED_SIZE,
javax.swing.GroupLayout.DEFAULT_SIZE,
javax.swing.GroupLayout.PREFERRED_SIZE))
        .addGap(10, 10, 10)

.addGroup(panelImage1Layout.createParallelGroup(jav
ax.swing.GroupLayout.Alignment.BASELINE)
        .addComponent(labelRect12,
javax.swing.GroupLayout.PREFERRED_SIZE,
javax.swing.GroupLayout.DEFAULT_SIZE,
javax.swing.GroupLayout.PREFERRED_SIZE)
        .addComponent(AltViga11,
javax.swing.GroupLayout.PREFERRED_SIZE,
javax.swing.GroupLayout.DEFAULT_SIZE,
javax.swing.GroupLayout.PREFERRED_SIZE))
        .addGap(8, 8, 8)

.addGroup(panelImage1Layout.createParallelGroup(jav
ax.swing.GroupLayout.Alignment.BASELINE)
        .addComponent(Tipo_aco12,
javax.swing.GroupLayout.PREFERRED_SIZE,
javax.swing.GroupLayout.DEFAULT_SIZE,
javax.swing.GroupLayout.PREFERRED_SIZE)
        .addComponent(labelRect13,
javax.swing.GroupLayout.PREFERRED_SIZE,
```

```
javax.swing.GroupLayout.DEFAULT_SIZE,
javax.swing.GroupLayout.PREFERRED_SIZE))

        .addGap(12, 12, 12)


.addGroup(panelImage1Layout.createParallelGroup(jav
ax.swing.GroupLayout.Alignment.BASELINE)

        .addComponent(labelRect14,
javax.swing.GroupLayout.PREFERRED_SIZE,
javax.swing.GroupLayout.DEFAULT_SIZE,
javax.swing.GroupLayout.PREFERRED_SIZE)

        .addComponent(DimEstribo13,
javax.swing.GroupLayout.PREFERRED_SIZE,
javax.swing.GroupLayout.DEFAULT_SIZE,
javax.swing.GroupLayout.PREFERRED_SIZE))

        .addGap(10, 10, 10)


.addGroup(panelImage1Layout.createParallelGroup(jav
ax.swing.GroupLayout.Alignment.BASELINE)

        .addComponent(labelRect15,
javax.swing.GroupLayout.PREFERRED_SIZE,
javax.swing.GroupLayout.DEFAULT_SIZE,
javax.swing.GroupLayout.PREFERRED_SIZE)

        .addComponent(DimAs14,
javax.swing.GroupLayout.PREFERRED_SIZE,
javax.swing.GroupLayout.DEFAULT_SIZE,
javax.swing.GroupLayout.PREFERRED_SIZE))

        .addGap(10, 10, 10)


.addGroup(panelImage1Layout.createParallelGroup(jav
ax.swing.GroupLayout.Alignment.BASELINE)

        .addComponent(labelRect16,
javax.swing.GroupLayout.PREFERRED_SIZE,
```

```
javax.swing.GroupLayout.DEFAULT_SIZE,
javax.swing.GroupLayout.PREFERRED_SIZE)

                .addComponent(fck15,
javax.swing.GroupLayout.PREFERRED_SIZE,
javax.swing.GroupLayout.DEFAULT_SIZE,
javax.swing.GroupLayout.PREFERRED_SIZE))


.addGroup(panelImage1Layout.createParallelGroup(jav
ax.swing.GroupLayout.Alignment.LEADING)


.addGroup(panelImage1Layout.createSequentialGroup
()


.addPreferredGap(javax.swing.LayoutStyle.Component
Placement.UNRELATED)


.addGroup(panelImage1Layout.createParallelGroup(jav
ax.swing.GroupLayout.Alignment.BASELINE)

                    .addComponent(labelRect17,
javax.swing.GroupLayout.PREFERRED_SIZE,
javax.swing.GroupLayout.DEFAULT_SIZE,
javax.swing.GroupLayout.PREFERRED_SIZE)

                    .addComponent(Recobri16,
javax.swing.GroupLayout.PREFERRED_SIZE,
javax.swing.GroupLayout.DEFAULT_SIZE,
javax.swing.GroupLayout.PREFERRED_SIZE))


.addPreferredGap(javax.swing.LayoutStyle.Component
Placement.UNRELATED)


.addGroup(panelImage1Layout.createParallelGroup(jav
ax.swing.GroupLayout.Alignment.BASELINE)
```

```
                            .addComponent(labelRect18,
javax.swing.GroupLayout.PREFERRED_SIZE,
javax.swing.GroupLayout.DEFAULT_SIZE,
javax.swing.GroupLayout.PREFERRED_SIZE)

                            .addComponent(Dagreg17,
javax.swing.GroupLayout.PREFERRED_SIZE,
javax.swing.GroupLayout.DEFAULT_SIZE,
javax.swing.GroupLayout.PREFERRED_SIZE)))


.addGroup(panelImage1Layout.createSequentialGroup
()

                .addGap(9, 9, 9)


.addGroup(panelImage1Layout.createParallelGroup(jav
ax.swing.GroupLayout.Alignment.BASELINE)

                        .addComponent(exemplo,
javax.swing.GroupLayout.PREFERRED_SIZE,        48,
javax.swing.GroupLayout.PREFERRED_SIZE)

                        .addComponent(rodar_run,
javax.swing.GroupLayout.PREFERRED_SIZE,        48,
javax.swing.GroupLayout.PREFERRED_SIZE))))


.addContainerGap(javax.swing.GroupLayout.DEFAULT
_SIZE, Short.MAX_VALUE))

        );


    javax.swing.GroupLayout    layout    =    new
javax.swing.GroupLayout(getContentPane());

    getContentPane().setLayout(layout);

    layout.setHorizontalGroup(
```

```java
layout.createParallelGroup(javax.swing.GroupLayout.Al
ignment.LEADING)

        .addComponent(panelImage1,
javax.swing.GroupLayout.DEFAULT_SIZE,
javax.swing.GroupLayout.DEFAULT_SIZE,
Short.MAX_VALUE)

    );

    layout.setVerticalGroup(


layout.createParallelGroup(javax.swing.GroupLayout.Al
ignment.LEADING)

        .addComponent(panelImage1,
javax.swing.GroupLayout.Alignment.TRAILING,
javax.swing.GroupLayout.DEFAULT_SIZE,
javax.swing.GroupLayout.DEFAULT_SIZE,
Short.MAX_VALUE)

    );


    setSize(new java.awt.Dimension(866, 588));

    setLocationRelativeTo(null);

  }// </editor-fold>


    private                              void
NomeViga1ActionPerformed(java.awt.event.ActionEve
nt evt) {

    NomeViga = NomeViga1.getText();

    }
```

```java
    private                                void
MomentoMd2ActionPerformed(java.awt.event.ActionEv
ent evt) {
    // TODO add your handling code here:
    MomentoMd                              =
Double.parseDouble(MomentoMd2.getText());
    }


    private                                void
talWd4ActionPerformed(java.awt.event.ActionEvent
evt) {
    // TODO add your handling code here:
    talWd = Double.parseDouble(talWd4.getText());
    }


    private                                void
talwdViga5ActionPerformed(java.awt.event.ActionEvent
evt) {
    // TODO add your handling code here:
    talwdviga                              =
Double.parseDouble(talwdViga5.getText());
    }


    private                                void
mdtorc6ActionPerformed(java.awt.event.ActionEvent
evt) {
    // TODO add your handling code here:
    MDTorc                                 =
Double.parseDouble(mdtorc6.getText());
    }
```

```java
    private                              void
PpRev7ActionPerformed(java.awt.event.ActionEvent
evt) {

    // TODO add your handling code here:

    PpRev = Double.parseDouble(PpRev7.getText());

    }


    private                              void
SCarg8ActionPerformed(java.awt.event.ActionEvent
evt) {

    // TODO add your handling code here:

    SCarg = Double.parseDouble(SCarg8.getText());

    }


    private                              void
comprviga9ActionPerformed(java.awt.event.ActionEven
t evt) {

    // TODO add your handling code here:

    comprViga                              =
Double.parseDouble(comprviga9.getText());

    }


    private                              void
BwLarg10ActionPerformed(java.awt.event.ActionEvent
evt) {

    // TODO add your handling code here:

    BwLarg                                 =
Double.parseDouble(BwLarg10.getText());
```

```java
    }

    private                                        void
AltViga11ActionPerformed(java.awt.event.ActionEvent
evt) {
        // TODO add your handling code here:
        AltViga                                      =
Double.parseDouble(AltViga11.getText());
    }


    private                                        void
Tipo_aco12ActionPerformed(java.awt.event.ActionEve
nt evt) {
        // TODO add your handling code here:
        Tipo_aco                                     =
Integer.parseInt(Tipo_aco12.getText());
    }


    private                                        void
DimEstribo13ActionPerformed(java.awt.event.ActionEv
ent evt) {
        // TODO add your handling code here:
        DimEstribo                                   =
Double.parseDouble(DimEstribo13.getText());
    }


    private                                        void
DimAs14ActionPerformed(java.awt.event.ActionEvent
evt) {
        // TODO add your handling code here:
```

```java
    DimAs                                    =
Double.parseDouble(DimAs14.getText());
    }


    private                                  void
fck15ActionPerformed(java.awt.event.ActionEvent  evt)
{
        // TODO add your handling code here:
        fck = Integer.parseInt(fck15.getText());
        if ((fck  <110 ) ||   (fck  >260)){ fck15.setText("");
JOptionPane.showMessageDialog(null," Entre  com  o
valor indicado.");}
    }


    private                                  void
Recobri16ActionPerformed(java.awt.event.ActionEvent
evt) {
        // TODO add your handling code here:
        Recobri                              =
Double.parseDouble(Recobri16.getText());
    }


    private                                  void
Dagreg17ActionPerformed(java.awt.event.ActionEvent
evt) {
        // TODO add your handling code here:
        DAgreg                               =
Double.parseDouble(Dagreg17.getText());
    }
```

```java
    private                                    void
exemploActionPerformed(java.awt.event.ActionEvent
evt) {
    // TODO add your handling code here:


 NomeViga1.setText("NILSON440@GMAIL.COM   Viga
exemplo-Retangular V-8-area2-mom. a 2 m.");

 MomentoMd2.setText("100");

 flechaMd3.setText("43");

 talWd4.setText("68");

 talwdViga5.setText("75");

 mdtorc6.setText ("17");

 PpRev7.setText("3");

 SCarg8.setText("6");

 comprviga9.setText("1000");

BwLarg10.setText("60");

AltViga11.setText("100");

Tipo_aco12.setText("50");

DimEstribo13.setText("5");

DimAs14.setText("20");

fck15.setText("200");

Recobri16.setText("1");

Dagreg17.setText("1");


    }
```

```java
    private                                    void
rodar_runActionPerformed(java.awt.event.ActionEvent
evt) {

        // TODO add your handling code here:


        if        (MomentoMd2.getText().isBlank()        ||
flechaMd3.getText().isBlank()                            ||
talWd4.getText().isBlank() ||

            talwdViga5.getText().isBlank()               ||
mdtorc6.getText().isBlank()                              ||
PpRev7.getText().isBlank() ||

            SCarg8.getText().isBlank()                   ||
comprviga9.getText().isBlank()                           ||
BwLarg10.getText().isBlank() ||

            AltViga11.getText().isBlank()                ||
Tipo_aco12.getText().isBlank()                           ||
DimEstribo13.getText().isBlank() ||

            DimAs14.getText().isBlank()                  ||
fck15.getText().isBlank()                                ||
Recobri16.getText().isBlank() ||

            Dagreg17.getText().isBlank() )

        {          JOptionPane.showMessageDialog(null,"
Preencha todos os campos.");}   else {

    NomeViga = NomeViga1.getText();

    MomentoMd                                    =
Double.parseDouble(MomentoMd2.getText());

    flechaMD                                     =
Double.parseDouble(flechaMd3.getText());

    talWd = Double.parseDouble(talWd4.getText());

    talwdviga                                    =
Double.parseDouble(talwdViga5.getText());
```

```java
    MDTorc = Double.parseDouble(mdtorc6.getText());

    PpRev = Double.parseDouble(PpRev7.getText());

    SCarg = Double.parseDouble(SCarg8.getText());

    comprViga                                    =
Double.parseDouble(comprviga9.getText());

    BwLarg = Double.parseDouble(BwLarg10.getText());

    AltViga = Double.parseDouble(AltViga11.getText());

    Tipo_aco                                     =
(int)Integer.parseInt(Tipo_aco12.getText());

    DimEstribo                                   =
Double.parseDouble(DimEstribo13.getText());

    DimAs = Double.parseDouble(DimAs14.getText());

    fck = (int)Integer.parseInt(fck15.getText());

    Recobri = Double.parseDouble(Recobri16.getText());

    DAgreg = Double.parseDouble(Dagreg17.getText());

     if ((fck <110 ) || (fck >260)){ fck15.setText("");

    JOptionPane.showMessageDialog(null," Entre com
o valor indicado.");}else{



    DimAs =DimAs/10; DimEstribo = DimEstribo/10;


    int conte;
    double  DlinhaTaux;


Md=1.4*MomentoMd;

DlinhaT =AltViga-(Recobri+DimEstribo+(DimAs/2));
```

```
DlinhaC  =  DlinhaT-(Recobri+DimEstribo+(DimAs/2));
conte=0;


do{
DlinhaTaux=DlinhaT; conte++;
AsViga29();
escolhaTipo29 (asTracao,BwLarg);
tipoT=tipo;comunicaT=comunica1;
numBTracao=NumBarr;
if (comunica=="Seção com armadura de compressão.")
{
    escolhaTipo29                    (AsCompr,BwLarg);
tipoC=tipo;comunicaC=comunica1;
    NumBcompr=NumBarr ;                    };
    RefTipo29();
}while ((DlinhaT!= DlinhaTaux) || (conte<4));


LinNeutr=Kx*DlinhaT;
estribo29();torcor29();


  File arquiv = new File ("nilson11.txt");
  if(arquiv.exists()) arquiv.delete();
    try {
  arquiv.createNewFile();
  FileWriter fw = new FileWriter(arquiv);
                  //
JOptionPane.showMessageDialog(null,"      93      201
contate: nilson440@gmail.com.");
```

```java
BufferedWriter bw = new BufferedWriter(fw);

bw.write("                                        =========================================================== ");bw.newLine();
bw.write("        ===================RIGHTS BY Nilson Candido da Silva================= ");bw.newLine();
bw.write("            ============================ BEGIN      ============================ ");bw.newLine();

bw.newLine();bw.newLine();bw.newLine();

bw.write("                    DADOS DE ENTRADA ");bw.newLine();
bw.write("==================");bw.newLine();bw.newLine();
bw.write(" 1 - Nome da Viga: "+NomeViga1.getText()+" ");bw.newLine();
bw.write(" 2 - Momento aplicado relativo a todas as cargas (MT): "+MomentoMd2.getText()+" ");bw.newLine();
bw.write(" 3 - Momento aplicado relativo a peso próprio + revestimento (MT) : "+flechaMd3.getText()+" ");bw.newLine();
bw.write(" 4 - Cortante atuante nesta seção (T): "+talWd4.getText()+" ");bw.newLine();
bw.write(" 5 - Cortante atuante máximo na viga (T): "+talwdViga5.getText()+" ");bw.newLine();
```

```
bw.write("     6  -  Momento   torsor   (MT)   :
"+mdtorc6.getText()+" ");bw.newLine();

bw.write("     7  -  Carga   permanente  (T/M)  :
"+PpRev7.getText()+" ");bw.newLine();

bw.write("     8   -   Sobrecarga    (T/M)    :
"+SCarg8.getText()+" ");bw.newLine();

bw.write("     9  -  Comprimento  da  viga  (CM):
"+comprviga9.getText()+" ");bw.newLine();

bw.write("  10   -   Largura   da   viga   (CM)   :
"+BwLarg10.getText()+" ");bw.newLine();

bw.write("  11   -   Altura   da   viga   (CM)   :
"+AltViga11.getText()+" ");bw.newLine();

bw.write(" 12 - Tipo do aço a ser utilizado (25-40-50-
60) : "+Tipo_aco12.getText()+" ");bw.newLine();

bw.write(" 13 - Diâmetro do Estribo (5,6.3,8,10MM :
"+DimEstribo13.getText()+" ");bw.newLine();

bw.write(" 14 - Diâmetro do aço a ser utilizado na
flexão(MM) : "+DimAs14.getText()+" ");bw.newLine();

bw.write(" 15 - Resistência do concreto (110 a 260
KG/CM²) : "+fck15.getText()+" ");bw.newLine();

bw.write("16 - Recobrimento  da armadura (CM) :
"+Recobri16.getText()+" ");bw.newLine();

bw.write("17 - Diâmetro máximo do agregado(1 a 5
CM) : "+Dagreg17.getText()+" ");

bw.newLine();bw.newLine();bw.newLine();




bw.write("                    DESENHO DA SEÇÃO
");bw.newLine();
```

```java
bw.write("                ================
");bw.newLine();bw.newLine();bw.newLine();bw.newLin
e();

bw.write(" Obs; Desenhe a seção da viga com a
armadura. Normas de espaçamento. Se seção
insuficiente                              aumente
dimensões.");bw.newLine();bw.newLine();bw.newLine()
;


    new aux11_GUI().setVisible(true);


int  x1=1,x2=1,y1=1,y2=1,YL =1;

double k;

String formato;

k=AltViga / BwLarg;

if  (k>1)  {formato   =   "retangulo";   x1=2;y1=2;
x2=12;y2=72;};

if  (k==1)  {formato   =   "quadrado";    x1=2;y1=2;
x2=9;y2=72;};                    //auxiliarDesenho29;

if  (k<1)     {formato   =   "prancha";    x1=2;y1=2;
x2=9;y2=160;};


if  (!(comunica=="Seção   com   armadura   de
compressão.")) DlinhaC=0;



//{'┬';'┼';' └';'┴';'┤ '; '├';'┘ '; '┌';'┐ '; '|';'─';▓,▒,▓█}


String mensagem,mensagem1,mensagem2;
```

```
double
Ec,N,J,fyd,epc,eps,flecha,etas,Roerre,ftK,nB,aux1,aux2
,aux3,xLn;              //desenhartipo2




mensagem=comunica;
bw.write("18-  Quanto   a   distribuição   do   aço:
"+mensagem);bw.newLine();
mensagem = d2.format(DlinhaT);


bw.write("19- Do topo até C.G. do aço tracionado =
"+mensagem+" Centímetros.");bw.newLine();
mensagem = d2.format(asMin);
bw.write("20- Área mínima de aço na flexão (NB1) é =
"+mensagem+" cm2.");bw.newLine();
LinNeutr=Kx*DlinhaT;           mensagem           =
d2.format(LinNeutr);
bw.write("21- Linha neutra a partir do topo = "+
mensagem+" Centímetros.");bw.newLine();
mensagem = d2.format(BwLarg);
bw.write("22-  Largura  da  viga  (CM)  :  B  =
"+mensagem+" Centímetros.");bw.newLine();
mensagem = d2.format(AltViga);
bw.write("23- Altura da viga (CM) : A = "+mensagem+"
Centímetros.");bw.newLine();
mensagem                                            =
d2.format((Math.PI*Math.pow(DimAs,2)/4));
bw.write("24- A área de aço de cada barra é    =
"+mensagem+" cm2.");bw.newLine();
mensagem = d2.format((DimAs*10));
```

```
bw.write("25- O diâmetro de cada barra é =
"+mensagem+" mm.");bw.newLine();

mensagem = d2.format(AsMinEstribo);

bw.write("26- A Área mínima de aço para estribo
vertical(NB1) = "+mensagem+" cm2/m.");bw.newLine();

mensagem = d2.format(DmaxEstribo);

bw.write("27- O diâmetro máximo de estribo(NB1) =
"+mensagem+" mm.");bw.newLine();

mensagem = d2.format(EspEstribo);

bw.write("28- O espaçamento máximo entre
estribos(NB1) = "+mensagem+" cm.");bw.newLine();

mensagem = d2.format(AsCalcEstribo);

bw.write("29- A Área calculada de aço para estribo
vertical = "+mensagem+" cm2/m.");bw.newLine();

mensagem                                          =
d2.format(AsCalcEstribo/((Math.PI*(DimEstribo*DimEst
ribo)/2)));

bw.write("30- O número necessário de estribo
(cisalhamento) = "+mensagem+"/m.");bw.newLine();


bw.write("                    NA SEÇÃO TRACIONADA
");bw.newLine();

bw.write("                    ====================
");bw.newLine();

mensagem = d2.format(Eh);

bw.write("31- Menor espaçamento entre cada AS1 =
"+mensagem +" Centímetros.");bw.newLine();

mensagem = d2.format(Tipo_aco);

switch (tipoT){

   case 1:
```

```
        {bw.write("32- AS1 = uma barra de aço CA-
"+mensagem+"-B.");bw.newLine();break;}

    case 2:

    bw.write("32- AS1 = Conjunto de duas barra de aço
CA-"+mensagem+"-B               lado              a
lado.");bw.newLine();break;

    case 3:

    bw.write("32- AS1 = Conjunto de duas barra de aço
CA-"+mensagem+"-B             uma          sobre          a
outra.");bw.newLine();break;

    case 4:

    bw.write("32- AS1 = Conjunto de três barra de aço
CA-"+mensagem+"-B                 inscrita                num
triângulo.");bw.newLine();break;

    case 5:

    bw.write("32- AS1 = Conjunto de quatro barra de aço
CA-"+mensagem+"-B                 inscrita                num
quadrado.");bw.newLine();break;

    default :

bw.write("32- "+comunicaT+".");bw.newLine();break;}


mensagem = d2.format(numBTracao);

bw.write("33- O número total de barras de aço
colocadas na parte inferior   é de "+mensagem+"
barras.");bw.newLine();

mensagem = d2.format(asTracao);

bw.write("34- A área de aço calculada para a flexão é
= "+mensagem+" cm2.");bw.newLine();

mensagem                                                      =
d2.format((numBTracao*Math.PI*Math.pow(DimAs,2)/4
));
```

```
bw.write("35- A área de aço do total de barras é =
"+mensagem+" cm2.");bw.newLine();


bw.write("                                    NA  SEÇÃO
COMPRIMIDA");bw.newLine();

bw.write("
==================");bw.newLine();

if   (!(comunica=="Seção   com   armadura   de
compressão.")){

bw.write("36- AS2 = uma barra de aço apenas para
montagem da armação.");bw.newLine();}
                else {


NumBcompr = NumBarr;

mensagem = d2.format(Eh);

bw.write("36- Menor espaçamento entre cada AS2 =
"+mensagem +" Centímetros.");bw.newLine();

mensagem = d2.format(Tipo_aco);

switch (tipoC) {

   case 1:

bw.write("37-  AS2  =  uma  barra  de  aço  CA-
"+mensagem+"-B.");bw.newLine();break;

   case 2:

bw.write("37- AS2 = Conjunto de duas barra de aço
CA-"+mensagem+"-B              lado              a
lado.");bw.newLine();break;

   case 3:

bw.write("37- AS2 = Conjunto de duas barra de aço
CA-"+mensagem+"-B       uma       sobre       a
outra.");bw.newLine();break;
```

```java
    case 4:

bw.write("37- AS2 = Conjunto de três barra de aço CA-"+mensagem+"-B                    inscrita                    num triângulo.");bw.newLine();break;

    case 5:

bw.write("37- AS2 = Conjunto de quatro barra de aço CA-"+mensagem+"-B                    inscrita                    num quadrado.");bw.newLine();break;

    default:

bw.write("37- "+comunicaC+".");bw.newLine();break;};


mensagem = d2.format(NumBcompr);

bw.write("38- O número total de barras de aço colocadas na parte superior  é de "+mensagem+" barras.");bw.newLine();

mensagem = d2.format(AsCompr);

bw.write("39- A área de aço calculada para a compressão é  = "+mensagem+" cm2");bw.newLine();

mensagem                                                                                  = d2.format(NumBcompr*Math.PI*(DimAs*DimAs)/4);

bw.write("40- A área de aço do total de barras de compressão é = "+mensagem+" cm2");bw.newLine();

                                                    }

if (comunica == "Seção com armadura de compressão.") YL=40; else YL=36;

if (MDTorc != 0) {

bw.write(" ");bw.newLine();bw.newLine();

bw.write("                TORÇÃO");bw.newLine();

bw.write("                ======");bw.newLine();
```

```
if (ComunicaTorc=="A Secão de concreto não ok para
a torção. Calcule de novo.") {

bw.write("        "+(YL+1)+"-        "+ComunicaTorc+"
");bw.newLine();}

else {

mensagem = d2.format(AsTorc);

bw.write(" "+(YL+1)+"- A área de estribos de combate a
Torção ="+mensagem+" cm2");bw.newLine();

     };};

if (comunica=="Seção com armadura de compressão.")
YL=40; else YL=36;

if (MDTorc !=0) YL=YL+1;

bw.write("");bw.newLine();

bw.write("            COMPLEMENTOS");bw.newLine();

bw.write("            ============");bw.newLine();

mensagem = d2.format(talwdmax);mensagem1 =
d2.format((0.25*fck/1.4));

if (talwdmax<(0.25*fck/1.4)) {

bw.write(" "+(YL+1)+"- Biela comprimida pelo cortante
está ok.");bw.newLine();

bw.write("                    "+mensagem+" kg/cm2 e
"+mensagem1+" kg/cm2.");bw.newLine();}

     else {

bw.write(" "+(YL+1)+"- Perigo de esmagamento da
biela.  Diminuir  cortante  ou  aumentar  a
base.");bw.newLine();

bw.write("                    "+mensagem+" kg/cm2    e
"+mensagem1+" kg/cm2.");bw.newLine();

                };
```

```
mensagem = d2.format(0.05*(BwLarg/100)*DlinhaT);

if (AltViga>60)

switch (Tipo_aco) {

   case 40,50,60:

bw.write("  "+(YL+2)+"- A    área    de    costelas
="+mensagem+" cm2.");bw.newLine();break;

default: bw.write("  "+(YL+2)+"- Não é necessária área
de armação para costelas.");bw.newLine();break;}

mensagem                                              =
d2.format(((1.15*talwdmax*BwLarg)/(numBTracao*Mat
h.PI*DimAs)));

mensagem1                                             =
d2.format((1.6*Math.cbrt((fck/1.4)*(fck/1.4))));
// CONFERIR A EXPRESSÃO

if
(((1.15*talwdmax*BwLarg)/(numBTracao*Math.PI*DimA
s))                                                   <
(1.6*Math.exp(3*Math.log(Math.pow((fck/1.4),2)))))

{

bw.write("  "+(YL+3)+"- Escorregamento da armação
testada está ok. ");bw.newLine();

bw.write("                    ("+mensagem+" kg/cm2 e
"+mensagem1+" kg/cm2");bw.newLine();

    } else {

bw.write("  "+(YL+3)+"- Escorregamento   não   ok.
Solução     usar     barras     de     menor
diâmetro.");bw.newLine();

bw.write("                    ("+mensagem+" kg/cm2 e
"+mensagem1+" kg/cm2");bw.newLine();

    };
```

```
                                             //           {
dlinhaT:=105;momentomd:=43.8;numbtracao:=20;  }

Ec=(18900*Math.sqrt(fck+35));

N=2100000/Ec;


aux2=(DlinhaT
*((numBTracao*Math.PI*Math.pow(DimAs,2)/4)))+
((DlinhaT-
DlinhaC)*((NumBcompr*Math.PI*Math.pow(DimAs,2)/4)
));
aux1=N*((numBTracao*Math.PI*Math.pow(DimAs,2)/4)
+
(NumBcompr*Math.PI*Math.pow(DimAs,2)/4))/BwLarg;

xLn=Math.sqrt((aux1*aux1)+ (2*N/BwLarg*aux2))-aux1;


aux3=N*(NumBcompr*Math.PI*Math.pow(DimAs,2)/4)*
Math.pow((xLn-(DlinhaT-DlinhaC)),2);

J=(BwLarg*(xLn*xLn*xLn)/3)+((N*(numBTracao*Math.P
I*Math.pow(DimAs,2)/4)*Math.pow((DlinhaT-
xLn),2)))+aux3;


mensagem = d0.format((Ec*J/10000000));

bw.write("       "+(YL+4)+"-    Rigidez    da    seção
="+mensagem+" m4.");bw.newLine();

epc = (flechaMD*100000*xLn)/(Ec*J);

eps = (flechaMD*100000*(DlinhaT-xLn))/(Ec*J);

flecha=((5*10*PpRev*Math.exp(4*Math.log(comprViga)
))/(384*Ec*J))*((3*epc+eps)/(epc+eps));

mensagem = d2.format(flecha);
```

355

```
bw.write(" "+(YL+5)+"- Flecha sob carga de longa
duração = "+mensagem+" cm.");bw.newLine();

mensagem = d2.format((comprViga/500)); aux1=flecha;

bw.write("          Pela NB-1 flecha deve ficar menor
que "+mensagem+" cm.");bw.newLine();

flecha=((0.7*5*10*SCarg*Math.exp(4*Math.log(comprVi
ga)))/(384*Ec*J))*((3*epc+eps)/(epc+eps));

mensagem = d2.format(flecha);

mensagem1 = d2.format(aux1);

mensagem2 = d2.format(aux1+flecha);

bw.write(" "+(YL+6)+"- Flecha sob carga de curta
duração = "+mensagem+" + "+

mensagem1+" = "+mensagem2+" cm.");bw.newLine();

mensagem = d2.format((comprViga/300));

bw.write("     Pela NB-1 flecha deve ficar menor que
"+mensagem+" cm.");bw.newLine();

fyd =15;                          //   { flecha nb-1
edifício}

switch(Tipo_aco){   case   25:fyd=25;break;   case
40:fyd=20;case          50:fyd=17;break;          case
60:fyd=15;break;};

bw.write("     Se esta viga estiver em prédio a NB-1
indica que :");bw.newLine();

if ((comprViga/fyd) <=DlinhaT) {

bw.write("     1- biapoiada , viga ok.");bw.newLine();}
else{

bw.write("              1-  biapoiada  ,  viga  não
ok.");bw.newLine();}

if ((comprViga/(fyd*1.2)) <=DlinhaT) {
```

```
bw.write("    2- contínua, viga ok.");bw.newLine();} else
{

bw.write("    2- contínua, viga não ok.");bw.newLine();}

if ((comprViga/(fyd*1.7)) <=DlinhaT) {

bw.write("     3- biengastada, viga ok.");bw.newLine();}
else {

bw.write("              3-    biengastada,   viga   não
ok.");bw.newLine();  }

if ((comprViga/(fyd*0.5)) <=DlinhaT) {

bw.write("                  4-    balanço,   viga
ok.");bw.newLine();bw.newLine(); }else {

bw.write("    4- balanço, viga não ok.");bw.newLine(); }

bw.write(" OBS: Se acaso a flecha for maior que o
admitido aumente a altura da viga.");bw.newLine();


ftK =20;                                    //   {
estado limite de fissuração}

etas=N*(MomentoMd*100000)*(DlinhaT-xLn)/J;

switch (fck) { case 110,135,150,180:ftK = fck/10;break;

      case            200,220,240,260:ftK          =
7+(0.06*fck);break;};

Roerre=
(numBTracao*Math.PI*Math.pow(DimAs,2)/4)/(0.25*Bw
Larg*AltViga);nB =1.5;

switch(Tipo_aco)    {case      25:nB=1;break;    case
40:nB=1.2;break; case 50,60:nB=1.5;break;};

aux1=(DimAs*10/((2*nB)-
0.75))*(etas/2100000)*((4/Roerre)+45);

aux2=(DimAs*10/((2*nB)-
0.75))*(etas/2100000)*(3*etas/ftK);
```

357

```
aux3=((DimEstribo+Recobri)/Recobri);

mensagem = d2.format(aux1);

mensagem1 = d2.format(aux2);

mensagem2 = d2.format(aux3);

if ((aux1<aux3) || (aux2<aux3)) {

bw.write(" "+(YL+7)+"- para meio agressivo o limite de
fisuração está ok.");bw.newLine();}

else {

bw.write(" "+(YL+7)+"- para meio agressivo a sua viga
está não ok.");bw.newLine();};

bw.write("              "+mensagem+" e "+mensagem1+" e
"+mensagem2+ " ");bw.newLine();

aux3=aux3*2; mensagem2 = d2.format(aux3);

if ((aux1<aux3) || (aux2<aux3)){

bw.write(" "+(YL+8)+"- para meio não agressivo o limite
de fisuração está ok.");bw.newLine();}

else {

bw.write(" "+(YL+8)+"- para meio não agressivo a sua
viga está não ok.");bw.newLine(); }

bw.write("              "+mensagem+" e "+mensagem1+" e
"+mensagem2+" ");bw.newLine();

aux3=aux3/2*3; mensagem2 = d2.format(aux3);

if ((aux1<aux3) || (aux2<aux3)){

bw.write(" "+(YL+9)+"- Sendo uma viga protegida, o
limite de fisuração está ok.");bw.newLine(); }

                    else

bw.write(" "+(YL+9)+"- Sendo uma viga protegida, o
limite de fisuração está não ok.");
```

```
bw.write("            ("+mensagem+" e "+mensagem1+" e
"+mensagem2+" ");bw.newLine();

//{write(mensagem,"   ",mensagem1,"   ",mensagem2,"
",numbcompr:8:2,"   ",dlinhaC:8:2,"   ",x:8:2,"   ",j:8:0,"
",n:6:2," ",ftk:3:1," ",

//etas:6:4," ",roerre:6:2," ",nb:6:2);readkey;      }

bw.write(" OBS: 1 - Se viga Não ok para o meio
aumente o recobrimento.");bw.newLine();

bw.write("        2 - O Momento fletor foi majorado em
40%.");bw.newLine();

bw.newLine();bw.newLine();bw.newLine();

bw.write(                                          "
=========================================
===========================  ");bw.newLine();

bw.write(  "          ==================RIGHTS BY
Nilson    Candido    da    Silva=================
");bw.newLine();

bw.write(  "          =============================
END        =============================
");bw.newLine();


bw.close();

bw.close();


      }catch          (IOException         e)        {
JOptionPane.showMessageDialog(null,"      93      219
contate: nilson440@gmail.com.");}


arquivo.Write("000.nilson11.jar");

new   scroll();
```

```java
        }}
    }


    private                                    void
flechaMd3ActionPerformed(java.awt.event.ActionEvent
evt) {
        // TODO add your handling code here:
        flechaMD                               =
Double.parseDouble(flechaMd3.getText());
    }


    /**
     * @param args the command line arguments
     */
    public static void main(String args[]) {
        /* Set the Nimbus look and feel */
        //<editor-fold defaultstate="collapsed" desc=" Look
and feel setting code (optional) ">
        /* If Nimbus (introduced in Java SE 6) is not
available, stay with the default look and feel.
         *            For          details          see
http://download.oracle.com/javase/tutorial/uiswing/looka
ndfeel/plaf.html
         */
        try {
            for    (javax.swing.UIManager.LookAndFeelInfo
info                                              :
javax.swing.UIManager.getInstalledLookAndFeels()) {
                if ("Nimbus".equals(info.getName())) {
```

```java
javax.swing.UIManager.setLookAndFeel(info.getClass
Name());

            break;

        }
    }
} catch (ClassNotFoundException ex) {

java.util.logging.Logger.getLogger(nilson11_GUI.class.
getName()).log(java.util.logging.Level.SEVERE,    null,
ex);
} catch (InstantiationException ex) {

java.util.logging.Logger.getLogger(nilson11_GUI.class.
getName()).log(java.util.logging.Level.SEVERE,    null,
ex);
} catch (IllegalAccessException ex) {

java.util.logging.Logger.getLogger(nilson11_GUI.class.
getName()).log(java.util.logging.Level.SEVERE,    null,
ex);
}                                              catch
(javax.swing.UnsupportedLookAndFeelException ex) {

java.util.logging.Logger.getLogger(nilson11_GUI.class.
getName()).log(java.util.logging.Level.SEVERE,    null,
ex);
}
//</editor-fold>


/* Create and display the form */
```

```java
        java.awt.EventQueue.invokeLater(new Runnable()
{

        public void run() {
            new nilson11_GUI().setVisible(true);
        }
    });}
```

```java
    // Variables declaration - do not modify
    private          org.edisoncor.gui.textField.TextField
AltViga11;

    private          org.edisoncor.gui.textField.TextField
BwLarg10;

    private          org.edisoncor.gui.textField.TextField
Dagreg17;

    private          org.edisoncor.gui.textField.TextField
DimAs14;

    private          org.edisoncor.gui.textField.TextField
DimEstribo13;

    private          org.edisoncor.gui.textField.TextField
MomentoMd2;

    private          org.edisoncor.gui.textField.TextField
NomeViga1;

    private org.edisoncor.gui.textField.TextField PpRev7;

    private          org.edisoncor.gui.textField.TextField
Recobri16;

    private org.edisoncor.gui.textField.TextField SCarg8;

    private          org.edisoncor.gui.textField.TextField
Tipo_aco12;
```

```java
    private          org.edisoncor.gui.textField.TextField
comprviga9;

    private javax.swing.JButton exemplo;

    private org.edisoncor.gui.textField.TextField fck15;

    private          org.edisoncor.gui.textField.TextField
flechaMd3;

    private org.edisoncor.gui.label.LabelRect labelRect1;

    private          org.edisoncor.gui.label.LabelRect
labelRect10;

    private          org.edisoncor.gui.label.LabelRect
labelRect11;

    private          org.edisoncor.gui.label.LabelRect
labelRect12;

    private          org.edisoncor.gui.label.LabelRect
labelRect13;

    private          org.edisoncor.gui.label.LabelRect
labelRect14;

    private          org.edisoncor.gui.label.LabelRect
labelRect15;

    private          org.edisoncor.gui.label.LabelRect
labelRect16;

    private          org.edisoncor.gui.label.LabelRect
labelRect17;

    private          org.edisoncor.gui.label.LabelRect
labelRect18;

    private org.edisoncor.gui.label.LabelRect labelRect2;

    private org.edisoncor.gui.label.LabelRect labelRect3;

    private org.edisoncor.gui.label.LabelRect labelRect4;

    private org.edisoncor.gui.label.LabelRect labelRect5;

    private org.edisoncor.gui.label.LabelRect labelRect6;
```

```java
    private org.edisoncor.gui.label.LabelRect labelRect7;

    private org.edisoncor.gui.label.LabelRect labelRect8;

    private org.edisoncor.gui.label.LabelRect labelRect9;

    private org.edisoncor.gui.textField.TextField mdtorc6;

    private            org.edisoncor.gui.panel.PanelImage
panelImage1;

    private javax.swing.JButton rodar_run;

    private org.edisoncor.gui.textField.TextField talWd4;

    private            org.edisoncor.gui.textField.TextField
talwdViga5;

    // End of variables declaration

}
/*

 *                                                  Click
nbfs://nbhost/SystemFileSystem/Templates/Licenses/lic
ense-default.txt to change this license

 *                                                  Click
nbfs://nbhost/SystemFileSystem/Templates/Classes/Cl
ass.java to edit this template

 */

package view;


import javax.swing.text.AttributeSet;

import javax.swing.text.BadLocationException;

import javax.swing.text.PlainDocument;


/**

 *
```

```java
 * @author  nilson440@gmail.com
 */
public class entDados
    extends PlainDocument{


  public enum TipoEntrada {
    NUMEROINTEIRO,
NUMERODECIMAL,ZERODECIMAL,
INTZERODECIMAL,NOME, EMAIL, DATA,TUDU;
  };
  private int qtdCaracteres;
  private TipoEntrada tpEntrada;


  public entDados(int qtdCaracteres, TipoEntrada
tpEntrada) {
    this.qtdCaracteres = qtdCaracteres;
    this.tpEntrada = tpEntrada;
  }


  @Override
  public void insertString(int i, String string,
AttributeSet as) throws BadLocationException {
    if (string == null || getLength() == qtdCaracteres){
      return;
    }

    int totalCarac = getLength() + string.length();
```

```java
        String regex = "";


    switch(tpEntrada){
        case NUMEROINTEIRO: if(getLength() == 0)
regex = "[^1-9]"; else regex = "[^0-9]"; break;


        case NUMERODECIMAL: if(getLength() == 0)
regex = "[^1-9]"; else

                    if
(getText(0,getLength()).contains(".")) regex = "[^0-9]";
else regex = "[^0-9.]"; break;


        case ZERODECIMAL:    if(getLength() == 0)
regex = "[^0]"; else

                    if (getLength() == 1) regex =
"[^.]"; else regex = "[^0-9]"; break;


        case INTZERODECIMAL: if(getLength() == 0)
regex    =    "[^0-9]";    else    if
(getText(0,getLength()).contains("0") && getLength() ==
1) regex = "[^.]";

                    else                    if
(getText(0,getLength()).contains(".")) regex = "[^0-9]";
else regex = "[^0-9.]"; break;



        case NOME:            regex = "[^\\p{IsLatin} ]";
break;
        case EMAIL:            regex = "[^\\p{IsLatin}@.\\-
_][^0-9/]"; break;
```

366

```java
        case DATA:        regex = "[^0-9/]"; break;
        case   TUDU:                        regex =
"^[(]\\p{L}&&[\\p{IsLatin}]]|0-9||´|-]+$"; break;
    }


    string = string.replaceAll(regex, "");


    if (totalCarac <= qtdCaracteres){
        super.insertString(i, string, as);
    }else{
        String nova = string.substring(0, qtdCaracteres);
        super.insertString(i, nova, as);
    }
  }


}


package view;

import java.io.File;
import java.io.FileWriter;
import java.io.IOException;
import javax.swing.JOptionPane;

public class arquivo {
    public static void Write(String Texto){
```

```java
        File arq = new File("nilson1.txt");
        if (!(arq.exists())){
        try {
        arq.createNewFile();
        } catch (IOException e) {

JOptionPane.showMessageDialog(null,"NilsonStart
=====  Contate nilson440@gmail.com");
        System.exit(0);
        }
        }
        try{
          FileWriter arqu = new FileWriter("nilson1.txt");


        arqu.write(Texto);
        arqu.flush();
        } catch (IOException e) {

JOptionPane.showMessageDialog(null,"NilsonStart
======   Contate nilson440@gmail.com");
        System.exit(0);}


  }
}


package view;


import java.io.BufferedReader;
```

```java
import java.io.FileReader;
import javax.swing.JFrame;
import javax.swing.JScrollPane;
import javax.swing.JTextArea;

/**
 *
 * @author pc
 */
public class scroll extends JFrame{
 private JScrollPane jScrollPane;
   private JTextArea jTextArea ;
   private static final String FILE_PATH="nilson11.txt";

   public scroll() {
     try {
       jTextArea = new JTextArea(24, 31);

         jTextArea.read(new          BufferedReader(new
FileReader(FILE_PATH)), null);

     } catch (Exception e){

       e.printStackTrace();
     }
```

```java
setTitle("Nilson440@gmail.com   se encontrar alguma
divergência documente com cálculos e envia pra ser
corrigido.  NILSON11.TXT");

        jScrollPane = new JScrollPane(this.jTextArea);

        this.add(this.jScrollPane);

        this.setSize(800, 400);


setDefaultCloseOperation(DISPOSE_ON_CLOSE);

        this.setVisible(true);

    }



        }
/*

 *                                          Click
nbfs://nbhost/SystemFileSystem/Templates/Licenses/lic
ense-default.txt to change this license
 *                                          Click
nbfs://nbhost/SystemFileSystem/Templates/Classes/M
ain.java to edit this template
 */

package main_11;


import javax.swing.JOptionPane;
import view.nilson11_GUI;
```

```java
/**
 *
 * @author pc
 */
public class Main_11 {

    /**
     * @param args the command line arguments
     */
    public static void main(String[] args) {
    //    TODO code application logic here
            String st,so = "";

        for(int i = 0; i < args.length; i++) {

          so = so + args[i];   }  st = so.trim();

        if (!(st.equals ("Tecla1996")))

        {    JOptionPane.showInternalMessageDialog(null,"
Contate nilson440@gmail.com"); System.exit(0); }


          new nilson11_GUI().setVisible(true);

      }


}
```

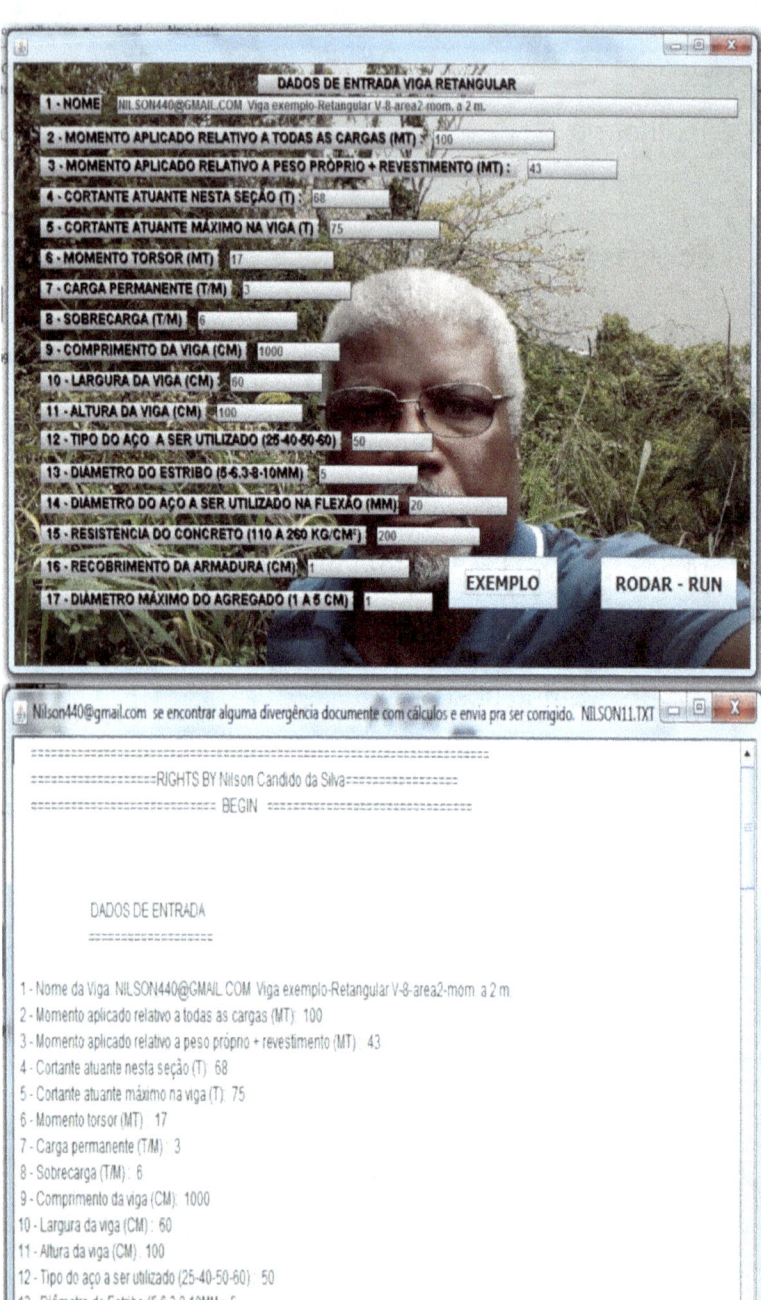

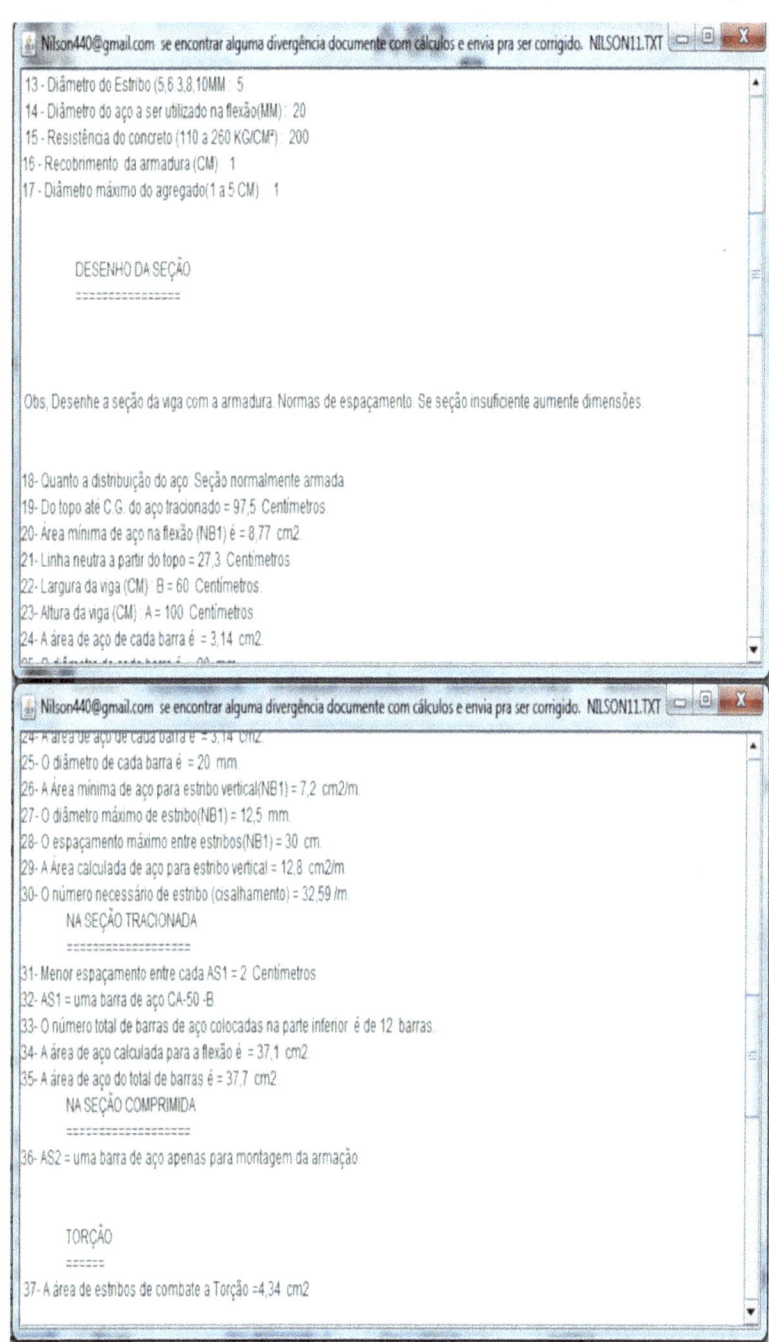

13 - Diâmetro do Estribo (5,6 3,8,10MM : 5
14 - Diâmetro do aço a ser utilizado na flexão(MM) : 20
15 - Resistência do concreto (110 a 260 KG/CM²) : 200
16 - Recobrimento da armadura (CM) : 1
17 - Diâmetro máximo do agregado(1 a 5 CM) : 1

        DESENHO DA SEÇÃO
        ================

Obs; Desenhe a seção da viga com a armadura. Normas de espaçamento. Se seção insuficiente aumente dimensões.

18- Quanto a distribuição do aço: Seção normalmente armada
19- Do topo até C.G. do aço tracionado = 97,5 Centímetros.
20- Área mínima de aço na flexão (NB1) é = 8,77 cm2.
21- Linha neutra a partir do topo = 27,3 Centímetros.
22- Largura da viga (CM): B = 60 Centímetros.
23- Altura da viga (CM): A = 100 Centímetros
24- A área de aço de cada barra é = 3,14 cm2.

24- A área de aço de cada barra é = 3,14 cm2.
25- O diâmetro de cada barra é = 20 mm.
26- A Área mínima de aço para estribo vertical(NB1) = 7,2 cm2/m.
27- O diâmetro máximo de estribo(NB1) = 12,5 mm.
28- O espaçamento máximo entre estribos(NB1) = 30 cm.
29- A Área calculada de aço para estribo vertical = 12,8 cm2/m.
30- O número necessário de estribo (cisalhamento) = 32,59 /m.
        NA SEÇÃO TRACIONADA
        ===================
31- Menor espaçamento entre cada AS1 = 2 Centímetros.
32- AS1 = uma barra de aço CA-50 -B.
33- O número total de barras de aço colocadas na parte inferior é de 12 barras.
34- A área de aço calculada para a flexão é = 37,1 cm2.
35- A área de aço do total de barras é = 37,7 cm2.
        NA SEÇÃO COMPRIMIDA
        ===================
36- AS2 = uma barra de aço apenas para montagem da armação.

        TORÇÃO
        ======
37- A área de estribos de combate a Torção =4,34 cm2

37- A área de estribos de combate a Torção =4,34 cm2

COMPLEMENTOS
==========
38- Biela comprimida pelo cortante está ok.
    12,82 kg/cm2 e 35,71 kg/cm2
39- A área de costelas =2,92 cm2.
40- Escorregamento da armação testada está ok.
    (11,73 kg/cm2 e 43,72 kg/cm2
41- Rigidez da seção =50649 m4
42- Flecha sob carga de longa duração = 1,18 cm
    Pela NB-1 flecha deve ficar menor que 2 cm.
43- Flecha sob carga de curta duração = 1,65 + 1,18 = 2,82 cm
   Pela NB-1 flecha deve ficar menor que 3,33 cm.
   Se esta viga estiver em prédio a NB-1 indica que
   1- biapoiada , viga ok.
   2- continua, viga ok.
   3- biengastada, viga ok.
   4- balanço, viga não ok.
OBS: Se acaso a flecha for maior que o admitido aumente a altura da viga
44- para meio agressivo a sua viga está não ok
    2,58 e 5,94 e 1,5

Nilson440@gmail.com se encontrar alguma divergência documente com cálculos e envia pra ser corrigido. NILSON11.TXT

43- Flecha sob carga de curta duração = 1,65 + 1,18 = 2,82 cm
   Pela NB-1 flecha deve ficar menor que 3,33 cm
   Se esta viga estiver em prédio a NB-1 indica que
   1- biapoiada , viga ok.
   2- continua, viga ok.
   3- biengastada, viga ok.
   4- balanço, viga não ok.
OBS: Se acaso a flecha for maior que o admitido aumente a altura da viga
44- para meio agressivo a sua viga está não ok
    2,58 e 5,94 e 1,5
45- para meio não agressivo o limite de fisuração está ok
    2,58 e 5,94 e 3
46- Sendo uma viga protegida, o limite de fissuração está ok.
    (2,58 e 5,94 e 4,5
OBS: 1 - Se viga Não ok para o meio aumente o recobrimento
   2 - O Momento fletor foi majorado em 40%

===
==================RIGHTS BY Nilson Candido da Silva==================
========================= END =========================

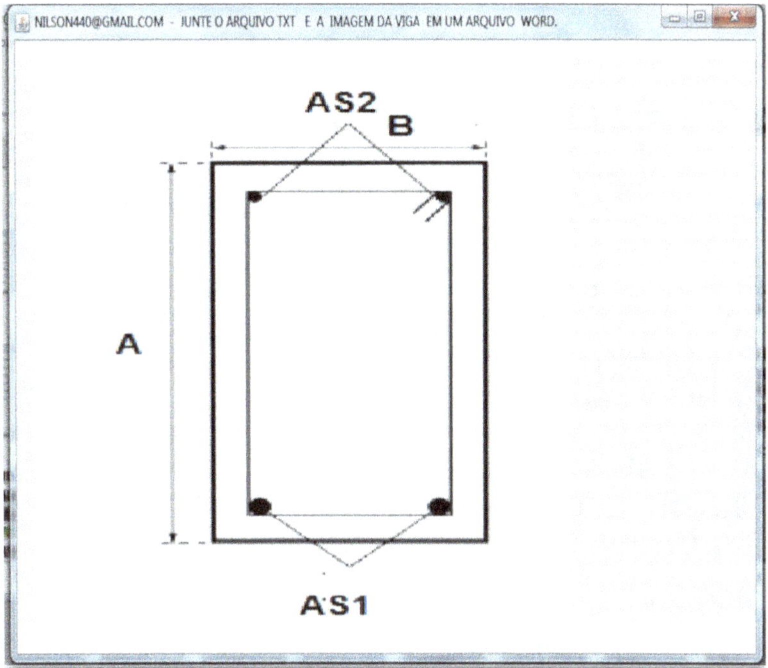

AS2

B

A

AS1

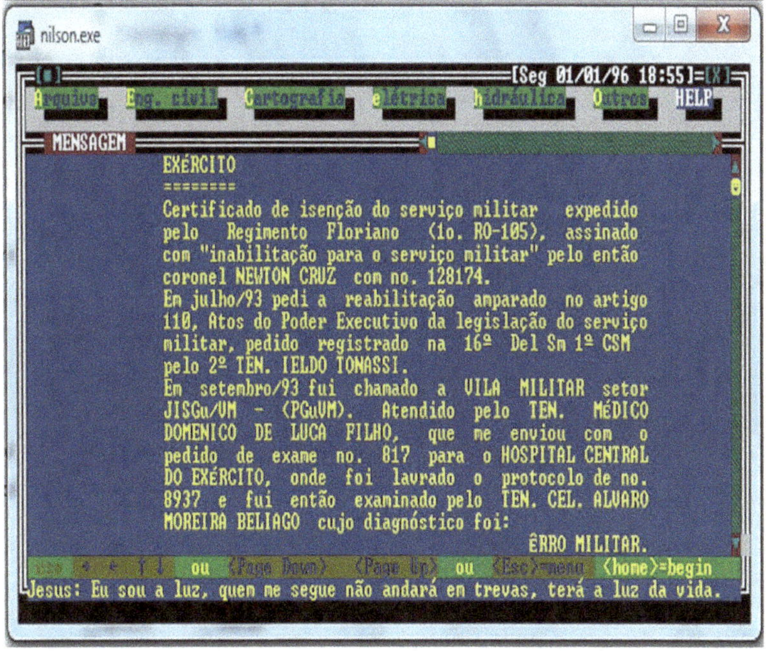

nilson.exe

[Seg 01/01/96 18:55]=[X]
Arquivos   Eng. civil.   Cartografia   elétrica   hidráulica   Outros   HELP

MENSAGEM

EXÉRCITO
========
Certificado de isenção do serviço militar   expedido
pelo   Regimento Floriano   (1o. RO-105), assinado
com "inabilitação para o serviço militar" pelo então
coronel NEWTON CRUZ com no. 128174.
Em julho/93 pedi a reabilitação amparado no artigo
110, Atos do Poder Executivo da legislação do serviço
militar, pedido registrado na 16ª Del Sm 1º CSM
pelo 2º TEN. IELDO TONASSI.
Em setembro/93 fui chamado a VILA MILITAR setor
JISGu/VM - (PGuVM).   Atendido pelo TEN. MÉDICO
DOMENICO DE LUCA FILHO,   que me enviou com o
pedido de exame no. 817 para o HOSPITAL CENTRAL
DO EXÉRCITO, onde foi lavrado o protocolo de no.
8937 e fui então examinado pelo TEN. CEL. ALVARO
MOREIRA BELIAGO cujo diagnóstico foi:
                                    ÊRRO MILITAR.

uso (←↑↓ ou (Page Down) (Page Up) ou (Esc)=menu (home)=begin
Jesus: Eu sou a luz, quem me segue não andará em trevas, terá a luz da vida.

375

O FATO

O ESCRITOR **MARCEL CANDIDO DA SILVA**

É **ASSASSINADO** EM COPACABANA POSTO 2 - RIO DE JANEIRO RJ. AO **MEIO DIA 23/03/2020** NA TESTA HEMATOMA SEMELHANTE AO PRODUZIDO POR **CASSETETE** SANGUE E MASSA ENCEFÁLICA SAI PELO OUVIDO (FOTO IML). A FOTO QUE SEU PAI NILSON CANDIDO DA SILVA IDENTIFICOU O FILHO NO DIA 25/03/2020 NO IML, POR INVESTIGAÇÃO PRÓPRIA. **COMO UMA POLÍCIA ASSASSINA, O ESCRITOR? ENTRE O HOTEL HILTON E O COPACABANA PÁLACE E TENTA ESCONDER O CRIME? DIA CLARO, MEIO DIA?**

 FOTOS

FOTOS EXPLICATIVAS E DO ESCRITOR

Foto 1 explicativa

Foto 2 explicativa

Foto 3 explicativa

Foto 4 explicativa

Foto do escritor

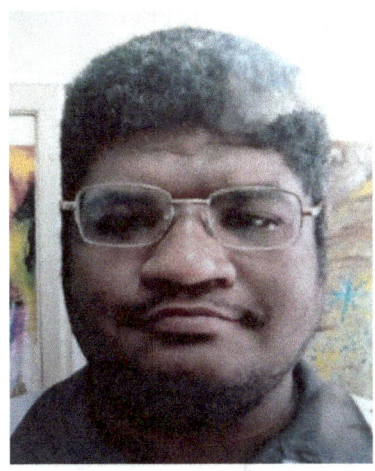

Foto do escritor

CEMITÉRIO DO IRAJÁ

PRELÚDIO

PRELÚDIO INEXPLICÁVEL

Oh! **DEUS UM COM JESUS CRISTO**! No calçadão de Copacabana posto 2, junto a grandes hotéis (Hilton e Copacabana Pálace) Rio de Janeiro - Brasil, ao **meio-dia**. Quanto horror! Horror! Horror! AUTORIDADES CONIVENTES e o povo acovardado.

Tudo montado para esconder o ASSASSINATO de ESCRITOR DESARMADO em surto psiquiátrico. Não existem (curioso) gravações de câmeras oficiais da prefeitura nem do posto de gasolina BR.

Os frentistas sumiram. O Salva-**Vidas (3ºGM - Marinho) mente** disse que o corpo estava na linha d´agua (isto é impossível assistindo o vídeo indicado) faz parte do esquema pra **esconder o ASSASSINATO.**

HIPÓTESE

AÇÃO DOS POLICIAIS

Dia 23/03/2020 entre 13:00hs e 14:00hs. O **ESCRITOR EM SURTO** PSIQUIÁTRICO DESARMADO E CALMO está em frente ao posto 2 Copacabana - calçadão.

Devido a um decreto do prefeito as pessoas foram retiradas do calçadão, como se pode acompanhar nos vídeos mostrados nas conclusões.

Uma patamo do 19º BATALHÃO DE POLICIA MILITAR (**19ºBPM)** faz a ronda no calçadão cumprindo as determinações do prefeito. Então entre 13:00hs e 14:00hs, eles veem um homem andando no calçadão.

Gritam para o escritor sair dali, sair do calçadão. O escritor está em surto psiquiátrico. Fica parado olhando pra viatura; Um dos policiais desce da viatura e vai em direção do escritor e grita em cima dele pra sair do calçadão.

O **escritor em surto** continua parado olhando pra pessoa que fala, o cérebro do escritor está em curto circuito. Não entende nem reage. Um cassetete vem em direção a ele, mas em surto ele continua parado não levanta a mão para se defender.

Um **PM BRANCO RACISTA** com o cassetete o fere na testa. O escritor desaba no calçadão. Os óculos de grau do escritor parte-se em mil pedaços.

Pelo porte físico, parecendo um pugilista obeso, então o policial colocou no cassetete toda a raiva racial contra um homem negro, que segundo a perspectiva do policial, o afrontava. Ledo engano do policial, no estado do escritor, em surto, poderia segura-lo pela mão e ele iria como uma criança de 2 anos. O cassetete o atinge na testa.

Cai desmaiado. A base do crânio racha nas pedras portuguesas. Os óculos de grau do escritor parte-se em mil pedaços.

Os outros policiais que estavam no camburão correram para o homem caído e viram que estava com o crâneo rachado SANGUE por todos os orifícios e **MASSA ENCEFÁLICA saem** pelo ouvido. 1.88m e 130 kg.

Só então pegaram os documentos e viram: **PACIENTE PSIQUIÁTRICO LIGUE XXX VOU BUSCAR IMEDIATAMENTE** e jogaram na lixeira na beira do calçadão.

Nestas condições já sabiam que o corpo estava dando os últimos sinais de tremura da morte. Começaram a puxar o corpo para trás do Posto 2, pra tirar da vista de algum transeunte fortuito, puxando por baixo das árvores, dificultando que alguém gravasse algo com algum celular fortuito.

Devem ter conversado com algum superior para que pudessem esconder o CRIME.

Não são ilações, são o resultado de me misturar com os sem teto, mesmo com risco de covid19, e fui pegando fragmentos dos relatos, eu ia insistindo e fazendo amizade, e conversando de maneira que fosse uma conversa casual, sem pretensões, e fui filtrando. Durante 2 semanas. Inclusive pra **encontrar o corpo.**

Os policiais são treinados pelo batalhão **(19ºBPM)** a ver **na pele negra** uma ameaça potencial, é assim até com o cachorro do batalhão. Não são ensinados a raciocinar, robôs. Um desembargador BRANCO os destrata no calçadão e eles ficam quietinhos. Um outro BRANCO carregando no carro 170 fuzis e eles não veem nada. Somando a isso existe a **síndrome da pequenez** muito notada na segunda guerra mundial quando os japoneses matavam todos os prisioneiros que tinham estatura maior que eles. **Igual a George Floyd.**

E se o escritor fosse BRANCO? Aconteceria o que foi descrito? Acredito que não, olhariam os documentos antes de tudo.

Deste, **19ºBPM,** um policial invadiu um prédio, valendo-se da farda, em Copacabana 20/08/2020, GLOBO. Dirigiu-se a um apartamento que sabia que a proprietária estava sozinha. Começou a estuprar a mulher e iria matá-la no final. Já devia estar acostumado com a impunidade, assassinar, roubar e ser **acobertado pelos superiores**, e sair impune...

O GUARDA VIDAS DO POSTO DOIS

Marinho é o nome do Guarda-vidas, é normal trabalharem em dois, mas obtive só esse nome.

O BOMBEIRO do 3º GRUPAMENTO MARÍTIMO **(3ºGM)** Salva-Vidas no posto 2 viu tudo, era muita movimentação em frente ao posto 2 para que não visse nada, ele fica o dia todo em uma cadeira olhando para a praia, já que não havia ninguém na praia ele acompanhou o que estava acontecendo em frente ao posto 2 que é o trabalho dele.

Os policiais **obrigaram o Marinho** a chamar a van de socorro dos bombeiros e dizer que foi tirado da água e assim ele fez, quando preencheu a documentação.

Mas, o Marinho diante de tal proposta, pra ser envolvido em um CRIME, deve ter pedido auxílio de **algum superior a ele**.

Preencheu a documentação, na pressa, dizendo que foi **retirado da água um corpo**. E isto é um contrassenso tremendo, pois todos os banhistas já haviam sido retirados da água pela manhã. E assim também demonstram os **vídeos anexados**. Não havia ninguém na praia antes e depois do **CRIME**

Então O **Marinho** preencheu a documentação com intenções de **esconder o CRIME**. Não acredito que tenha tomado estas decisões sozinho deve ter se reportado a algum superior, como já dito. Pra completar o quadro retiraram as roupas do escritor, sempre andou bem vestido.

Jogaram as **roupas no lixo** também e **os documentos.**

PACIENTE PSIQUIÁTRICO LIGUE XXX VOU BUSCAR IMEDIATAMENTE. A COMLURB achou e me entregou (dia seguinte, 24/032020 ao meio-dia através de funcionário, tel.(21) 975 775 848 XXX, apenas solidário, pois viu o cartão). Quão diferente da POLÍCIA MILITAR!

O corpo escondido atrás do posto 2, longe do olhar de qualquer pessoa, não havia transeunte no calçadão nem banhista na areia.

Então o bombeiro **MARINHO** ajudou a maquiar a cena do CRIME, pois preencheu a documentação com inverdades, ameaçado ou não pelos policiais. Em seguida o bombeiro **MARINHO** foi quem chamou a van de remoção dos bombeiros.

assassinos

E é claro que viu os policiais jogarem na lixeira da praia os documentos do escritor covardemente assassinado por eles. O escritor em surto psiquiátrico, sem nenhuma arma, indefeso. Racistas covardes. Ao meio-dia. **Quem são os assassinos?** O **bombeiro MARINHO** olhou nos olhos deles para preencher a documentação fraudulenta.

Bombeiro marinho vá depressa ao 12ºDPC HOMICÍDIOS e fale, pois os assassinos sabem que você é o **arquivo** que os identifica.

O POSTO DE GASOLINA BR

Localizado em frente à praça do lido e o posto 2. Bem em frente ao calçadão lugar onde foi apontado pra mim pelos sem teto, dia 24/03/2020 terça feira 13:00hs e que viram os instantes da ¨SCHEISSE¨ que os policiais se envolveram.

Apesar de que um só deles é que foi o responsável, mas esconder junto deve ser o que os superiores lhes recomendem. Embora a mentalidade seja difícil de mudar. Vi três pessoas trabalhando no POSTO BR, e ao perguntar a cada um, observava que sabiam algo, mas não queriam falar do assunto, mesmo eu sabendo uma maneira suave sem compromisso, amigável, curiosidade, mesmo assim nada disseram. Então comecei a desconfiar que tivesse policial na estória.

Olhei as câmeras vi que poderiam pegar os fatos.

Sendo civil não daria pra eu conseguir os vídeos. Desconfiando de policiais menos ainda. Eles já teriam calado os frentistas e até o gerente. POSTO BR com aquela localização vende muito, tinha que ter 4 pessoas, com o gerente cinco pessoas, e câmeras funcionando. É o único posto que atende todo o LEME e parte de COPACABANA.

Fui com a policial do 14ºDPC Andrea P. Rodrigues ao Local do Posto BR e o policial 14ºDPC Carlos Eduardo da Silva ao POSTO DE GASOLINA BR e ouvi o gerente dizer que as câmeras não funcionavam, o que complementa o absurdo. Os policiais levaram uma documentação para ser apresentada ao gerente do POSTO DE GASOLINA BR intimando a entregar as gravações do dia determinado ou a justificativa.

A estes dois policiais explicitei mostrando no local a dinâmica do crime. Como o GUARDA-VIDAS **MARINHO** não se encontrava no POSTO 2 DE OBSERVAÇÃO, então os **dois policiais**. Foram ao **3ºGM** no posto 6 ao lado do forte de Copacabana, para investigar.

Interrogaram o guarda-vidas **Marinho** e também e **major médica** socorrista **Elaine**. Assim fiquei sabendo depois, eu, Nilson Candido da Silva pai do escritor não estava presente.

Sentiram inconsistência no que disseram e então o processo que iria para a 13ªDPC mudaram o envio de processo para a **DELEGACIA DE HOMICÍDIOS**, que é a **12ªDPC**.

Fui na 13ªDPC no dia 30/03/2020 segunda-feira e falei sobre as câmeras da prefeitura no alto dos postes. Que vi que pegam a varredura e enquadramento do POSTO 2. Os dois policiais disseram que o processo não havia chegado lá, eu pedi providências para as câmeras **e disseram que na pandemia não podiam fazer nada**. Eu insisti para que pedissem pelo menos as imagens imediatamente. Disseram-me: SINTO MUITO. **Será que já sabiam que tinham que ajudar a esconder o CRIME?**

CHEGADA DA VAN DO (3ºGM)

A major do CORPO DE BOMBEIROS DO ESTADO DO RIO DE JANEIRO (CBMERJ) Elaine - **viatura ASE306, BAM 830357, GUIA 65/2020**, adotou um procedimento não coerente com a prática, pois ela viu sangue em todos os orifícios, que indicavam traumatismo craniano e mesmo assim usou por muito tempo o desfibrilador no peito do escritor. **Será uma maneira de ajudar a esconder o Crime?**

O que se comprova uma operação de socorro errada, pois todas as vias respiratórias estavam entupidas, o que se pode comprovar com qualquer manual médico para traumatismo craniano. Então o que me parece uma tentativa **de mascarar o CRIME**. Será que a major Elaine chegou ao local já sabendo que deveria mascarar, **para esconder o crime?** Porque não perguntou pelos documentos do assassinado?

O HOSPITAL MUNICIPAL MIGUEL COUTO (HMMC)

Na data de 23/03/2020, segunda feira ás 15:27 min, chega o corpo ao HMMC e a médica Talita do Vale Bastos CRM 5201103164 constatou que o escritor estava morto, e o que restava era preencher os dados.

Mas que dados? Não tinham os dados pessoais. Os policiais já haviam jogado fora as roupas e os documentos. Então a função dela é enviar para o IML.

Mas por que sendo médico, não tem um diagnóstico possível da morte? Só pra dizer que está morto não é necessário médico. **Ou já sabe que é CRIME PRA ESCONDER?**

Sem dados pessoais os familiares não encontrarão os desaparecidos que talvez já tenham registros de desaparecidos nas delegacias.

Com base nas investigações que fiz nos sem teto da Avenida Princesa Isabel e Praça do Lido. Tinha levantado, com precisão que a VAN DOS BOMBEIROS recolheu um homem preto e pela descrição encaixava totalmente.

Dia 25/03/2020 quarta-feira 14:00hs, chego à recepção do HMMC, e procuro por um homem que deu entrada, com certeza. A moça da informática pergunta o nome, e depois disse que não estava no HMMC, pois todos que estavam lá nos últimos três dias foram identificados.

Eu disse que tinha certeza. Que chegou sem identificação, pois os documentos do escritor estavam no lixo onde o corpo foi recolhido. E pedi pra falar com a direção, e ela disse que não seria possível. Disse que eu estava atrapalhando o serviço, embora não havia mais ninguém na fila. Chamou o segurança que apareceu com o cassetete em posição de ataque e eu fui colocado na calçada do HMMC.

Fiquei duas horas em pé na calçada e pedindo pelo amor de Deus a todos que saíam e eu contava a estória, e pedia ajuda. Queria falar com a direção, pois tinha certeza que o corpo tinha passado por aquele hospital. E que provavelmente tinha chegado morto.

Até que um maqueiro preto, glória a Deus, me ouviu e ajudou. Cheguei até a direção e me mostraram um livro com uma lista de cadáveres que os bombeiros levam e já haviam cinco registros após o que eu concluí que era o escritor. Um absurdo, porque morrem tanto sem identificação? E negros? E me disseram que eles já haviam encaminhado o escritor para o IML.

Uma tática incrível para esconder corpos. Se eu esmorecesse com as dificuldades nunca mais iria encontrar o escritor, meu filho. Fiquei pensando que até **norte americanos** já sumiram nas praias do Rio de

Janeiro. Seria tudo isso **uma tática pra esconder crimes da PM?**

O IML

Cheguei ao IML quarta feira 25/03/2020 - 16:30hs. Peguei um número e fiquei aguardando. Indicaram-me uma sala e um POLICIAL DA INFORMÁTICA atrás do computador e eu disse para ele que procurava um corpo que o HMMC havia enviado pra eles e que não havia identificação. Perguntou o nome, eu disse. Disse para mim, não chegou aqui nenhum corpo, Disse eu, o HMMC disse que mandou pra cá estou vindo de lá agora. Entreguei a identidade do escritor pra ele.

Mandou aguardar, passou mais de 30 minutos. Mandou aguardar de novo. Via que se movimentava falava e ligava pra alguém. E ficou nisso mais uma hora. Até que as 18:00hs, eu entrei na sala sem ser convidado, e o policial disse que havia um corpo e vi na tela do computador. UM CHOQUE IMENSO PARA UM PAI. O policial disse que parecia um atropelamento. SAÍA MASSA ENCEFÁLICA DO OUVIDO (MASSA CINZA COM SANGUE) E NARIZ SANGUE E BOCA SANGUE.

Por isso o policial disse parecer atropelamento.

Com a identidade ele foi verificar as digitais em outras salas. E voltou dizendo que é mesmo a pessoa do escritor. E me deu uma guia pra retirar o corpo depois de passar pelo cartório de Registro. Eu disse que iria procurar uma funerária. Foi sepultado no cemitério do Irajá, JAZIGO 12558 QUADRA 23, dia 29/03/2020.

FUNERÁRIA SANTA CASA DA TAQUARA TP82 TEL.(21)24234135 R$3600,00 CEMITÉRIO R$977,08.

O laudo de **exame de necropsia** é uma verdadeira piada. Pela foto vi um hematoma sobre o olho esquerdo e testa, muito compatível com cassetete, sangue com **massa encefálica** saía pelo ouvido, **sangue** na boca e sangue no nariz. A foto única que me foi mostrada. Isto o perito **Legista Claudio Amorim Simões** não relata. Mas, relata que a pandemia do covid19 impede examinar. **Ou, quer esconder?**

Conclusões finais

DELEGACIAS DE POLICIA CIVIL (DPC)

Conclusão do ponto de vista da 14ªDPC, 13ªDPC e 12ªDPC

Marcel Candido da Silva

39 anos Negro Identidade 127636165XX Detran RJ

Tratamento psiquiátrico Hospital Pedro II - Eng. de Dentro - Dr. Trajano Paulo Caldas CRMRJ 52681-3

Escritor com VÁRIOS livros na Amazon.

Os leitores do escritor querem saber sobre a vida de seus autores e cada edição saem novos dados. Tudo que está escrito aqui foi enviado a Amazon para ser incluídos nas novas edições. Naturalmente serão omitidos os nomes de pessoas, mas não as siglas.

Claro que tudo isso vai repercutir e muito, pois sai esta estória das fronteiras do Brasil e ganha o mundo, e mais cedo ou mais tarde vai voltar com cobranças sociais e o Brasil é muito mau visto no exterior neste quesito. E os dados das Organizações das Nações Unidas (ONU). Em relação ao BRASIL é horrível.

Devido à pandemia, o pai do escritor, o engenheiro Nilson Candido da Silva 69 anos e não aposentado, funcionário concursado da Prefeitura do Rio de Janeiro, saiu em investigações após o dia seguinte ter encontrado os documentos do filho. Misturou-se aos "sem teto", mesmo na pandemia, pra descobrir o que aconteceu. E assim, descobrir através dos olhos destas pessoas, o que aconteceu ao seu filho.

Como relatado acima, a policial (12ªDPC Tais Mayer Andrade Martires - XXtaismartires@Pcivil.rj.gov.br), que conduz as investigações não vai ter êxito para o esclarecimento do assassinato do escritor, devido à belicosidade, também periculosidade dos tipos, dos executores e envolvidos e padrões de mascarar crimes que o mundo todo conhece do BRASIL.

Conclusão em relação ao 19ºBPM

Acredita-se que o comandante do **19ºBPM já sabe quem** de seus subordinados participaram do crime, mas se ainda não sabe rapidamente ele saberá. O soldado não mente para seu comandante.

Então o 19ºBPM está com uma "**peça**" com sério defeito na "ENGRENAGEM SERVIR E PROTEGER". Retirá-la com urgência para reciclagem.

Pois, a **peça** arrebenta crâneo de ¨pessoa¨ em surto, desarmada e calma, ao meio-dia, no calçadão de Copacabana posto 2. A ¨**peça**¨ irá fuzilar ¨pessoa¨ trabalhando com furadeira. A **peça** irá matar ¨pessoa¨ com a marmita ou o guarda-chuva na mão.

A ¨**peça**¨ verá uma ¨pessoa¨ no seu automóvel e a matará com dezenas de tiros. A ¨**peça**¨ irá fuzilar até crianças. A ¨**peça**¨ enforcará uma pessoa algemada e imobilizada. A ¨**peça**¨ pisará no pescoço até matar uma mulher algemada e imobilizada.

A ¨**PEÇA** ¨ invadirá valendo-se da farda, em Copacabana, apartamento que sabia que a proprietária estava sozinha. Estuprar a mulher e matá-la no final.

E antes que a pressão chegue de cima o comandante do 19ºBPM tomará posições agora, quando ainda pode proteger **sua honra de ¨SERVIR E PROTEGER¨**, (servir e proteger a sociedade e não à policiais assassinos) e se projetar em relação ao bem como ¨ GRANDE COMANDANTE, que não admite *corrupção*.

Bombeiro Sr. marinho vá depressa ao 12ºDPC **HOMICÌDIOS** e fale, pois os assassinos sabem que você é **o arquivo** que os identifica.

Todos os três mil e-mails que foram envados já fazem parte deste arquivo que estão em todos os livros abaixo. Mostrando ao mundo que nenhuma autoridade ficou sem saber.

Anos e dias   passam e nenhuma providência pra colocar o soldado **PM   SEM COGNIÇÃO** pra ser avaliado, se pode ficar nas ruas ou não, **pois PODE MATAR NOVAMENTE.**

INFELIZMENTE, ESTE SOLDADO SEM COGNIÇÃO COM OS OFICIAIS CORRUPTOS DO 19º BPM, AFUNDARAM O PAÍS NESTA ¨ EINE GROßE SCHEIße¨ QUE ATRAVÉS DOS LIVROS ABAIXO TOMAM CONHECIMENTO, EM TODA A TERRA.

Nilson440@gmail.com

https://youtu.be/elybykbzlek

yasuke

Zweifelhafte Behörden verzögern BRASILIEN, eine Person wegen ihrer Hautfarbe zu verfolgen. Der Schriftsteller Marcel Candido da Silva wird vom Staatsapparat im Copacabana ermordet, der zwischen O Hilton und Copacabana Palace liegt. 19 BPM

Em 23. März 2020 vom Staatsapparat in der Copacabana zwischen Hilton und Copacabana Palace bei Posto 2 getötet. Palmeral Degum Mittag.

Área do código de barras

JAPAN SAMURAI YASUKE

MARCEL DA SILVA

JAPAN SAMURAI YASUKE

MARCEL DA SILVA

yasuke

戦い

MORD DES STAATS COWARDLY

Schriftsteller zwischen Hilton und Copacabana Palace ermordet 23/03/2020 Posto 2. Stun! bis Mittag! Sie verschwanden mit den Kameras und den Begleitern, die sie sahen. Sie zwangen Salva Vidas Marinho, falsche Unterlagen auszufüllen, während sie sich ansahen. Alles ist in den Büchern, die die Erde regieren. Die Behörden vertuschen das Verbrechen. Bedecke deine Ohren.

Área do código de barras

DER SKLAVENJUNGE

MARCEL DA SILVA

SCHREIBER VOM STAAT UNTERZEICHNET.
Kinderfoto mit Familie

Schriftsteller zwischen Hilton und Copacabana Palace ermordet 23/03/2020 Posto 2. pasmem! Mittag! Sie verschwanden mit den Kameras und den Begleitern, die sie sahen. Sie zwangen Salva Vidas Marinho, falsche Unterlagen auszufüllen, während sie sich ansahen. Alles ist in den Büchern, die die Erde regieren. Die Behörden vertuschen das Verbrechen.

Área do código de barras

JUNGE LEUTE IN FANTASIE

MARCEL DA SILVA

Ich liebe dich für immer, mein Sohn. wurde vorsichtig ermordet

Schriftsteller zwischen Hilton und Copacabana Palace ermordet 23/03/2020 Posto 2. Stun! bis Mittag! Sie verschwanden mit den Kameras und den Begleitern, die sie sahen. Sie zwangen Salva Vidas Marinho, falsche Unterlagen auszufüllen, während sie sich ansahen. Alles ist in den Büchern, die die Erde regieren. Die PM-Behörden vertuschen das Verbrechen.

ZEICHNUNGEN

MARCEL DA SILVA

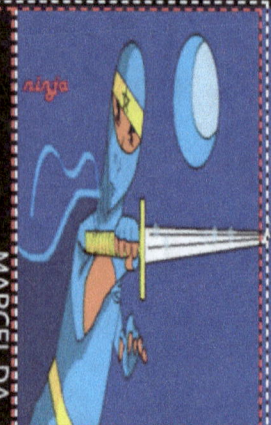

ninja

ENGINEER IN MEHREREN SPEZIALITÄTEN SELBST GEMACHT

Warum wächst Brasilien nicht? Rassismus. Der kluge 8. der Marine nimmt nicht Besitz. Rassismus. Brasilien ohne Schießpulver? Rassismus. In weiteren 50 Jahren wird eine afrikanische Atomrakete eingesetzt ... Ein Schriftsteller wird mittags zwischen dem Hilton und dem Copacabana-Palast ermordet. Rassismus. Für den Staat. Rassismus. Alle 23 Minuten wird eine PELÉ ermordet. 7 x 1.

Área do código de barras

STUDENTENREFLEXION

NILSON CANDIDO DA SILVA

انا مهندس

، بدون عدالة فعالة في نظر الجميع
، التضحية ليس لها سبب
، الفضيلة ليس لها حافز
،ولا الأخلاق لها عقوبة

قُتل الكاتب مارسيل كانديدو دا سيلفا على يد
رئيس الوزراء دون أن يعرف ظهرًا في
كوباكابانا توست 2. عت حارس الإنقاذ
مارينيو بالوثائق بينما كان ينظر في عين
القاتل. اختفى ضباط رئيس

Área do código de barras

تأملات الطالب

NILSON CANDIDO DA SILVA

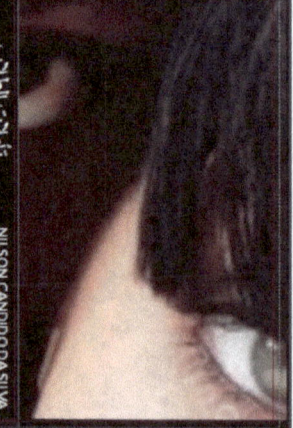

قتلت يد البرازيل

قتلت اليد العنصرية البرازيلية جميع بيليس وماتشادو دي أسيس، واحد كل 23 دقيقة ، وبالتالي قتلوا الكاتب مارسيل كانديدو دا سيلفا (PASMEM! AT MIDDLE! POST 2 COPACABANA). الآن تخسر البرازيل 7 × 1 أمام السود من ألمانيا

Área do código de barras

الرسومات

المسلسل

MARCEL CANDIDO DA SILVA

MARCEL CANDIDO DA SILVA

মার্ডার রাইটার BRAZIL

ব্রাজিলের বর্ণবাদী হাত সমস্ত পেলিস এবং মাচাডো ডি অ্যাসিমকে হত্যা করেছিল। প্রতি 23 মিনিটের মধ্যে একজন, তাই তারা লেখককে হত্যা করেছিল MARCEL CANDIDO DA SILVA (পাসমেমা হার্ট ডে এ POSTO 2 COPACABANA)। এখন ব্রাজিল জার্মানি থেকে কালোদের কাছে 7 এক্স 1 হারায়

Área do código de barras

MARCEL DA SILVA

MURDERED COVARDELY BY BRAZIL

ব্রাজিলের একজন বিদেশী বিদেশী সংগঠিত নয়; মিলিটারি ইনস্টিটিউশনস সিভিল অর্ডারের বিপরীতে গড়ে উঠেছে, এই দেশটিতে কোনটি অবৈধ, কোনও সংস্থার মাধ্যমে অফিসিয়ালদের ব্যবহারের আগে, আমাদের একজনের জীবন? ... রুই বার্বোসা

Área do código de barras

MARCEL CANDIDO DA SILVA

我是個工程師

服務和保護大多數人以祭司身份贏得上帝的喜悅。中午2點，作家馬塞爾·坎迪多·達席爾瓦（Marcel Candido da Silva）在科帕卡巴納卡爾薩多（CopacabanaCalçadão）被謀理殺害！2020年3月23日，您的書籍（共40本書）在地球上哭泣，並將一直存在直到時間結束。好的邏理為什麼沒有認識就不能交出正義？就像與馬里奧（Mario）的第三任總經理一樣，為什麼他們會變得骯髒？

Área do código de barras

孿生反思

NILSON CANDIDO DA SILVA

國家謀殺案

BraziL 種族主義者殺害了所有人Pelés和os Machado de Assis。每23分鐘一個，因此他們謀殺了作家 Marcel Candido da Silva（PASMEM！在半天！第2封 COPACABANA）。現在巴西從德國輸給了黑人X 7 X 1

Área do código de barras

图形

圖形

MARCEL CANDIDO DA SILVA

MARCEL CANDIDO DA SILVA

JEG ER INGENIØR

Forfatteren Marcel Candido da Silva myrdet af PM på Copacabana Calçadão POSTO 2. 03/23/2020 Dine bøger (40 bøger) græder over hele Jorden og vil være her indtil tidens ende. Hvorfor afleverer ikke gode premierministere PM uden COGNITION til retfærdighed? Ligesom 3° GM med Marinho? Hvorfor bliver de beskidte?

Área do código de barras

STUDENTEREFLEKTION

NILSON CANDIDO DA SILVA

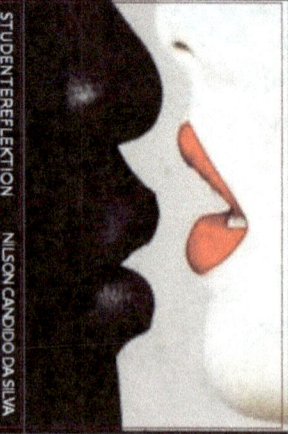

MORDET AF FARVE PM BRAZIL

Brasiliens racistiske hånd myrdede alle Pelés og Machado de Assis. Ét hvert 23. minut, således myrdede de forfatteren Marcel Candido da Silva (PASMEM! PÅ HALVDAG! POSTO 2 COPACABANA). Nu mister BRAZIL 7 X 1 til sorte fra TYSKLAND

Área do código de barras

TECNINGER

MARCEL CANDIDO DA SILVA

Marcel Candido da Silva asesinado por el Estado en Posto 2 Copacabana

En BRASIL, solo los persigue el color de su piel. El desarmado Marcel Candido da Silva es asesinado por el Estado en Posto 2 Copacabana entre el Copacabana Palace y el Hilton. PASMEM! AL MEDIO DÍA. 23/03/2020 (19ºBPM los mismos que violan damas en el apto. GLOBO 20/08/2020). COMANDANTE ENTREGAR ESTOS CORRUPTOS O SE CONTARÁ CON ELLOS. Quemar archivos? Demasiados libros

Área do código de barras

PINTURAS JUVENILES

MARCEL DA SILVA

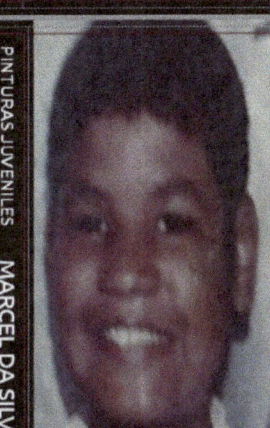

ASSASSINADO PELO APARATO DO ESTADO.

Escritor asesinado entre Hilton y Copacabana Palace 23/03/2020 Posto 2 Aturdimiento! al medio día! Desaparecieron con las cámaras y los asistentes que vieron. Obligaron a Salva Vidas MARINHO a rellenar documentación falsa mientras se miraban. Todo está en los libros que dirigen la tierra. Las autoridades encubrieron el crimen, no quieren resolverlo.

Área do código de barras

EL NIÑO ESCLAVO

MARCEL DA SILVA

ESCRITOR ASESINADO POR EL ESTADO. FOTO CON HERMANA

Escritor asesinado entre Hilton y Copacabana Palace 23/03/2020 Posto 2. PASMEM! al medio día! Desaparecieron con las cámaras y los asistentes que vieron. Obligaron a Salva Vidas Marinho a rellenar documentación falsa mientras se miraban. Todo está en los libros que dirigen la tierra. Las autoridades encubrieron el crimen.

Área do código de barras
Actualmente o código de barras para vida

JÓVENES EN IMAGINACÓN

MARCEL DA SILVA

ASESINADO COBARDEMENTE POR EL ESTADO

Escritor asesinado entre Hilton y Copacabana Palace 23/03/2020 Posto 2. Aturdimiento! al medio día! Desaparecieron con las cámaras y los asistentes que vieron. Obligaron a Salva Vidas MARINHO a rellenar documentación falsa mientras se miraban. Todo está en los libros que dirigen la tierra. Las autoridades encubrieron el crimen COVARDE.

Área do código de barras
Actualmente o código de barras para vida

DIBUJOS

MARCEL DA SILVA

SOU ENGENHEIRO

Mi hijo el escritor Marcel Candido da Silva asesinado entre el Hilton y el Copacabana Palace 23/03/2020 Posto 2. Pasmem! medio día! Desaparecieron con las cámaras y los asistentes que vieron. PM Obligaron a Salva Vidas Marinho a rellenar documentación falsa mientras se miraban. Todo está en los libros que dirigen la tierra. Las autoridades encubrieron el crimen.

Área do código de barras
Actualmente o código de barras para vida

REFLEXIÓN DEL ESTUDIANTE

NILSON CANDIDO DA SILVA

INGÉNIEUR AVEC UN FILS ASSASSINÉ PAR L'ÉTAT

Servir et protéger La plupart prennent la prêtrise au plaisir de Dieu. L'écrivain Marcel Candido da Silva assassiné par le Premier ministre sur la Copacabana Calçadão PASMEM! à MIDI! 23/03/2020 Vos livres pleurent partout sur la Terre et seront là jusqu'à la fin des temps. Pourquoi les bons PMs ne remettent-ils pas le PM sans COGNITION à la justice? Comme 3° GM avec MARINHO? pourquoi se salissent-ils?

RÉFLEXION ÉTUDIANTE

NILSON CANDIDO DA SILVA

Área do código de barras

Marcel Candido da Silva lâche assassiné pour sa couleur de peau

Au BRÉSIL, ils ne sont poursuivis que par leur couleur de peau. Marcel Candido da Silva non armé est assassiné par l'État au Posto 2 Copacabana entre le Copacabana Palace et le Hilton. PASMEM! POUR MIDI. (19°BPM les mêmes qui violent les dames dans l'appartement. GLOBO 20/08/2020). LE COMMANDANT LIVRE CES PRODUITS CORROMPUS OU VOUS SEREZ COMPTE SUR EUX. Gravure de fichiers? Trop de livres

PEINTURES JUVÉNILES

MARCEL DA SILVA

Área do código de barras

Pendant 519 ans au Brésil, ils m'ont coupé, maltraité, asservi, me nient des droits et je refuse de mourir, même Facebook m'en empêche. Je donne le sang mais je ne reçois rien. Dans ce latifundio 7 travées de terre je devrai payer ou les vautours. Ils assassinent l'écrivain Marcel Candido da Silva et me disent de me taire. Ses livres crient dans le monde entier, les autorités brésiliennes se couvrent les oreilles.

ASSASSINÉ POUR LA COULEUR DE LA PEAU PAR ÉTAT

Área do código de barras

LE GARÇON ESCLAVE

MARCEL DA SILVA

LE GARÇON ESCLAVE

MARCEL DA SILVA

ASSASSINÉ PAR L'ÉTAT. PHOTO QUAND BÉBÉ

Écrivain assassiné entre Hilton et Copacabana Palace 23/03/2020 Posto 2. PASMEM! pour midi! Ils ont disparu avec les caméras et les préposés qu'ils ont vus. Ils ont forcé Salva Vidas Marinho à remplir de faux documents tout en se regardant. Tout est dans les livres qui dirigent la terre. Les autorités dissimulent le crime.

Área do código de barras

JEUNES EN IMAGINATION

MARCEL DA SILVA

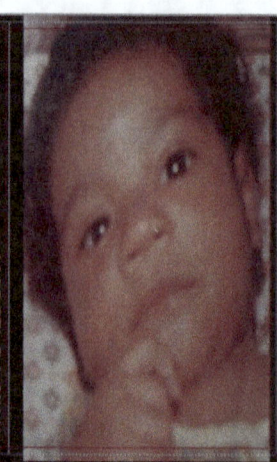

COVARDEMENTE ASSASSINÉ PAR L'ETAT PM

Écrivain assassiné entre Hilton et Copacabana Palace 23/03/2020 Posto 2. Stun! pour midi! Ils ont disparu avec les caméras et les préposés qu'ils ont vus. Ils ont forcé Salva Vidas MARINHO à remplir de faux documents tout en se regardant. Tout est dans les livres qui dirigent la terre. Les autorités dissimulent le crime GRAVE.

Área do código de barras

DESSINS

MARCEL DA SILVA

બ્રાઝિલ માટે દલીલ કરેલી કવચ

બ્રાઝિલના જાતિવાદી હથથી તમામ પોલેસ અને મચાડો દ એસિસની હત્યા કરવામાં આવી હતી. દર 23 મિનિટે એક પછી, તેઓએ લેખક માર્સેલ કેડિડો દા સિલ્વાની હત્યા કરી (PASMEM! HALF DAY! POST 2 COPACABANA). હવે બ્રાઝિલ GERMANY ના કાળા લોકો માટે 7 X 1 ગુમાવે છે

Área do código de barras

ગ્રાફિક્સ

MARCEL CANDIDO DA SILVA

MARCEL CANDIDO DA SILVA

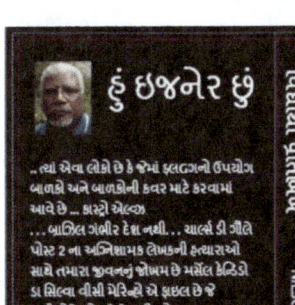

હું ઇજનેર છું

..ત્યા એવા લોકો છે કે જેમાં ફ્લૅટગનો ઉપયોગ બાળકો અને બાળકોની કવર માટે કરવામાં આવે છે ... કાસ્ટ્રો એલ્લ્ટ્ઝ

... બ્રાઝિલ ગંભીર દેશ નથી... ચાર્લ્સ ડી ગૌલે પોસ્ટ 2 ના અગ્નિશામક લેખકની હત્યારાઓ સાથે તમારા જીવનનું જોખમ છે મર્સેલ કેન્ડિડો ડા સિલ્વા વીસી મેરિન્હો એ ફ્ઇઇલ છે જે ખુનીઓને ઓળખે છે મરીન્હો 12ºDP પર જાય છે અને બધુ કહે છે.

https://youtu.be/elybykBzLek

Área do código de barras

વિદ્યાર્થી પ્રતિબિંબ

NILSON CANDIDO DA SILVA

વિદ્યાર્થી પ્રતિબિંબ

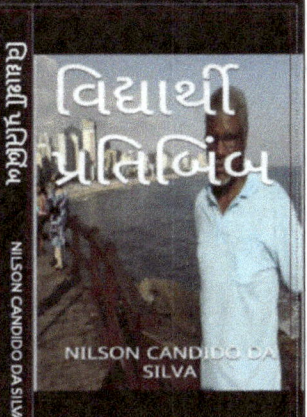

NILSON CANDIDO DA SILVA

मैं एक अभियंता हूँ

सभी की नज़र में फ़्लाशी न्याय के बिना, बलिदान का कोई कारण नहीं है, पुण्य की कोई उत्तेजना नहीं होती, न ही गरिमता की मंजूरी है।

लेखक मार्सेल कैंडिडो डा सिल्वा मे टॉपहार्ट मे कोपाकाबाना पोस्ट में बिना किसी संज्ञान के हत्या कर दी। हत्यारे की आंखों में देखते हुए लाइफगार्ड मारिन्हो से दस्तावेज के साथ ठहराव की। कैसरे और गवाही के साथ सायक्स हुए पैसम अधिकारी। अधिकारी अपनी आंखें और काम हक्क करते हैं। किनारे अमेरिन के पार सब कुछ बताते हैं।

Área do código de barras

छात्र के प्रबिंब

NILSON CANDIDO DA SILVA

छात्र
प्रतिबिंब

NILSON CANDIDO DA SILVA

दवारा संचालित
PM BRAZIL

ब्राजील के नस्लवादी हाथ ने सभी पेलिस और मचाडो डे असिस की हत्या कर दी। प्रत्येक 23 मिनट में, इस प्रकार उन्होंने लेखक मार्सेल कैंडिडो दा सिल्वा (PASMEM! AT HALF D! POST 2 COPACABANA) की हत्या कर दी। अब ब्रेज़ीलियन से अश्वेतों के लिए 7 X 1 खो देता है

Área do código de barras

डिजाइन

MARCEL DA SILVA

ग्राफिक्स

MARCEL CANDIDO DA SILVA

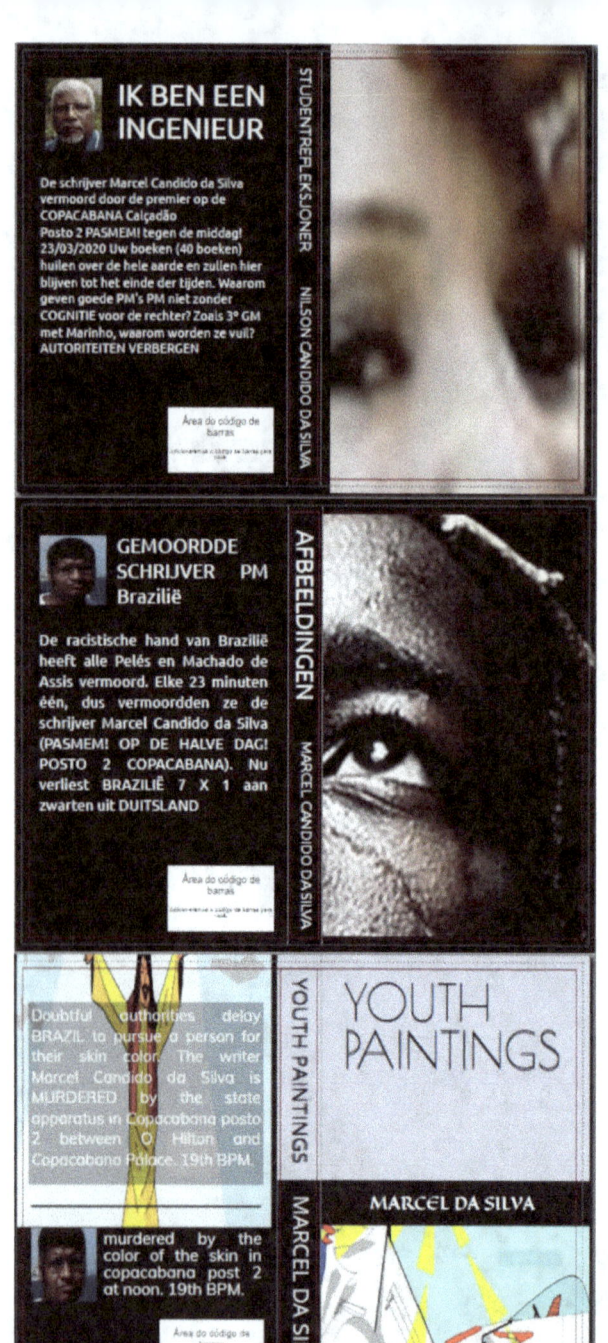

IK BEN EEN INGENIEUR

De schrijver Marcel Candido da Silva vermoord door de premier op de COPACABANA Calçadão Posto 2 PASMEM! tegen de middag! 23/03/2020 Uw boeken (40 boeken) huilen over de hele aarde en zullen hier blijven tot het einde der tijden. Waarom geven goede PM's PM niet zonder COGNITIE voor de rechter? Zoals 3° GM met Marinho, waarom worden ze vuil? AUTORITEITEN VERBERGEN

Área do código de barras

STUDENTREPLEKSJONER

NILSON CANDIDO DA SILVA

GEMOORDDE SCHRIJVER PM Brazilië

De racistische hand van Brazilië heeft alle Pelés en Machado de Assis vermoord. Elke 23 minuten één, dus vermoordden ze de schrijver Marcel Candido da Silva (PASMEM! OP DE HALVE DAG! POSTO 2 COPACABANA). Nu verliest BRAZILIË 7 X 1 aan zwarten uit DUITSLAND

Área do código de barras

AFBEELDINGEN

MARCEL CANDIDO DA SILVA

Doubtful authorities delay BRAZIL to pursue a person for their skin color. The writer Marcel Candido da Silva is MURDERED by the state apparatus in Copacabana posto 2 between O Hilton and Copacabana Palace. 19th BPM.

murdered by the color of the skin in copacabana post 2 at noon. 19th BPM.

Área do código de barras

YOUTH PAINTINGS

YOUTH PAINTINGS

MARCEL DA SILVA

MARCEL DA SILVA

ENGENHEIRO

FULL SOURCE CODE ENCRYPTION

CRYPTOGRAPHY IS A TOPIC OF TODAY. THE EXCHANGE RELATIONSHIPS BETWEEN NATIONS NEED CONFIDENCE. DATA PROTECTION ON YOUR COMPUTER. THE CONVERSATIONS OF YOUR MOBILE PHONE. YOUR RESEARCH IN THE LABORATORY. THE E-MAILS OF THE PRESIDENT OF THE COUNTRY AND OF THE COMPANIES AND OF THE CITIZENS. CRYPTOGRAPHY IS THE SUPPORT FOR CONFIDENTIALITY, SECRET, INVIOLABILITY.

FULL SOURCE CODE ENCRYPTION

NILSON CANDIDO DA SILVA

NILSON CANDIDO DA SILVA

CIVIL ENGINEER DESIGN AND CONSTRUCTION

COMPLETE SOFT ENGINEERING SOURCE CODE

PROGRAMMING BOOK IN CIVIL ENGINEERING SHOWING WITH PASCAL PROGRAMMING, TRANSFORMING PROGRAMMING FOR ANY LANGUAGE, THE APPROACH OF IDEAS THAT WILL MAKE A DIFFERENCE IN PRODUCTIVITY AND A COMPLETE SOFTWARE THAT SHOWS THE PRODUCTS THAT PRODUCES, STORAGE, RAPID. INCREASE PROFIT. DECISION-MAKING. CUT COSTS.

COMPLETE SOFT ENGINEERING SOURCE CODE

NILSON CANDIDO DA SILVA

NILSON CANDIDO DA SILVA

ENGENHEIRO

THEODOLITE COMPLETE CODE SOURCE

WORKING WITH THEODOLITE IS ENOUGH STAFFING AND THE CARE TO REDOVE MEASUREMENTS WITH A SOFT WORKING WITH YOUR COMMAND EVERYTHING WILL BE FACILITATED ACCURATE QUICKLY RELIABLE AND ERROR-FREE. A CLEAR AND PRECISE PERFECT CALCULATION SOFT. THE CONCENTRATION LEVEL IS ONLY WITH PARKING THE APPLIANCE AND READING DATA

THEODOLITE COMPLETE CODE SOURCE

NILSON CANDIDO DA SILVA

ENGENHEIRO

COMPLETE SOFT BEAMS AND COLUMNS SOURCE CODE

NILSON CANDIDO DA SILVA

BEAMS AND COLUMNS HOW TO CALCULATE HOW TO BE SUITABLE HOW TO SIZE SAFELY AND AT THE LESS COST. THE SOFT HERE RESPONDS, QUALITY, METHODS, HOW TO DO WELL AND BETTER, SAFELY. THE PERFECT HARDWARE, THE IDEAL AND SAFE DIMENSION. THIS SOFT BRINGS INNOVATION. THOUSANDS OF CALCULATIONS IN SECONDS, THOUSANDS OF TESTS IN SECONDS.

Área do código de barras

STUDENT REFLECTIONS

NILSON CANDIDO DA SILVA

The writer Marcel Candido da Silva is murdered by the State on the Copacabana Posto 2 CALÇADÃO between the Copacabana Palace Hotel and the Hilton Hotel. PASMEM! by noon. Those who should SERVE AND PROTECT, kill by the color of their skin. Day 23/03/2020. I'm looking for videos, the OFFICERS are gone ... it's obvious.
nilson440.s@gmail.com.

I AM ENGINEER I WAS A STUDENT NOW I HAVE A SON WRITER MURDERED.

THE SLAVE BOY

MARCEL DA SILVA

Marcel Candido WRITER KILLED at COPACABANA boardwalk, in front of posto 2. Between 12:00hs and 14: 00hs 23/03/2020. There are no official cameras or the BR station near (coincidence? 19°BPM) The Life Saver saw everything. The gas station attendants disappeared. Send recording Nilson440@Gmail.com. Help your CHILD not to be MURDERED.

I SUGGEST THE 19° BPM TO PRESENT THE KILLER BEFORE THE UN ASKS THE FEDERAL GOVERNMENT.

Área do código de barras

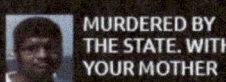

MURDERED BY THE STATE. WITH YOUR MOTHER

Writer murdered between Hilton and Copacabana Palace 23/03/2020 Posto 2. PASMEM! by noon! They disappeared with the cameras and the attendants they saw. They forced Salva Vidas Marinho to fill in false documentation while looking at each other. Everything is in the books that run the earth. The authorities cover up the crime.

Área do código de barras

YOUNG PEOPLE IN IMAGINATION

MARCEL DA SILVA

MURDERED COWARDLY AND UNJUSTLY BY THE STATE

Writer murdered between Hilton and Copacabana Palace 23/03/2020 Posto 2. Stun! by noon! the PM disappeared with the cameras and gas station attendants. They forced Salva Vidas MARINHO to fill in false documentation while looking at each other. Everything is in the books that run the earth. The authorities cover up the crime.

DRAWINGS

MARCEL DA SILVA

Myrt af skinnliti PM BRAZIL

Rasísk hönd Brasilíu myrti alla Pelés og Machado de Assis. Einn á 23 mínútna fresti og þannig myrtu þeir rithöfundinn Marcel Candido da Silva (PASMEM! Á HÁLFDAGI! POSTO 2 COPACABANA). Nú tapar BRAZIL 7 X 1 fyrir svörtum frá ÞÝSKALANDI

Área do código de barras

TEIKNINGAR

MARCEL DA SILVA

Vélstjóri rithöfundur myrtur PM BRAZIL

Í BRAZIL er ekki her skipulagður gegn útlendingum; STJÓRNARMÁL þróast gegn borgaralegri skipun, sem er GILD í þessu landi áður en nokkur áhrif á embættismenn eru án dánar, líf manns eins? ... Rui Barbosa

Área do código de barras

HUGLEIÐINGAR NEMENDA

NILSON DA SILVA

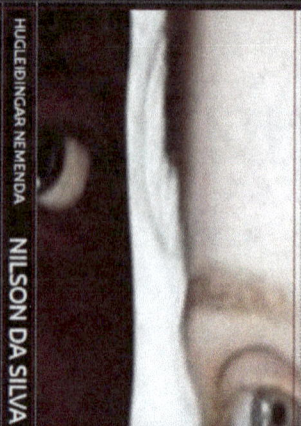

IO SONO UN INGEGNERE

Quali saranno gli agenti di polizia omicidi del 19º BPM che hanno assassinato vilmente il 23/03/2020 Copacabana in posto 2 - CALÇADÃO - PASMEM! a mezzogiorno! Lo scrittore MARCEL CANDIDO DA SILVA. Cosa chiedono a Dio?

Área do código de barras

RIFLESSIONE DELLO STUDENTE

NILSON DA SILVA

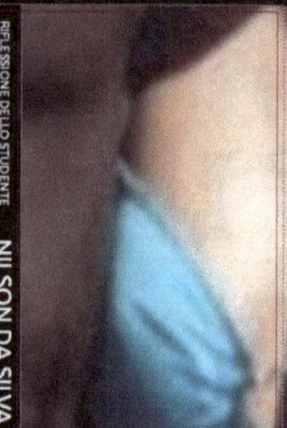

SCRITTORE ASSASSINATO PM-BRAZIL

La mano razzista del BRAZIL ha ucciso tutti Pelés e Machado de Assis. Uno ogni 23 minuti, così hanno ucciso lo scrittore Marcel Candido da Silva (PASMEM! A MEZZO! POSTO 2 COPACABANA). Ora il BRAZIL perde 7 X 1 contro i neri della GERMANIA

Área do código de barras

GRAFICA

MARCEL DA SILVA

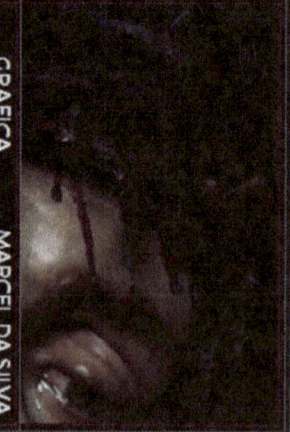

私はエンジニアです

すべての人の目に効果的な正義がなければ、
特性には理由がありません、
美徳には制限がありません、
道徳にも制限はありません。
作家のマルセル・カンディド・ダ・シルバは、コパカバーナのポスト₂で正午に、PMによって無意味のうちに殺害されました。
ライフガードのマリリョは、殺人者の目を見て、文書を改ざんしました。首相官僚はカメラと目撃者に姿を消した。当局は彼らの目と耳を覆っています。本は国中のすべてを伝えます。

Área do código de barras

学生の感想
学生の振り返り

NILSON CANDIDO DA SILVA

学生の感想

NILSON CANDIDO DA SILVA

NILSON CANDIDO DA SILVA

国家によって殺害された作家

BraziL 人種差別主義者の手がすべてを殺害した Pelés およびos Machado de Assis。23分に1回、彼らは作家 Marcel Candido da Silva PASMEM ! AT HALF DAY ! POSTO 2 COPACABANA を殺害しました。今ブラジルはドイツから黒人に 7X1 を失います

Área do código de barras

グラフィックス

MARCEL CANDIDO DA SILVA

MARCEL CANDIDO DA SILVA

ബ്രസീലിനായി മറച്ചുവെച്ച കവർലി

ബ്രസീലിന്റെ വംശീയ കൈ എല്ലാ പെലസിനെയും മച്ചഡോ ഡി അസിസിനെയും കൊലപ്പെടുത്തി. ഓരോ 23 മിനിറ്റിലും ഒരാൾ, അങ്ങനെ അവർ എഴുത്തുകാരനായ മാർസൽ കാൻഡിഡോ ഡാ സിൽവയെ (പാസ്മെം! അറ്റ് ഹാഫ് ഡേ പോസ്റ്റ് 2 കോപകബാന) കൊലപ്പെടുത്തി. ഇപ്പോൾ ബ്രസീലിന് ജർമ്മനിയിൽ നിന്നുള്ള കവുത്തവർക്ക് 7 x 1 നഷ്ടപ്പെടുന്നു

Área do código de barras

ഗ്രാഫിക്സ്

MARCEL CANDIDO DA SILVA

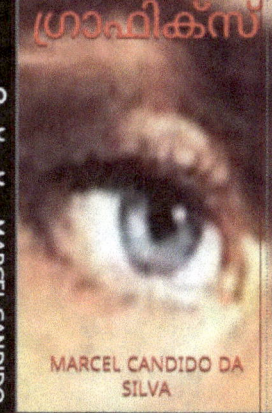

MARCEL CANDIDO DA SILVA

ഞാൻ ഒരു എഞ്ചിനീയർ ആണ്

.. കുട്ടികളെയും കുട്ടികളെയും മലയ്ക്കാൻ എല്ലാ ഉപയോഗിക്കുന്ന ഒരുആളാണ് .. കാസ്ട്രോ ആക്ഷൻസ്
... ബ്രസീൽ ധ്യുക്കരമായ രാജ്യമല്ല ... ചാൻസ് വിഗല്ല
പോസ്റ്റ് 2 ന്റെ അസ്ഥിരമനസന
എടുക്കുകാതന്റെ കൊലപാതകികളുമായി നിങ്ങളുടെ ജീവിത ഹപ്പക്കത്തിമാകുന്നു മാർടെൽ കാന്ദിഡോ ഡാ സിൽവവിസി മരിന്ഹോയാണ് കൊലപാതകികളെ തിരിച്ചറിയുന്ന ഫയൽ.
https://youtu.be/eiybjktbzLek

Área do código de barras

വിദ്യാർത്ഥി പ്രതിഫലനങ്ങൾ

NILSON CANDIDO DA SILVA

JEG ER EN INGENIØR

Forfatteren Marcel Candido da Silva myrdet FOR DET MILITÆRE POLITIET på Copacabana Calçadão POSTO 2I 03/23/2020 Bøkene dine (40 bøker) gråter over hele jorden og vil være her til tidens slutt. Hvorfor overleverer ikke gode statsministere PM uten COGNITION til rettferdighet? Som 3º GM med Marinho? Hvorfor blir de skitne?

Área do código de barras

ELEVERS REFLEKSJONER

NILSON CANDIDO DA SILVA

MEGET MORDET BRAZIL HÅND

Brazil rasistiske hånd drepte alle Pelés og Machado de Assis. Ett hvert 23. minutt, og dermed myrdet de forfatteren Marcel Candido da Silva (PASMEM! PÅ MIDT! POST 2 COPACABANA). Nå BRAZIL 1 X 7 svarte fra TYSKLAND

Área do código de barras

GRAFIK

MARCEL CANDIDO DA SILVA

JOVENS NA IMAGINAÇÃO

JOVENS NA IMAGINAÇÃO

Marcel da Silva

NO BRASIL NÃO SE ORGANIZA EXÉRCITO CONTRA O ESTRANGEIRO, DESENVOLVE-SE AS INSTITUIÇÕES MILITARES CONTRA A ORDEM CIVIL, QUE VALE NESTE PAÍS DIANTE DE QUALQUER IMPULSO DE OFICIAIS SEM COGNIÇÃO, A VIDA DE UM DE NÓS?... Rui Barbosa
...EXISTE UM POVO CUJA BANDEIRA É UTILIZADA PARA COBRIR A INFÂMIA E A COVARDIA...Castro Alves

Assassinado 19ºBPM Copacabana posto 2 Pasmem! AO MEIO DIA

Marcel da Silva

Área do código de barras

O MENINO ESCRAVO

O MENINO ESCRAVO

MARCEL DA SILVA

MARCEL DA SILVA

Escritor assassinado entre o Hilton e o Copacabana Palace 23/03/2020 Posto 2. Pasmem! ao meio-dia! Sumiram com as câmeras e os frentistas que viram. Obrigaram o Salva Vidas MARINHO a preencher documentação falsa enquanto se olhavam. gravou? nilson440@gmail.com

Escritor assassinado 19ºBPM - BRASIL

Área do código de barras

PINTURAS JUVENIS

PINTURAS JUVENIS

Marcel da Silva

Marcel da Silva

Saibam os ASSASSINOS do escritor e AUTORIDADES CONIVENTES que o sangue do escritor derramado covardemente continua gritando por justiça, de dentro dos livros dele e dos livros do pai dele Nilson Candido da Silva, no mundo todo, em toda A TERRA. Até que os CONIVENTES apresentem os assassinos. UM DIA VIRÃO OS LEITORES E OS APEDREJARÃO. Escritor Marcel Candido da Silva assassinado em Copacabana posto 2 calçadão dia 23/03/2020 entre 12:30 e 14:30hs área do 19ºBPM.

ASSASSINADO EM COPACABANA POSTO 2 dia 23/03/2020 meio-dia área do 19ºBPM. ESCRITOR EM SURTO HEMATOMA IGUAL AO CASSETETE. PORQUE A MALDADE?

Área do código de barras

engenheiro civil

usar o soft para agilizar modificar empreender poupar tempo ter certeza que foi bem planejado e que o desperdicio foi zerado.

teodolito soft completo código fonte

nilson candido da silva

teodolito
soft
completo
código fonte

nilson candido da silva

Área do código de barras

maravilhosa
obra   -
computação

engenheiro

engenharia soft completo código fonte

nilson candido da silva

engenharia
soft completo
código fonte

nilson candido da silva

Área do código de barras

cifrar
criptografar
software

engenheiro
UVA UERJ CEFET

criptografia soft completo código fonte

nilson candido da silva

criptografia soft
completo
código fonte

nilson candido da silva

Área do código de barras

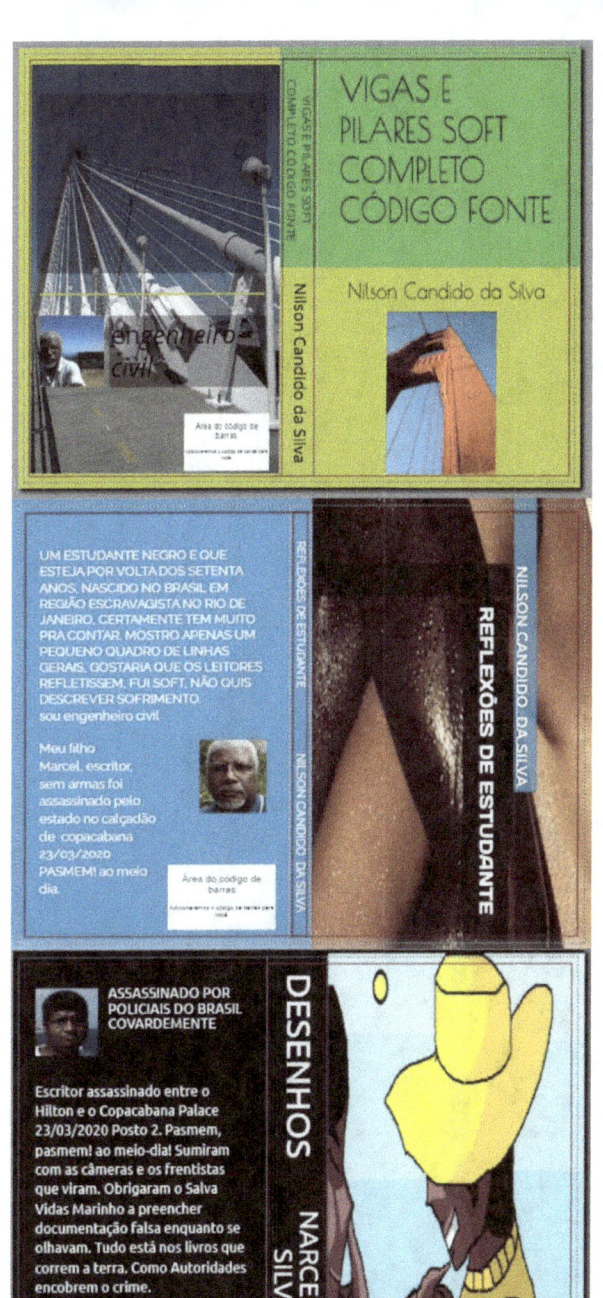

VIGAS E
PILARES SOFT
COMPLETO
CÓDIGO FONTE

Nilson Candido da Silva

VIGAS E PILARES SOFT COMPLETO CÓDIGO FONTE

Nilson Candido da Silva

engenheiro
civil

Área do código de
barras

UM ESTUDANTE NEGRO E QUE
ESTEJA POR VOLTA DOS SETENTA
ANOS, NASCIDO NO BRASIL EM
REGIÃO ESCRAVAGISTA NO RIO DE
JANEIRO, CERTAMENTE TEM MUITO
PRA CONTAR. MOSTRO APENAS UM
PEQUENO QUADRO DE LINHAS
GERAIS. GOSTARIA QUE OS LEITORES
REFLETISSEM. FUI SOFT, NÃO QUIS
DESCREVER SOFRIMENTO.
sou engenheiro civil

Meu filho
Marcel, escritor,
sem armas foi
assassinado pelo
estado no calçadão
de copacabana
23/03/2020
PASMEM! ao meio
dia.

Área do código de
barras

REFLEXÕES DE ESTUDANTE

NILSON CANDIDO DA SILVA

NILSON CANDIDO DA SILVA

REFLEXÕES DE ESTUDANTE

**ASSASSINADO POR
POLICIAIS DO BRASIL
COVARDEMENTE**

Escritor assassinado entre o
Hilton e o Copacabana Palace
23/03/2020 Posto 2. Pasmem,
pasmem! ao meio-dia! Sumiram
com as câmeras e os frentistas
que viram. Obrigaram o Salva
Vidas Marinho a preencher
documentação falsa enquanto se
olhavam. Tudo está nos livros que
correm a terra. Como Autoridades
encobrem o crime.

Área do código de
barras

DESENHOS

NARCEL DA
SILVA

ЯИНЖЕНЕР

Мертвая муха портит отличный ароматный налет. Бессознательный убийца-премьер-министр портит всю работу батальона. Писатель Марсель Кандидо да Силва убит премьер-министром. к полудню! столб с дощатым настилом Copacabena posto 2. Книги обо всем мире рассказывают. Вопрос от читателей со всего мира: мы знаем, что BRAZIL убивает чернокожего каждые 23 минуты, но убийца писателя Marcel Candido da Silva должен быть привлечен к ответственности.

Àrea do código de barras

РАЗМЫШЛЕНИЯ СТУДЕНТОВ

NILSON CANDIDO DA SILVA

РАЗМЫШЛЕНИЯ СТУДЕНТОВ

NILSON CANDIDO DA SILVA

НЕПРАВИЛЬНО УБИВАЕМЫЙ ПИСАТЕЛЬ

А PM убийца по незнанию портит всю батальонную работу. Писатель MARCEL CANDIDO DA SILVA убит ПМ. к полудню! CALÇADÃO POSTO 2 COPACABANA. Книги рассказывают обо всем по всему миру. Вопрос от читателей со всего мира: мы знаем, что страна убивает чернокожего каждые 23 минуты, но убийца писателя должен быть привлечен к ответственности.

Àrea do código de barras

ГРАФИКА

MARCEL DA SILVA

ГРАФИКА

MARCEL CANDIDO DA SILVA

JAG ÄR EN INGENJÖR

en svart man mördas i Brasilien var 23:e minut. Författaren Marcel Candido da Silva mördad av premiärministern på Copacabana Calçadão, posto2Pasmem! vid lunchtid! 2020-03-23 Dina böcker (40 böcker) gråter över hela jorden och kommer att vara här till slutet av tiden. Varför överlämnar inte goda premier PM utan COGNITION till rättvisa? Gillar 3º GM med Marinho? Varför blir de smutsiga?

Àrea do código de barras

STUDENTREFLEKTION

NILSON CANDIDO DA SILVA

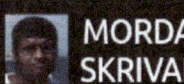

MORDAD SKRIVARE

Brasils rasistiska hand mördade alla Pelés och Machado de Assis. Var 23: e minut, så de mördade författaren Marcel Candido da Silva (PASMEM! I MELLAN! POSTO 2 COPACABANA). Nu BRAZIL 1 X 7 svarta från TYSKLAND

Área do código de barras

grafik

MARCEL DA SILVA

நான் ஒரு பொறியியலாளர்

அனைவரின் பார்வையில் பயனுள்ள நதி இல்லாமல், தியாகத்திற்கு எந்த காரணமும் இல்லை, நல்லொழுக்கத்திற்கு தூண்டுதல் இல்லை, ஒழுக்கத்திற்கு அழுகுதியும் இல்லை. எழுத்தாளர் மார்செல் கேண்டிடோ டா சில்வா சொப்பபன இருகையில் நன்பகயில் புலனாய்வு இல்லாமல் கொலை செய்யப்பட்டார் 2. மெய்க்காவலர் மரின்ஜோர் கொலைவபாலியின் கண்களைரம் பார்க்கும்போது ஆயுளவகை செதுப்படுத்தினார். பிரதம அதிகாரிகள் வேலராகள் மற்றும் காட்சிகளுடன் காளரிகம் போனார்கள். அதிகாரிகள் கண்களையும் காதுகளையும் மறைக்கிறார்கள். புத்தகங்கள் இலவ முழுவதும் சர்வமதிகாழையும் சொல்கின்றன.

Área do código de barras

மாளவர் பிரதியமினியர்கள்

NILSON CANDIDO DA SILVA

மூலம் முடக்கப்பட்டது
PM BRAZIL

பிரேசிலின் இனவெறி கை பீலேஸ் மற்றும் மச்சாடோ டி அசிஸ் அனைவரையும் கொலை செய்தது ஒவ்வொரு 23 நிமிடங்களுக்கும் ஒரு முறை, அவர்கள் எழுத்தாளர் மார்செல் கேண்டிடோ டா சில்வாவை (PASMEM! AT HALF DAY! POSTO 2 COPACABANA) கொலை செய்தனர். இப்போது பிரேசில் ஜெர்மனியிலிருந்து கறுப்பர்களுக்கு 7 எக்ஸ் ౹ ஐ இழக்கிறது

Área do código de barras

 கிராபிக்ஸ்

MARCEL DA SILVA

MARCEL CANDIDO DA SILVA

www.ingramcontent.com/pod-product-compliance
Lightning Source LLC
Chambersburg PA
CBHW072133290526
45794CB00004B/1297